Edith Riether,
Michael Noah Weiss (Hg.)

Tier – Mensch – Ethik

Schriftenreihe der
Initiative Weltethos Österreich

Band 5

LIT

Edith Riether, Michael Noah Weiss (Hg.)

TIER – MENSCH – ETHIK

LIT

Umschlagbild: Kilian Sternad

Gedruckt mit Unterstützung von:

lebensministerium.at

Gedruckt auf alterungsbeständigem Werkdruckpapier entsprechend
ANSI Z3948 DIN ISO 9706

Bibliografische Information der Deutschen Nationalbibliothek
Die Deutsche Nationalbibliothek verzeichnet diese Publikation in der Deutschen Nationalbibliografie; detaillierte bibliografische Daten sind im Internet über http://dnb.d-nb.de abrufbar.

ISBN 978-3-643-50301-5

Wien 2012
Krotenthallergasse 10/8
A-1080 Wien
Tel. +43 (0) 1-409 56 61
Fax +43 (0) 1-409 56 97
e-Mail: wien@lit-verlag.at
http://www.lit-verlag.at

LIT VERLAG Dr. W. Hopf
Berlin 2012
Verlagskontakt:
Fresnostr. 2
D-48159 Münster
Tel. +49 (0) 2 51-620 320
Fax +49 (0) 2 51-23 19 72
e-Mail: lit@lit-verlag.de
http://www.lit-verlag.de

Auslieferung:
Deutschland: LIT Verlag Fresnostr. 2, D-48159 Münster
Tel. +49 (0) 2 51-620 32 22, Fax +49 (0) 2 51-922 60 99, e-Mail: vertrieb@lit-verlag.de

Österreich: Medienlogistik Pichler-ÖBZ, e-Mail: mlo@medien-logistik.at

Schweiz: B + M Buch- und Medienvertrieb, e-Mail: order@buch-medien.ch

Inhaltsverzeichnis

Vorwort der Herausgeber 1

I Bericht über die Interdisziplinäre Ringvorlesung 5

Maria Woschnak
Bericht zur Interdisziplinären Ringvorlesung 7

II Die Mensch-Tier-Beziehung in der Veterinärmedizin 13

Irene Sommerfeld-Stur
Qualzucht - ein ethisches Problem 15

Klaus Militzer
Ethische Grundsätze für die Planung von Tierversuchen 37

III Die Mensch-Tier-Beziehung in der Philosophie 47

Michael Noah Weiss
Über das Weltethos in der Mensch-Tier-Beziehung aus philosophischer Sicht 49

Maria Woschnak
Die philosophische Begründung des Tierschutzes: Bentham - Kant - Schopenhauer 59

Erwin Lengauer und Eberhart Theuer
Tierrechte: Irrational, extrem und gefährlich? 73

IV Die Mensch-Tier-Beziehung in Psychologie und Verhaltensforschung **105**

Birgit U. Stetina
Ethische Aspekte der Psychologie in der Mensch-Tier-Beziehung **107**

Franz M. Wuketits
Schwein und Mensch - eine ambivalente Beziehung **125**

V Die Mensch-Tier-Beziehung in den Weltreligionen **139**

Bimal Kundu
Tierethik im Hinduismus **141**

Gerhard Weissgrab
Lehre des Buddha: „Ethik für alle fühlenden Wesen“ **149**

Willy Weisz
Die ethische Dimension der Mensch-Tier-Beziehung im Judentum **159**

Kurt Remele
Von Hermelinen, Menschen und Gott: christliche Tierethik **169**

Tarafa Baghajati
Mensch-Tier-Beziehung und Tierschutz im Islam **189**

VI Schlussbemerkungen **199**

Edith Riether
Die Prinzipien des Weltethos für die Mensch-Tier-Beziehung **201**

VII Kurzbiographien **219**

Biographien **221**

Vorwort

Der vorliegende Sammelband geht auf eine Interdisziplinäre Ringvorlesung zurück, die von der Initiative Weltethos Österreich (IWEO) mit dem Titel „Ethik in der Mensch-Tier-Beziehung“ an der Veterinärmedizinischen Universität in Wien durchgeführt wurde. Ursprünglich war nur ein Berichtsband vorgesehen, wie es bei den Ringvorlesungen der IWEO üblich ist. Es stellte sich jedoch heraus, dass das Thema gegenwärtig heftig und breit diskutiert wird, sodass wir uns entschlossen, den Berichtsband zu einem Sammelband auszuweiten, um Autorinnen und Autoren zu Wort kommen zu lassen, die zum Thema „Tier-Mensch-Ethik“ wichtige Beiträge leisten können.

Wie bei allen ihren Ringvorlesungen und Publikationen verfolgt die IWEO auch hier das Ziel, die Studierenden und LeserInnen durch Fachleute zu informieren, welche ethischen Implikationen und Probleme mit der Ausübung ihrer künftigen Berufe verbunden sind und wie die Weltreligionen zu dem Thema stehen. Nachdem solcherart ein ethischer Bewußtseinsbildungsprozeß eingeleitet wurde, taucht regelmäßig die Frage auf, nach welchen ethischen Prinzipien man sich richten solle. Das gibt uns dann die Gelegenheit, über das Projekt Weltethos zu sprechen, auf die Prinzipien der Erklärung zum Weltethos hinzuweisen und sie im Kontext der jeweiligen wissenschaftlichen Disziplin zu diskutieren.

Bei der vorliegenden Publikation nun behandelt zunächst Irene Sommerfeld-Stur die vielen Aspekte, die bei der Züchtung verschiedener Tiere beachtet werden müssen, damit nicht genetische und andere Defekte, die dem Tier Leid und Schmerzen bereiten, weiter gezüchtet werden, sodass es zur Qualzucht kommt. Klaus Militzer wiederum beschäftigt sich mit dem heiklen Thema der Tierversuche, die auf Grund ethischer Bedenken nur unter sehr beschränkten und unter ganz bestimmten Voraussetzungen zulässig seien. Hier geht es also hauptsächlich um das Verantwortungsbewusstsein der Veterinärmediziner/innen.

Die Mensch-Tier-Beziehung ist aber ein gesamtgesellschaftliches Phänomen, weshalb auch der Standpunkt der Philosophie oder - besser gesagt - einzelner Philosophen beachtet werden sollte. Michael Noah Weiss versucht, einzelne Prinzipien der Erklärung zum Weltethos auf die Mensch-Tier-Beziehung anzuwenden, was ihm in so ferne gelingt, als er die verschiedenen Tierethik-Konzepte von Immanuel Kant, Ursula Wolf, Tom Regan und Peter Singer miteinander vergleicht und zur Weltethos-Idee als solcher in Beziehung setzt. Maria Woschnak wiederum zeigt die verschiedenen Tierschutz-Konzepte und deren Begründung bei Bentham (Glück, Nutzen), Schopenhauer (Mitleid, Empfindung) und Kant (Vernunft, Freiheit) auf. Erwin Lengauer schließlich beschäftigt sich mit dem heiß umstrittenen Thema „Tierrechte" und versucht, eine mittlere und vermittelnde Position zwischen Befürwortern und Gegnern einzunehmen.

Da die Mensch-Tier-Beziehung auch in das Gebiet der Psychologie und der Verhaltensforschung fällt, konnten Birgit Stetina und Franz M. Wuketits gewonnen werden, Beiträge zu schreiben. Stetina befasst sich zunächst mit Tierpsychologie, dann aber auch mit den wichtigsten psychologischen Aspekten der Mensch-Tier-Beziehung: Tierquälerei, Animal Hoarding (Tieresammeln) und Zoophilie (Sex mit Tieren). Franz Wuketits greift eine besondere Mensch-Tier-Beziehung heraus, nämlich das ambivalente Verhältnis zwischen Mensch und Schwein.

Eine Besonderheit unserer Ringvorlesungen ist, wie oben bereits erwähnt, die Einbeziehung der Weltreligionen in die jeweiligen Sachbereiche. Wir erachten dies im Sinne der Interkulturalität und der Globalisierung für unbedingt erforderlich. Es kann als Novum angesehen werden, dass es uns als Erste gelungen ist, VertreterInnen der Weltreligionen zu gewinnen, die Standpunkte ihrer Religionen zu verschiedenen Fachbereichen der Ethik darzulegen. Im vorliegenden Fall also geht es um Tierethik. Wenn es auch Einwände gegen so manche religiöse Praxis geben mag, so gelang es Willy Weisz und Tarafa Baghajati doch, plausibel aus ihren Heiligen Schriften nachzuweisen, dass sowohl das Judentum als auch der Islam trotz der Praxis des Schächtens eine sehr positive und rücksichtsvolle Einstellung zum Tier haben. Umso leichter tun sich da natürlich Bimal Kundu, da der Hinduismus praktisch Mensch und Tier auf eine Stufe stellt, und Gerhard Weissgrab, der auf die Lehre des Buddha verweist und „Ethik für alle fühlenden Wesen" moniert. Kurt Remele schließlich muss zugeben, dass es mit der Tierethik in den Evangelien nicht allzu gut bestellt ist. Es gelingt ihm jedoch, viele positive Beispiele aus dem Leben von Heiligen, aber auch jüngsten kirchenamtlichen Äußerungen zu bringen, sodass man den Eindruck gewinnt, es habe sich diesbezüglich schon Einiges zum Besseren gewendet und der Prozess gehe in dieser Richtung weiter.

Als integraler Abschluss ist der Beitrag von Edith Riether anzusehen. Es wird nämlich in den Beiträgen stets auf ethische Aspekte im allgemeinen hingewiesen, jedoch an keiner Stelle erklärt, welche ethischen Prinzipien es gibt und warum sie allgemein gültig sind. Die Erklärung zum Weltethos enthält einen Wertekanon, der von allen religiösen wie säkularen Traditionen getragen wird und deshalb allgemeine Gültigkeit besitzt. Riether ist der Überzeugung, dass nur wenn Gewaltlosigkeit, Gerechtigkeit, Fairness, Ehrlichkeit und Respekt das Ethos jedes einzelnen Menschen prägen, eine Atmosphäre geschaffen werde, in der auch eine harmonische Mensch-Tier-Beziehung gedeihen kann.

Wenn wir mit der Herausgabe dieses Sammelbandes die Diskussion um die „Ethik in der Mensch-Tier-Beziehung" bereichern, sind wir unserem Ziel der ethischen Bewusstseinsbildung wieder ein Stück näher gerückt. Ermöglicht haben dies sämtliche Autorinnen und Autoren durch ihre fundierten Beiträge, weshalb ihnen an dieser Stelle aufrichtig gedankt werden soll. Ein weiterer Dank gebührt der Organisation „Vier Pfoten" und dem Lebensministerium für die Übernahme der Kosten für Druck und Layout.

Schlussendlich danken wir dem Wiener Verlagsleiter des Lit-Verlages, Herrn Mag. Richard Kisling, für die verlegerische Unterstützung.

Die Herausgeber

Wien, im Herbst 2011

Teil I

Bericht über die Interdisziplinäre Ringvorlesung

Bericht zur Ringvorlesung an der Veterinärmedizinischen Universität Wien SS 2009

Maria Woschnak

Initiative Weltethos

Die im SS 2009 an der Veterinärmedizinischen Universität Wien abgehaltene Ringvorlesung, die im Rahmen des Projekts Weltethos von Frau Mag. Edith Riether und von Frau Univ. Prof. Dr. Karin Möstl veranstaltet wurde, hatte die ethische Dimension der Mensch-Tier-Beziehung zum Thema. Ziel der Vortragsreihe war es, Vertreter verschiedener Fachdisziplinen (Veterinärmediziner, Theologen, Philosophen und Juristen) miteinander ins Gespräch zu bringen, und entsprechend dem Veranstaltungsort den Blick auf das im veterinärmedizinischen Berufsethos implizierte besondere Maß an Verantwortung des Menschen im Umgang mit dem Tier zu lenken.

Anliegen des Einleitungsreferates von Edith Riether war es zunächst, die Gemeinsamkeiten der religiösen wie nicht-religiösen Traditionen hervorzuheben, die vor allem in der Ethik liegen. Eine Zusammenfassung der wichtigsten, allgemein gültigen ethischen Prinzipien enthält die Erklärung zum Weltethos, die als Wertekanon für das Verhalten des Menschen im allgemeinen, aber eben auch für seine Beziehung zum Tier gelten sollte.

Die Vorträge

Der interdisziplinäre Dialog hat erkennen lassen, daß sich ethische Fragen der Mensch-Tier-Beziehung auf unterschiedlichen Ebenen stellen:

1. Die Ebene fachspezifisch-wissenschaftlicher Erkenntnis über den artgerechten Umgang mit dem Tier (Veterinärmedizin);
2. Die Ebene philosophischer und theologischer Begründung der Verpflichtung zum Tierschutz (Ethik und Religion);
3. Die Ebene juridischer Fachkompetenz als Voraussetzung für die Formulierung entsprechender Tierschutz- und Tierversuchsgesetze im Hinblick auf die politische Durchsetzung und praktische Umsetzung des Tierschutzgedankens (Recht).

Das Nachdenken über Möglichkeiten und Grenzen von Tierschutz verlangt die Kooperation aller drei Wissenschaftsbereiche.

Ad 1. Der Bereich des Fachwissens

Veterinärmedizinische Fachkenntnisse im weitesten Sinn sind nötig, um das Wissen zu erarbeiten, das für den artgerechten Umgang mit dem Tier erforderlich ist. Diesbezüglich hat Josef Troxler aus dem Bereich der Tierhaltung dargelegt, wie entsprechende Haltungsbedingungen einzurichten und welche Parameter aussagekräftig sind, um als Indikatoren für Wohlbefinden und unbeeinträchtigtes Artverhalten herangezogen werden zu können. Besonders hingewiesen wurde dabei auf den Umstand, daß eine artgerechte Haltung von Tieren im Rahmen der Nutztierhaltung nicht unbedingt mit Kostenintensität oder vermehrtem Arbeitseinsatz einhergeht. Irene Sommerfeld-Stur hat anhand von Züchtungszielen klar gemacht, inwiefern ästhetische Kriterien (Rassemerkmale) oder wissenschaftliche Zwecksetzungen zu Qualzüchtungen werden können, wobei die Gesundheit des Tieres nicht lediglich im Sinne einzelner Symptome beeinträchtigt wird, sondern sein gesamter Organismus leidet. Daß sich einfühlsame und rücksichtslose Umgangsweisen mit dem Tier nicht nur unmittelbar durch Zuwendungs- und Abwehrreaktionen im Verhalten, sondern (akut oder chronisch) bis in die Physiologie des Tieres hinein manifestieren (Herzfrequenz, Streßhormonspiegel usw.), hat Susanne Waiblinger durch umfangreiches Datenmaterial aus einschlägigen vergleichenden Studien belegt.

Der Aufgabe eines „Brückenschlages“ vom ersten zum zweiten Bereich, d.h. der Verbindung von theoretischer Sachkenntnis (Wissen) und ethischer Haltung (Begründen), hat sich der Vortrag von Klaus Militzer gewidmet, der von unterschiedlichen ethischen Konzepten aus Freigabe oder Verbot von Tierexperimenten thematisierte und damit die Verantwortung des Veterinärmediziners im Umgang mit dem Tier auch dort herausstellte, wo es zu notwendig erachteten quälenden Versuchen herangezogen werden muß.

Ad 2. Der Bereich der Begründung

Um Tierschutz als allgemeinverbindliche Pflicht auszuweisen, ist die philosophisch-ethische Fundierung wesentlich, von der her erst konkrete Forderungen (Tun oder Unterlassen) an das menschliche Handeln gestellt werden können. Diesbezüglich ist ein adäquates Verständnis des Freiheitsbegriffs, in dessen Rahmen die Willkürfreiheit nur ein Moment darstellt, unumgänglich, um das weit verbreitete Vorurteil eines Widerspruchs von Freiheit und Pflicht auszuräumen. Die philosophisch-ethischen Beiträge haben sich dementsprechend vor allem um diese Ableitung des Pflichtbegriffs aus der Vernunft des Menschen bemüht, die auch die Pflicht zum Tierschutz mitumfaßt. Während Maria Woschnak einschlägige Argumentationen zur Begründung des Tierschutzes im Rahmen der klassischen Philosophie (Jeremy Bentham, Immanuel Kant, Arthur Schopenhauer) referierte, wurden moderne Positionen, die sich als Weiterentwicklung der klassischen Ansätze für die Gegenwart verstehen (Ursula Wolf, Tom Regan, Peter Singer), von Michael Weiss zur Diskussion gestellt.

Eine Sonderstellung innerhalb der Begründungsebene nimmt die religiös motivierte Umgangsweise des Menschen mit dem Tier ein. Sie vermittelt sich (im Sinne der theoretischen Verbindlichkeit/Gewißheit) aus den für die jeweilige Konfession maßgebenden Texten oder Traditionen (Begründung) und impliziert im Rahmen religiöser Lebensführung (im Sinne der praktischen Verbindlichkeit) die Umsetzung (Durchsetzung) des spirituell oder göttlich Geforderten. Die Erörterung des Tierschutzes aus der Sicht der jeweiligen Religionen unternahmen die Vorträge von: Bimal Kundu (Hinduismus), Gerhard Weißgrab (Buddhismus), Willy Weisz (Judentum), Kurt Remele (Christentum) und Tarafa Baghajati (Islam). Dabei wurde deutlich, daß sich die Unterschiede zwischen den Glaubensgemeinschaften in unterschiedlichen Auffassungs- und Umgangsweisen mit dem Tier (in den jeweiligen Riten) fortsetzen: Gebote und Verbote vermitteln sich aus den religiösen Texten und heiligen Schriften bzw. deren Exegese, wobei vor allem auch die traditionellen Momente des Glaubens eine wesentliche Rolle spielen. Konvergieren die Konfessionen darin, daß Verbindlichkeiten zum Tierschutz zu begründen versucht werden, sodaß es in keiner Religion gleichgültig ist, wie mit dem Tier umgegangen wird, so divergieren die einzelnen Vorschriften, die in Ausübung des jeweiligen Kultus vollzogen werden.

In der Zugehörigkeit zu einer bestimmten Religion liegt jedenfalls bereits eine Anerkennung und praktische Verwirklichung des Tierschutzes. Der Bereich der Religion stellt im Blick auf diese Einheit der Glaubensüberzeugung eine Zwischenstufe zwischen Begründung des Tierschutzes und seiner Umsetzung dar.

Ad 3. Der Bereich der Gesetzgebung

Im Unterschied zu den beiden vorhergehenden Bereichen, die das theoretische Fundament (Wissen und Begründen) für den Tierschutz bilden, weist die Ebene der Legalität auf die praktisch-pragmatische (politische) Umsetzung des Tierschutzgedankens. Grundsätzlich ist festzuhalten, daß der Wille des Menschen rechtlicher Regelungen bedarf, die sittliche Gesinnung muß die Kraft des Gesetzes erhalten, um eine allgemeinverbindliche Anerkennung zu gewährleisten. So ist auch die Durchsetzung des Tierschutzes innerhalb des demokratischen Rechtsstaates auf gesetzliche Vorschriften angewiesen. Sie bestimmen in der Form eines Minimalkonsenses, welcher Umgang mit dem Tier (Tierschutzgesetz, Tierversuchsgesetz etc.) gestattet werden kann oder verboten bleibt resp. bei Zuwiderhandlungen mit Sanktionen belegt wird. Diese Ebene der Gesetzgebung, d.h. die entsprechenden Paragraphen und Kapitel im Rahmen der österreichischen Rechtsordnung, wurden von Regina Binder vorgestellt. Dabei wurde mit Bedauern festgehalten, daß es gerade im Zusammenhang mit dem Tierschutz oft nur beim Buchstaben des Gesetzes bleibt und nicht jene Strenge in der Exekution waltet, die der Gesetzesauftrag (und wohl auch der moralische Anspruch) fordert.

Die Zielsetzung einer Vereinheitlichung der Rechtsnormen (Internationalisierung) innerhalb der Länder der Europäischen Union macht eine schrittweise Anhebung und Angleichung der Gesetzgebung im Sinne eines weiter auf- und auszubauenden Tierschutzes zur Aufgabe. Der zwischenstaatliche Minimalkonsens stellt aber auch ein Problem für bereits höhere Standards in einigen Mitgliedsstaaten dar.

Die Diskussionen

Die von Karin Möstl im Anschluß an die Vorträge kompetent moderierten Diskussionen waren durch reges Interesse an den Problemstellungen und engagierte Beteiligung der Zuhörer, gerade auch von Seiten der Studierenden der Veterinärmedizin, gekennzeichnet. In ihrem Verlauf haben sich vier Themenschwerpunkte ergeben:

Verbindlichkeit des Tierschutzes: Trotz unterschiedlicher inhaltlicher Verwirklichungsweisen des Tierschutzes, wie sie sich angesichts der Religionenvielfalt und aus kontroversen ethischen Konzepten ergeben, wurde in der Forderung, daß Tierschutz sein soll, ein gemeinsamer Ansatzpunkt sichtbar, von dem ausgehend Gespräche über die Diskrepanzen geführt und die Auseinandersetzungen vertieft werden können (wie z.B. über die Praktik des Schächtens).

Anthropozentrik: Im Zentrum der sich mit diesem Begriff üblicherweise verbindenden Vorbehalte steht die berechtigte Kritik an menschlicher Egozentrik. Dabei darf nicht aus den Augen verloren werden, daß sich in Tier- und Naturschutz eine Aufgabe formuliert, die nur dem Menschen gestellt ist: die im Anthropos (Homo sapiens sapiens L.) angelegte Vernunft in seinem Umgang mit der Natur zum Zug zu bringen und alle handelnden Zwecksetzungen im Hinblick auf die Lebensmöglichkeiten sowohl künftiger Generationen als auch der Tierwelt zu reflektieren. Dies soll sicherstellen, daß die Freiheit der Späteren nicht in instrumenteller Weise beschränkt, den Nachfolgenden keine Sachzwänge, deren Bewältigung unmöglich ist, hinterlassen werden, und auch die Lebensräume der Tierarten nicht so dezimiert werden, daß deren Fortbestand in Frage gestellt wird (z.B. durch weitere Ausrottung von Tierarten).

Ehrfurcht vor dem Leben: Die von Albert Schweitzer eindrucksvoll vertretene ethische Position verdient, als handlungsleitende Idee motivlich festgehalten zu werden, wenn auch im Bewußtsein, daß eine absolute Rücksichtnahme auf alles, was lebt, für den Menschen, der selbst als Lebewesen in der Natur sein Dasein findet und leben will, nicht in der, diesem Ideal gemäßen Radikalität, umgesetzt werden kann. Wirklich und ausnahmslos jedes einzelne lebendige Wesen zu schützen, ist und bleibt eine Utopie. Der Mensch stößt hier an Grenzen, die er notwendigerweise akzeptieren muß und die ein Abwägen zwischen verschiedenen Zwecksetzungen notwendig macht: kann eine Nutzung der Natur „in Demut“ (Josef Troxler) als gerechtfertigt betrachtet werden, so ist der „Einsatz“ des Tieres für das Prestige (Statussymbol) oder für Luxusinteressen des Menschen, wie z.B. das Tier im Schönheitswettbewerb, als „Waffe“ oder „Sportgerät“, Jagd als Hobby usw., jeweils auf seine ethische Legitimität hin zu befragen.

Rechte für Tiere: Um die menschliche Willkür im Umgang mit dem Tier einzudämmen, erscheint es heute nicht wenigen nötig, dem Tier Würde zuzusprechen. Auch durch die Forderung nach Rechten für Tiere soll diesen nach dem Grundsatz, Gleiches gemäß seiner Gleichheit gleich, Ungleiches ungleich zu behandeln, dasselbe Lebensrecht wie dem Menschen eingeräumt werden. Doch auch die Zuschreibung von Würde und Recht bleibt angesichts der Problematik, solche Forderungen für das Tier praktisch umzusetzen, fragwürdig. Spezifische Inkonsequenzen und Widersprüche zeigen, daß Tierschutz nur durch Gesetze, die als Beschränkungen menschlichen Handelns zu verstehen sind, realisierbar erscheint.

Zur interdisziplinären Zusammenarbeit

Die zunehmende Spezialisierung innerhalb der wissenschaftlichen Disziplinen und das „Zusammenrücken“ der Kulturen (Globalisierung) machen Interdisziplinarität und interkulturellen Gedankenaustausch gleichermaßen schwierig und nötig. Die Ringvorlesung an der Veterinärmedizinischen Universität Wien hat diesem Gespräch ein angemessenes Forum geschaffen. Durch die von den beiden Organisatorinnen der Veranstaltung (Prof. Möstl und Mag. Riether) getroffene ausgewogene Auswahl der Fachreferenten und deren facettenreich explizierte Themenstellungen ist es gelungen, eine differenzierte Sicht der Mensch-Tier-Beziehung und der Frage des Tierschutzes zu vermitteln. Auch wenn über eine Reihe problematischer Punkte, wie zu erwarten war, keine Einigung erzielt werden konnte, muß der Wille zur rationalen Auseinandersetzung als Erfolg gewertet werden. Denn:

> *„Ein interdisziplinäres Gespräch ist nicht erst dann gelungen, wenn alle Gesprächsteilnehmer einig sind, sondern bereits dann, wenn jeder Teilnehmer anders aus dem Gespräch hinausgeht, als er hinein[ge]kommen ist. Konsens nämlich ist keineswegs immer nötig; viel wichtiger ist das produktive Mißverständnis; und am wichtigsten ist schlichtweg Vernunft: der Verzicht auf die Anstrengung, dumm zu bleiben."*
>
> (Marquard, Odo: Philosophische Anthropologie, in: Orientierung durch Philosophie, hrsg. v. Peter Koslowski, Tübingen 1991, S. 31.)

Teil II

Die Mensch-Tier-Beziehung in der Veterinärmedizin

Qualzucht - ein ethisches Problem

Irene Sommerfeld-Stur

Die Größe einer Nation erkennt man daran,
wie sie ihre Tiere behandelt.
(Mahatma Gandhi)

Einleitung

Die Zucht und Verwendung von Tieren zum Nutzen des Menschen ist eine Jahrtausend alte Tradition, die durch die Domestikation verschiedener Tierarten ermöglicht wurde. Ethische Überlegungen spielten sicher ursprünglich keine Rolle, der Nutzeffekt für den Menschen stand im Vordergrund. In der modernen Gesellschaft, die sich in ihrer Koexistenz mit Haustieren auch dem Gedanken des Tierschutzes verschrieben hat, treten ethische Aspekte aber mehr und mehr in den Vordergrund. Das Tier wird nicht mehr nur als Nutztier gesehen sondern in vielen Bereichen auch oder sogar vor allem als Partner des Menschen.

Nichtsdestoweniger ist Tierschutz auch in dieser Gesellschaft keine Selbstverständlichkeit. Die Notwendigkeit von Tierschutzgesetzen und die Problematik der Umsetzung dieser Gesetze zeigen, dass Tiere auch heute noch in vielen Bereichen in erster Linie einen Sachwert im weitesten Sinn haben. Und selbst dort, wo sie definitonsgemäß als „Companion Animals“, also als Gefährten der Menschen, gehalten werden, sind sie fast noch mehr als im reinen Nutztierbereich der menschlichen Willkür ausgeliefert.

Ein Bereich, in dem oft weniger aus böser Absicht als aus Nichtwissen Tierquälerei im Sinne des Gesetzes aber auch im ethisch-moralischen Sinn betrieben wird, ist der der Tierzucht.

Unter Tierzucht versteht man die gezielte Paarung von Tieren mit erwünschten Merkmalen mit dem Ziel, diese Merkmale in der Population zu verbessern oder zu fixieren. Welche Merkmale erwünscht sind, wird vom Züchter in Form eines Zuchtzieles definiert. Primär richten sich Zuchtziele nach der Verwendung der Zuchtprodukte. Bei Nutztieren steht somit in den meisten Fällen die Verwendung als Lebensmittellieferant im Mittelpunkt. Je nach angestrebtem Produkt werden somit entweder sehr stark bemuskelte Tiere oder Tiere mit den körperlichen Voraussetzungen für eine hohe Milchleistung züchterisch favorisiert.

Bei Heimtieren gibt es vielfältigere Verwendungen und somit auch stärker differenzierte Zuchtziele. So gibt es z.B. für jede Hunderasse festgeschriebene Rassestandards, die das Bild der jeweiligen Rasse beschreiben. Die Rassemerkmale richten sich im Wesentlichen nach dem ursprünglichen Verwendungszweck der Rassen, wobei sich besondere Verwendungen in speziellen Rasseeigenschaften zeigen. So ist z.B. die Kurzbeinigkeit der Dackel in ihrer Verwendung als Jagdhund durch die Baujagd begründet. Um in Fuchs-, Dachs- oder Kaninchenbauten schlüpfen zu können, sind möglichst kurze und kräftige Beine sowie ein geringer Brustumfang Voraussetzung. Die anatomischen Veränderungen beruhen aber auf Defektmutationen, in deren Folge es zu mehr oder weniger ausgeprägten Beeinträchtigungen der Gesundheit betroffener Tier kommt. So beruht die Kurzbeinigkeit des Dackels auf einer Veränderung des Knorpelstoffwechsels, der die Rasse besonders anfällig für Erkrankungen der Bandscheiben macht.

Die äußerst vielfältigen Verwendungsrichtungen der Hunde resultieren in einer enormen Rassevielfalt. In vielen Fällen beruhen spezielle Rassemerkmale ähnlich wie beim Dackel eben auf Defektmutationen, die betroffene Rassen für bestimmte Erkrankungen besonders anfällig machen.

Sehr problematisch wird es aus ethischer Sicht dann, wenn gesundheitsbeeinträchtigende Rassemerkmale auch dann noch favorisiert werden, wenn der ursprüngliche Verwendungszweck heute bzw. in unserer Gesellschaft gar keine Bedeutung mehr hat. So mag ein steiles Hinterbein beim Chow Chow für seine ursprüngliche Verwendung als Masttier in Asien seinen Zweck erfüllt und übermäßige Bewegung des Hundes verhindert haben - bei der Verwendung als Begleithund ist dieses Rassemerkmal nur mehr unter dem Aspekt einer unphysiologischen Belastung zu sehen, die den betroffenen Hund für frühzeitigen Gelenksverschleiß anfällig macht.

Auch die extreme Interpretation und Ausprägung bestimmter Rassemerkmale kann die Gesundheit und das Wohlbefinden betroffener Tiere massiv beeinträchtigen. Mag ein kurzer kräftiger Kiefer für bestimmte Verwendungen von Vorteil gewesen sein, so bedeutet die extreme Abflachung des Gesichtsschädels für die betroffenen Tiere nur mehr ein qualvolles Leben unter ständiger Atemnot. Bei anderen Heimtierarten werden extreme Rassemerkmale ganz ohne funktionellen Hintergrund rein auf der Basis optischer Aspekte favorisiert.

Aber nicht nur extreme Rassemerkmale beeinträchtigen Gesundheit und Wohlbefinden unsrer Haustiere, auch genetische Defekte, die unabhängig von erwünschten Merkmalen auftreten, sind eine Belastung für betroffene Tiere und sollten daher im Sinne einer ethisch vertretbaren Tierzucht berücksichtigt werden.

Nicht die Devise sollte gelten: „Alles, was biologisch möglich ist, kann gezüchtet werden“ sondern vielmehr die Regel: „Nur was die Gesundheit, das Wohlbefinden und die Lebenserwartung der Zuchttiere und der Zuchtprodukte nicht beeinträchtigt, sollte gezüchtet werden“.

Das neue österreichische Tierschutzgesetz versucht mit seinem neu formulierten Qualzuchtparagraphen die wesentlichen gesundheitlichen Probleme, die sich im züchterischen Kontext ergeben können, in einer Form zu erfassen, die eine Umsetzung in der Praxis leichter möglich macht. In der neuen, mit 1. Februar 2008 gültigen Form setzt das Gesetz bei der beschreibenden Definition der verbotenen Qualzucht nicht mehr an phänotypischen Merkmalen bestimmter Rassen an, sondern an den bei betroffenen Tieren mit Qualzuchteigenschaften auftretenden klinischen Symptomen. Die primäre Zielsetzung im Rahmen der Umsetzung dieses Gesetzes ist somit nicht mehr das Verbot bestimmter Rassen sondern das Vermeiden von Extremvarianten, in deren Folge die Lebensqualität und/oder die Lebenserwartung der betroffenen Tiere beeinträchtigt sind.

Die Einschätzung eines Qualzuchttatbestandes erfolgt somit vor allem auf individueller Ebene und in erster Linie durch Tierärzte, die aufgrund Ihrer Ausbildung die notwendige Qualifikation für die Beurteilung klinischer Symptome mitbringen.

Abgesehen davon ermöglicht der neue Ansatz, auch solche gesundheitlichen Probleme zu thematisieren, die unanhängig von bestimmten Rassemerkmalen als Folge von genetisch bedingten Erkrankungen oder Krankheitsdispositionen oder als Folge von Inzuchtschäden auftreten.

Um eine möglichst effiziente Umsetzung des Qualzuchtverbotes im Interesse des Tierschutzes aber auch im Interesse betroffener Spezies bzw. Rassen zu gewährleisten, bedarf es jedenfalls einer möglichst umfassenden Auseinandersetzung mit allen klinischen und genetisch-züchterischen Aspekten der neuen Regelung.

Der Gesetzestext

§ 5 Abs. 1 und Abs. 2 Z 1 des Bundesgesetzes über den Schutz der Tiere (Tierschutzgesetz - TSchG), BGBl. I Nr. 118/2004 idF BGBl. I Nr. 35/2008, lauten:

§ 5. (1) Es ist verboten, einem Tier ungerechtfertigt Schmerzen, Leiden oder Schäden zuzufügen oder es in schwere Angst zu versetzen.

(2) Gegen Abs. 1 verstößt insbesondere, wer

1. Züchtungen vornimmt, bei denen vorhersehbar ist, dass sie für das Tier oder dessen Nachkommen mit Schmerzen, Leiden, Schäden oder Angst verbunden sind (Qualzüchtungen), sodass in deren Folge im Zusammenhang mit genetischen Anomalien insbesondere eines oder mehrere der folgenden Symptome bei den Nachkommen nicht nur vorübergehend mit wesentlichen Auswirkungen auf ihre Gesundheit auftreten oder physiologische Lebensläufe wesentlich beeinträchtigen oder eine erhöhte Verletzungsgefahr bedingen:

a Atemnot

b Bewegungsanomalien

c Lahmheiten

d Entzündungen der Haut

e Haarlosigkeit

f Entzündungen der Lidbindehaut

g Blindheit

h Exophthalmus

i Taubheit

j Neurologische Symptome

k Fehlbildungen des Gebisses

l Missbildungen der Schädeldecke

m Körperformen, bei denen mit großer Wahrscheinlichkeit angenommen werden muss, dass natürliche Geburten nicht möglich sind,

oder Tiere mit Qualzuchtmerkmalen importiert, erwirbt, weitergibt oder ausstellt.

Übergangsfrist: Bei bestehenden Tierrassen, bei denen Qualzuchtmerkmale auftreten, liegt ein Verstoß gegen § 5 Abs. 2 Z1 dann nicht vor, wenn durch eine *laufende Dokumentation* nachgewiesen werden kann, dass durch *züchterische Maßnahmen oder Maßnahmenprogramme* die Einhaltung der Bestimmungen dieser Gesetzesstelle bis zum 1. Jänner 2018 gewährleistet werden kann. Die Dokumentation ist schriftlich zu führen und auf Verlangen der Behörde oder eines Organs, das mit der Vollziehung dieses Bundesgesetzes beauftragt ist, zur Kontrolle vorzulegen.

Qualzucht aus klinischer Sicht

Die Symptome und ihre möglichen genetisch bedingten Grundlagen:

Atemnot

Die wichtigste zuchtbedingte Ursache für Atemnot ist die bei manchen Hunde- und Katzenrassen verbreitete *Brachycephalie*. Durch eine unproportionale Verkürzung des knöchernen Gesichtsschädels kommt es zu Faltenbildung bei Haut und Schleimhaut, *Makroglossie*, Verlängerung des Gaumensegels und als Folge davon zu einer Einengung der vorderen Atemwege.

Eine zweite Ursache für Atemnot ist der bei Zwergrassen und bei kleinen brachycephalen Rassen beschriebene *Trachealkollaps*.

Atemnot tritt aber auch als sekundäres Symptom im Zusammenhang mit genetisch bedingten Erkrankungen des Herz-Kreislaufsystems auf. Die häufigsten Erkrankungen, an die man in diesem Zusammenhang denken sollte, sind *HCM* bei der Katze, *DCM*, *Aortenstenosen*, und Klappenanomalien beim Hund. Auch Lungenerkrankungen wie die *COPD* beim Pferd sind zumindest von ihrer genetischen Disposition her als qualzuchtrelevant zu betrachten.

Bewegungsanomalien

Sie entstehen in erster Linie als Folge von Skelettanomalien, die sehr oft als Extremvariante bestimmter rassetypischer Zuchtziele auftreten. Zu nennen wären hier z.B. die angeborene Schwanzlosigkeit, die bereits als solche einen gewissen Einfluss auf die Bewegung hat, oft aber im Zusammenhang mit anderen Anomalien der Wirbelsäule wie *Blockwirbeln, Keilwirbeln* oder *Spina Bifida* auftritt. Aber auch Stellungsanomalien von Gelenken, wie z.B. eine extrem wenig gewinkelte Hinterextremität wie sie z.B. bei Chow Chows oder auch bei Positurkanaris rassetypisch ist, zählen zu den Ursachen für diese Symptomatik. Besonders dann, wenn die daraus resultierenden Bewegungsanomalien im Rassestandard beschrieben werden (typischer hoppelnder Gang der Manx Katze, typischer stelzender Gang des Chow Chows) liegt ein klarer Verstoß gegen das Qualzuchtverbot vor. Zu bedenken ist in diesem Zusammenhang auch, dass praktisch jede Bewegungsanomalie langfristig zu einer Fehl- bzw. Überbelastung des Bewegungsapparates mit den bekannten Folgen degenerativer Gelenkserkrankungen führt.

Bei Vögeln ist an Probleme mit der Flugfähigkeit im Zusammenhang mit Riesenwuchs zu denken.

Eine zweite Ursache für Bewegungsanomalien ist in unphysiologischen Haut- bzw. Körperanhängen zu finden. Hier ist an die unphysiologische Fußbefiederung (Trommlertauben) ebenso zu denken wie an die übergroßen Kröpfe (Kropftauben) mancher Vögel. Aber auch extrem lange Ohren, wie sie z.B. beim Widderkaninchen zu finden sind, können eine physiologische Bewegung beeinträchtigen. Bei Fischen ist an die Schleierformen verschiedener Spezies zu denken, die ein normales Schwimmverhalten beeinträchtigen und in manchen Fällen auch zu Paarungsunvermögen auf Seiten des männlichen Tieres führen.

Bewegungsanomalien können auch in Folge systemischer Stoffwechselerkrankungen wie z.B. des *Phosphofructokinasemangels* beim Springer Spaniel, der erblichen *Myopathie*, des *EIC* (Exercise induced collaps) beim Labrador Retriever oder der *HYPP* beim Quarterhorse oder aber bei neurologischen Erkrankungen (siehe dort) auftreten.

Lahmheiten bzw. schmerzhafte Beeinträchtigung der Bewegung

Hier ist in erster Linie an die große Gruppe der chronisch degenerativen Gelenkserkrankungen wie HD, ED, OCD, Patellaluxation, aber auch an Erkrankungen der Wirbelsäule wie *Diskopathien* und *Spondylosen* zu denken. Sie treten einerseits als Folge von Extremvarianten (Riesenwuchs, Zwergwuchs, *Chondrodystophie*) aber auch als zuchtzielunabhängige Erkrankungen bei einer großen Zahl von Hunderassen auf. Aber auch bei anderen Spezies muss dieser Symptomenkomplex beachtet werden. So sind die chronischen Gelenkserkrankungen beim Pferd (*Podotrochlose, Spat, Chips*) hier ebenso zu berücksichtigen wie chronisch degenerative Gelenkserkrankungen als Folge von unterschiedlichen Stellungs- oder Winkelungsanomalien der Extremitäten bei verschiedenen anderen Spezies. Da bei solchen Anomalien von einer hohen *Heritabilität* ausgegangen werden muss, ist eine züchterische Berücksichtigung im Sinne des Qualzuchtverbotes zu fordern.

Entzündungen der Haut

Abgesehen von allergisch und autoimmun bedingten Hauterkrankungen, die u. a. möglicherweise als Folge von inzuchtbedingten Immunschwächen in zunehmender Häufigkeit auftreten, ist hier in erster Linie an solche Erkrankungen zu denken, die als Folge unphysiologischer Faltenbildung bei verschiedenen Hunderassen auftreten. Betroffen sind hier einerseits alle brachcyephalen Hunderassen (Gesichts- und Schwanzfaltendermatitis), anderseits auch Rassen mit *akromegalem Riesenwuchs*, bei denen vor allem die Kopfhaut überdimensioniert ist, woraus sich Gesichtsfalten und Hängelefzen ergeben. Auch dicht behaarte, lange und tief angesetzte Hängeohren bei Hunden prädisponieren zu Entzündungen des äußeren Gehörganges. Und nicht zuletzt ist an jene Rassen zu denken, bei denen Hautfalten vom Rassestandard vorgesehen sind. Hier darf auch auf Zierfische nicht vergessen werden. So sind die Löwenkopfvarianten bei den Goldfischen ebenfalls auf Grund einer erhöhten Neigung zu Hauterkrankungen als qualzuchtrelevant anzusehen.

Entzündungen der Haut können aber auch im Zusammenhang mit Pigmentierungsanomalien auftreten, wie z.B. die *Color-dilution Alopezie* bei blauen Hunden oder die Solardermatitiden bei unpigmentierten und kurzhaarigen Hunden.

Im weiteren Sinn gehören zu dieser Symptomatik auch jene Formen von Hautkrebs, die an unpigmentierten Körperstellen auftreten, aber auch generalisierte genetisch bedingte Hauterkrankungen wie die *HERDA* (Hereditary Equine Regional Dermal Asthenia) oder der *JEB-Defekt* (Junctionale Epidermiolysis Bullosa) beim Pferd.

Haarlosigkeit

Haarlosigkeit ist bei bestimmten Hunde- und Katzenrassen ein die Rasse bestimmendes Merkmal. Wieweit die Haarlosigkeit dieser oft alten und in den Herkunftsländern langjährig gezüchteten Rassen als qualzuchtrelevant zu bewerten ist, müsste im Einzelfall beurteilt werden. In der Literatur werden verschiedene Probleme im Zusammenhang mit der angeborenen Haarlosigkeit berichtet, wie Probleme mit der Temperaturregulation besonders bei neugeborenen Welpen, Thymusatrophie oder erhöhte Disposition zu Eiterpickeln. Ein häufiges Problem bei haarlosen Rassen ist ein unvollständiges bis völlig fehlendes Gebiss. Das Gen für angeborene Haarlosigkeit hat zudem in homozygoter Form Letalwirkung und somit ist in jedem Fall die Verpaarung zweier haarloser Varianten im Sinne des Gesetzes unzulässig.

Haarlosigkeit tritt aber, wie beim vorherigen Punkt erwähnt, auch im Zusammenhang mit bestimmten Pigmentierungsanomalien wie der Color-dilution Alopezie auf, oder aber auch in Form der so genannten *Alopecia X* bei Spitzrassen.

Entzündungen der Lidbindehaut und/oder der Hornhaut

Hier ist einerseits an Lidbindehautentzündungen im Zusammenhang mit zu großen Lidspalten und loser Kopfhaut zu denken. Das bei manchen Hunderassen erwünschte so genannte „Karo-Auge" entspricht dem klinischen Bild eines *Ektropiums*. Aber auch vom Rassestandard unabhängige Ektropien führen zu Lidbindehautentzündungen. Anderseits ist an Bindehaut- und Hornhautentzündungen zu denken, die in Zusammenhang mit Gesichtsfalten und *Entropium* entstehen. Besonders bei brachycephalen Hunde- und Katzenrassen tritt diese Form von Bindehaut- und Hornhautreizung auf. Unabhängig von Rassestandards ist aber auch an Distichiasis und Trichiasis als Auslöser für Erkrankungen der Hornhaut zu denken. Im Zusammenhang mit rassetypischem *Exophthalmus* (siehe dort) kommt es auch oft zu Hornhautentzündungen als Folge einer Austrocknung der Kornea durch gestörte Lidfunktion.

Bei brachycephalen Katzen finden sich häufig Bindehautentzündungen als Folge einer Verengung bzw. eines Verschlusses des Tränennasenkanals.

Blindheit

Im Zusammenhang mit einem Rassemerkmal tritt Blindheit vor allem bei Verpaarungen von zwei *Merle-Tigern* beim Hund auf. Solche Verpaarungen werden aber in den meisten Fällen gezielt vermieden, da die Zusammenhänge den Züchtern grundsätzlich bekannt sind. Jedenfalls sind Verpaarungen zweier Merle-Hunde im Sinne des Tierschutzgesetzes unzulässig. Bei Goldfischen der Löwenkopfvariante können die typischen Wucherungen am Kopf ein solches Ausmaß annehmen, dass das Sehvermögen zumindest stark reduziert ist.

Unabhängig von Rassemerkmalen gibt es aber eine Reihe von genetisch bedingten Augenerkrankungen wie z.B. die verschiedenen Formen der *PRA*, die zur teilweisen bzw. vollständigen Erblindung führen. Zum Teil lassen sich diese Erkrankungen bereits mit Hilfe molekulargenetischer Tests diagnostisch erfassen und sind daher in solchen Fällen grundsätzlich relativ gut züchterisch zu bearbeiten. Sind molekulargenetische Nachweisverfahren verfügbar, wäre eine verpflichtende Nutzung dieser Diagnostik bei Zuchttieren im Sinne des Qualzuchtverbotes zu fordern. Wieweit der bei manchen Hütehunderassen gewünschte dichte Haarvorhang vor den Augen das Sehvermögen in relevanter Form beeinträchtigt und somit ebenfalls als qualzuchtrelevant anzusehen ist, bleibt zu diskutieren.

Exophthalmus

Hier ist in erster Linie an Zwergrassen und kleine brachycephale Rassen beim Hund zu denken. Exophthalmus in zum Teil extrem ausgeprägter Form findet sich aber auch bei Goldfischen. Die klinische Problematik ergibt sich aus der erhöhten Verletzungsgefahr für den Augapfel, beim Hund im speziellen ist auch an die Gefahr eines *Bulbusprolaps* zu denken. Ein weiteres Problem ist die Neigung zu einer Austrocknung der Hornhaut durch gestörte Funktionalität des Lidschlags.

Taubheit

Gemeint ist hier auf der einen Seite die *sensorineurale Taubheit* bei Hund und Katze, die im Zusammenhang mit bestimmten Formen von weißer Farbe bzw. von Scheckung auftritt. Eine audiometrische Untersuchung ermöglicht ab der 7. Lebenswoche eine eindeutige Detektierung ein- und/oder beidseitig tauber Welpen bei den betroffenen Rassen und damit auch eine recht effiziente Selektion. Dennoch sollte bei diesen Rassen der Zusammenhang mit bestimmten Farbverteilungsmustern (z.B. Plattenscheckung beim Dalmatiner) abgeklärt werden und die züchterischen Strategien allenfalls den Erkenntnissen angepasst werden. Taubheit kann beim Hund auch im Zusammenhang mit Homozygotie für den Merlefaktor auftreten.

Neurologische Symptome

Neurologische Symptome treten im Zusammenhang mit einer ganzen Reihe genetisch bedingter Anomalien auf, sind aber insbesondere, was die später manifestierenden Formen betrifft, oft nur schwer und mit einem gewissen Unsicherheitsfaktor auf genetische Ursachen zurückzuführen.

In einem direkten Zusammenhang mit bestimmten Rassemerkmalen treten neurologische Symptome in folgenden Fällen auf:

- Missbildungen der Schädeldecke wie z.B. bei Zwerghunderassen und brachycephalen Rassen aber auch bei Vogelarten wie Haubenenten oder Haubentauben.

- Missbildungen der Wirbelsäule wie z.B. bei chondrodystrophen und brachycephalen Rassen, sowie bei angeborener Schwanzlosigkeit bei Katzen, Hunden oder Hühnern (oft verbunden mit Kot- und Harninkontinenz).

- Neurologische Fehlfunktionen im Zusammenhang mit Pigmentanomalien wie z.B. sensorineurale Taubheit bei bestimmten Weißformen oder das *Lethal White Syndrome* bei Overo Pintos, das bei neugeborenen Fohlen auf Grund einer neurologisch bedingten Dysfunktion des Colons zu einer tödlichen Verstopfungskolik führt.

- Eine neuere Studie zeigt auf molekulargenetischer Ebene einen Zusammenhang zwischen *Dermoidsinus* und dem Genotyp für den Rassetypischen „Ridge" bei den betroffenen Hunderassen auf. Homozygote für das Ridge-Gen zeigen eine deutlich höhere Disposition zu Dermoidsinus. Je nach Ausprägung kann ein Dermoidsinus Alterationen des Rückenmarks und damit neurologische Fehlfunktionen zur Folge haben.

- Für das *Wobbler Syndrom* scheint eine Rassedisposition beim Dobermann auf der Basis einer besonders beweglichen Halswirbelsäule zu bestehen.

- Beim Cavalier King Charles Spaniel wird in zunehmender Häufigkeit das Krankheitsbild der *Syringomyelie* beobachtet, dessen Hauptsymptom unkontrollierbare Kratzbewegungen sind. Als Grundlage wird unter anderem eine extreme Ausprägung der rassetypischen Kopfform vermutet.

Unabhängig von vorgegebenen Rassemerkmalen ist im Zusammenhang mit neurologischer Symptomatik in erster Linie an Epilepsie zu denken. Diese Erkrankung tritt in zunehmender Häufigkeit in zahlreichen Hunderassen auf und ist eine der am schwierigsten zu bekämpfenden Erbkrankheiten. Aufgrund fehlender *Screening*möglichkeiten ist eine Diagnose außerhalb eines Anfalls praktisch nicht möglich, woraus sich in den meisten Rassen eine sehr hohe Dunkelziffer ergibt. Inzwischen gibt es ein paar hoffnungsvolle Ansätze zur Entwicklung von

Gentests. Es bleibt abzuwarten, ob diese Arbeiten erfolgreich sein werden. Anfallsleiden, an die in diesem Zusammenhang ebenfalls gedacht werden muss, sind auch die ***Narkolepsie***, für die für einzelne Rassen bereits ein Gentest verfügbar ist. Auch die beim Golden Retriever beschriebene anfallsartige Aggressivität muss hier genannt werden.

Weitere Defekte, an die im Zusammenhang mit neurologischen Symptomen zu denken ist, sind die verschiedenen *lysosomalen Speicherkrankheiten*, die vor allem bei Katzen aber auch bei Hunden eine Rolle spielen. Hier sei z.B. die Ceroid-Lipofuszinose beim Border Collie und American Bulldog, die GM1-Gangliosidose beim Husky, die Krabbe Disease bei West Highland White- und Cairn-Terrier oder die Fucosidose beim Englischen Springer Spaniel genannt. Für einige dieser Erkrankungen gibt es bereits molekulargenetische Diagnoseverfahren. In diesen Fällen ist eine effiziente Bekämpfung möglich. Aber auch genetisch bedingte degenerative oder entzündliche Erkrankungen des zentralen bzw. peripheren Nervensystems dürfen nicht vergessen werden.

Als Sekundärsymptomatik treten neurologische Symptome weiters im Zusammenhang mit Lebererkrankungen auf. Hier ist in erster Linie an die Gruppe der *Lebershunterkrankungen* zu denken. Auch im Zusammenhang mit Erkrankungen der Schilddrüse werden neurologische Symptome in Form von übermäßiger Aggressivität beim Hund erwähnt.

Neurologische Symptome fallen zudem unter den Sammelbegriff der „wesentlichen Beeinträchtigung physiologischer Lebensabläufe“ und sind auch aus dieser Sicht in jedem Fall einer genetischen Grundlage als qualzuchtrelevant anzusehen.

Fehlbildungen des Gebisses

Einem vollständigen und korrekten Gebiss wird insbesondere in der Hundezucht ein hoher Stellenwert eingeräumt, nichtsdestoweniger stellen Gebissanomalien sowohl als Folge von Rassemerkmalen als auch unabhängig davon ein recht häufiges Problem dar. Bei brachycephalen Hunde- und Katzenrassen ist eine *Brachygnathia superior* ein die Rasse bestimmendes Merkmal. Die Folge sind Funktionsstörungen in Lebensbereichen wie Körperpflege und Reproduktion. Bei haarlosen Hunderassen ist in Zusammenhang mit dem Fehlen der Behaarung oft auch eine Unter- bzw. Fehlentwicklung des Gebisses zu beobachten.

Unabhängig von Rassemerkmalen treten aber auch andere Fehlbildungen und Fehlstellungen des Gebisses auf. Besonders relevant in Zusammenhang mit dem Tierschutzgesetz erscheint hier die Unterkieferverkürzung sowie der recht häufig auftretende *Caninusengstand* zu sein.

Auch bei anderen Spezies finden sich Fehlstellungen des Gebisses, die zu gesundheitlichen Problemen führen können. So sind insbesondere bei Kaninchen, Meerschweinchen und Chinchillas Verkürzungen des Unterkiefers durch die ständig wachsenden Zähne als besonders problematisch zu betrachten.

Bei Aquarienfischen ist in diesem Zusammenhang an den so genannten Papageienbuntbarsch zu denken. Es handelt sich dabei um eine Variante eines mittelamerikanischen Zwergbuntbarsches, dem eine extrem verkleinerte Maulspalte angezüchtet worden ist, die eine Aufnahme des arttypischen Futters nicht mehr zulässt.

Bei Vögeln ist an Schnabelanomalien zu denken wie z.B. die extrem kurzen Schnäbel bei Mövchen, die ein Atzen der Jungtiere beeinträchtigen.

Missbildungen der Schädeldecke

Sie wurden bereits im Zusammenhang mit dem Auftreten neurologischer Symptome genannt, stellen aber auch unabhängig davon einen qualzuchtrelevanten Tatbestand dar, insbesondere wenn durch eine zu dünne und/oder nicht vollständig ausgeformte Schädeldecke eine erhöhte Verletzungsgefahr gegeben ist. Ein Yorkshire-Terrier, der nachweislich durch einen Schädelbruch zu Tode kam, nachdem ihm sein Besitzer einen Hauspantoffel nachgeworfen hatte, mag die Ausnahme sein. Extrem dünne Schädelknochen bei Zwerghunden in Verbindung mit der rassetypischen *„Molera" (persistierende Fontanellen)* sind nichtsdestoweniger als Grundlage einer „erhöhten Verletzungsgefahr" im Sinne des Tierschutzgesetzes anzusehen.

Körperformen, bei denen mit großer Wahrscheinlichkeit anzunehmen ist, dass natürliche Geburten nicht möglich sind

Ein natürlicher Geburtsablauf ist immer dann gefährdet, wenn ein Missverhältnis zwischen dem mütterlichen Beckendurchmesser und bestimmten Körpermaßen des Foetus vorliegt. Dies findet sich einerseits bei multiparen Tieren, wenn die Zahl der Früchte so gering ist, dass die einzelne Frucht zu groß wird. Insbesondere bei Zwerghunderassen liegt dieses Problem häufig vor, da zwischen Körpergröße und Wurfgröße eine negative Korrelation besteht und sogar Einlingswürfe keine Seltenheit darstellen.

Eine zweite Ursache für das genannte Missverhältnis liegt dann vor, wenn einzelne Körperpartien der Frucht überdimensioniert sind. Das ist der Fall bei brachycephalen Hunde- und Katzenrassen, bei denen der breite Schädel oft ein Geburtshindernis darstellt. Besonders dann, wenn der Rassestandard einen breiten Schultergürtel und eine nach hinten zu schmaler werdende Körperform vorsieht, wie das z.B. bei Bulldoggen der Fall ist, sind Schwergeburten vorprogrammiert. Aber auch bei Nutztieren finden sich vergleichbare Probleme insbesondere bei einzelnen Fleischrinderrassen, bei denen eine so genannte Doppellendigkeit vorliegt.

Weitere Qualzuchtrelevante Krankheitsbilder

Die Auflistung der genannten klinischen Symptome erfasst natürlich den gesamten Komplex von Qualzuchten im Sinne des Gesetzes nur unvollständig. So sind im Sinne einer Beeinträchtigung physiologischer Lebensabläufe auch all jene genetisch bedingten Erkrankungen als Qualzucht zu verstehen, deren Symptomatik so unspezifisch ist, dass sie keiner der genannten Symptomengruppen unmittelbar zuzuordnen ist. Als Beispiele seien genetisch bedingte Erkrankungen oder Erkrankungsdispositionen der Niere (JRD, PLN, Harnsteine), der Schilddrüse (Hypothyreose, Hyperthyreose), der Nebennierenrinde (Morbus Addison, Morbus Cushing), des Pankreas (exokrine Pankreasinsuffizienz, Diabetes), des Verdauungstraktes (PLE) oder des Blutes (hämolytische Anämie oder Blutgerinnungsstörungen wie z.B. vWD) aber auch Beeinträchtigungen der Immunkompetenz (CLAD, Gray Collie Syndrom, SCID, Trapped Neutrophile Syndrome) genannt.

Die im Gesetz definierte Liste sollte jedenfalls einer ständigen Anpassung an neuere veterinärmedizinische Erkenntnisse unterzogen werden.

Qualzucht aus populationsgenetischer Sicht - Umsetzung mit Augenmaß

Betrachtet man das neue Qualzuchtgesetz aus populationsgenetischer Sicht, so stellen sich im Wesentlichen zwei Fragen:

1. Welche Konsequenzen hat eine Umsetzung für die betroffenen Populationen?
2. Welches sind Zuchtstrategien, die es den Züchtern ermöglichen, im Rahmen der vorgegebenen Übergangsfrist die Vorgaben des Gesetzes zu erfüllen?

Der erste Punkt ist insbesondere was die Hundezucht betrifft, sicherlich ein sehr kritischer Punkt, da bereits jetzt bei sehr vielen Hunderassen ein Zustand erreicht ist, in dem die genetische Varianz der Zuchtpopulation gering ist und durch aktuelle Selektionsmaßnahmen laufend weiter reduziert wird. Unter Selektionsmaßnahmen in diesem Zusammenhang sind nicht nur die von den Züchtern meistens priorisierten Maßnahmen zur Verbesserung des Formwertes zu verstehen, sondern auch jene Maßnahmen, die im Sinne der Verbesserung der gesundheitlichen Situation der Rasse vorgesehen sind. Denn jede Form von Selektion führt zu einer Reduktion der genetischen Varianz, die wiederum eine Erhöhung des Inzuchtniveaus mit den damit verbundenen Inzuchtdepressionserscheinungen zur Folge hat. Da Inzuchtdepression in ihren verschiedenen Ausprägungsformen (reduzierte Fruchtbarkeit, erhöhte Anfälligkeit gegen negative Umwelteinflüsse, herabgesetzte Lebenserwartung) im Sinne einer Beeinträchtigung physiologischer Lebensabläufe selbst den Tatbestand von Qualzucht erfüllt, muss bei der Umsetzung des Qualzuchtverbotes mit entsprechendem Augenmaß vorgegangen werden. Die Berücksichtigung rassespezifischer Besonderheiten und hier vor allem eine entsprechende Gewichtung einzelner Merkmale in Hinblick auf ihren Krankheitswert, sind eine wichtige Voraussetzung für eine möglichst effiziente Umsetzung des Qualzuchtverbotes bei gleichzeitiger Erhaltung eines möglichst hohen Maßes an genetischer Vielfalt. In diesem Sinn sind auch die in der praktischen Zucht oft bevorzugten Strategien enger Linienzucht aus Sicht des Tierschutzgesetzes kritisch zu betrachten. Aber auch die hohe Priorität, die dem Formwert in der Hunde- aber auch in der Katzenzucht zugemessen wird, sollte überall dort, wo genetisch bedingte Erkrankungen die Gesundheit und die Lebensqualität der Tiere beeinträchtigen, kritisch hinterfragt werden.

Für die Nutztierzucht liegt die Problematik einer Umsetzung weniger in einer Einschränkung der genetischen Varianz als in ökonomischen Aspekten einer tierschutzgerechten Zucht. Überall dort, wo angestrebte Höchstleistungen mit qualzuchtrelevanten Merkmalen verbunden sind, bedeutet eine Umsetzung des Qualzuchtverbotes Zugeständnisse in Bezug auf wirtschaftlich wichtige Leistungsmerkmale. So ist z.B. der Verzicht auf bestimmte Fleischrassen bei der Produktion von Mastrindern im Interesse einer Vermeidung von Schwergeburten durch den Doppellenderfaktor mit einer möglichen Reduzierung der Fleischmenge bei den Mastrindern verbunden.

Der zweite Punkt ist nicht weniger bedeutungsvoll zumal sich hier die Möglichkeit bzw. die Notwendigkeit einer intensiven Zusammenarbeit zwischen Züchtern und Veterinärmedizinern ergibt. Dies erfordert aber auf der Seite der Veterinärmedizin ein umfassendes Basiswissen über die populationsgenetischen Grundlagen der Tierzucht. Betrachtet man die im Gesetz festgelegte Übergangsfrist von 10 Jahren, dann sind das im züchterischen Kontext etwa drei bis vier Generationen für Hunde und Katzen, für Nutztiere nur mehr zwei bis drei, für Pferde höchstens zwei Generationen; für Nager, Fische bzw. Vögel hingegen deutlich mehr. In dieser vergleichsweise kurzen Zeit, bei allen Rassen die vom Gesetz geforderte Erfüllung der Bestimmungen des Tierschutzgesetzes zu erreichen, bedarf es jedenfalls bei Hunden und Katzen einer gezielten und durchdachten Vorgehensweise. Und hier sind es in erster Linie rassespezifische Zuchtstrategien, die überhaupt einen entsprechenden Erfolg ermöglichen.

Das Grundprinzip jeder rassespezifischen Zuchtstrategie ist eine Berücksichtigung rassespezifischer Besonderheiten bei der Erarbeitung von Zuchtprogrammen. Anzahl und Prävalenz bekannter genetisch bedingter Erkrankungen sind dabei genauso zu berücksichtigen wie der Krankheitswert der einzelnen Defekte. Auch die Verfügbarkeit aussagekräftiger Screeningverfahren ist ein wichtiger Punkt, der dabei zu bedenken ist. Insbesondere die zunehmend verfügbaren molekulargenetischen Diagnoseverfahren bieten hier effiziente und zum Teil auch unkonventionelle Möglichkeiten von Selektions- und Paarungsstrategien. Sowohl die Entscheidung über den Zuchteinsatz einzelner Tiere wie auch die Auswahl der Paarungspartner erfolgt nach dem Prinzip der Kompensation von Schwächen in einem Merkmal durch besondere Vorzüge in einem anderen. Praktisch lässt sich das über die Anwendung eines Selektionsindex realisieren, in dem die einzelnen Merkmale nach ihrer Bedeutung für das gesamte Zuchtziel, gesundheitsrelevante Merkmale nach ihrem Krankheitswert gewichtet werden.

Kann man über molekulargenetische Diagnoseverfahren den Genotyp eines Zuchttieres für ein qualzuchtrelevantes Merkmal feststellen, ist im Sinne der Erhaltung der genetischen Varianz in bestimmten Fällen sogar der Zuchteinsatz von Merkmalsträgern zulässig, wenn der Paarungspartner so gewählt wird, dass die Nachkommen keine Merkmalsträger sein können.

Was zudem zu bedenken ist, dass sich für die Züchter in vielen Fällen auch ein massiver Druck von Seiten der Konsumenten ergeben wird. Da ja nicht nur die Zucht sondern auch der Erwerb von Tieren mit Qualzuchtmerkmalen verboten ist, müssen Züchter betroffener Rassen damit rechnen, dass sie ihre Zuchtprodukte nicht mehr verkaufen können, wenn sie qualzuchtrelevante Merkmale tragen. Dies umso mehr als ja auch das seit kurzem auch für Züchter geltende Kaufrecht einen zunehmenden Druck von Seiten der Käufer bedingt.

Entsprechend dem Gesetzestext haben Züchter von Rassen mit Qualzuchtmerkmalen auf Verlangen eine Dokumentation vorzulegen, auf deren Basis sie nachweisen können, dass bis zum Ende der Übergangsfrist zu erwarten ist, dass die Zuchtprodukte keine Qualzuchtmerkmale mehr aufweisen. Eine Umsetzung des Gesetzes erfordert somit auch eine Auseinandersetzung mit der Frage, wie von den Züchtern ein solcher Nachweis geführt werden kann.

Die Zuständigkeit für den Nachweis eines Zuchtprogramms liegt sinnvollerweise bei einem für eine bestimmte Rasse zuständigen Zuchtverband. Der Einzelzüchter kann hingegen durch den Nachweis einer Mitgliedschaft bei einem Zuchtverband bzw. durch Aufzeichnungen im Rahmen des eigenen Zwingers den Nachweis erbringen, dass er seine züchterischen Maßnahmen auf die Bestimmungen des Tierschutzgesetzes abgestimmt hat. Hier ist zu bedenken, dass Heimtierzucht in Österreich nicht gesetzlich geregelt ist, so dass jede Form von Zuchtverband primär ausschließlich dem Vereinsgesetz unterliegt. Es sind somit nicht nur die den größeren Zuchtverbänden wie ÖKV, ÖHU, ÖKEV, KKÖ etc. angeschlossenen Verbände, die eine solche Nachweispflicht haben, sondern jeder Verein, dessen Vereinsziel die Zucht von Heimtieren ist. Für die landwirtschaftlichen Nutztiere sind die in den jeweiligen Bundesländern anerkannten Zuchtverbände zuständig.

In welcher Form für einzelne Rassepopulationen Dokumentation und Nachweis über entsprechende Zuchtprogramme zu führen ist bzw. welche Zuchtprogramme in Einzelnen sinnvoll und zielführend sind, hängt im Wesentlichen von der aktuellen genetischen Situation der Populationen, ihrer Größe, dem aktuellen Inzuchtniveau, von der Anzahl und Häufigkeit bekannter Erkrankungen sowie von der Verfügbarkeit etablierter Screeningprogramme ab. Eine effiziente und allenfalls sogar obligatorische Nutzung verfügbarer molekulargenetischer Diagnoseverfahren ist hier genauso zu bedenken wie Aspekte der Wiederholbarkeit und

Gültigkeit klinischer Screeningmethoden oder spezieller genetischer Situationen wie z.B. die Vermeidung bestimmter Paarungen (z.B. Paarung Merle mit Merle). Hier lassen sich allgemeingültige Richtlinien kaum aufstellen; durch Zusammenarbeit zwischen Züchtern und Veterinärmedizinern lassen sich aber sicherlich in jedem einzelnen Fall entsprechende Zuchtprogramme auswerten bzw. erstellen.

Eine zielführende allgemeine Maßnahme insbesondere im Bereich der Hunde- und Katzenzucht könnte die verpflichtende Erweiterung der Ausbildung von Formwertrichtern im Bereich der klinischen und gesetzlichen Aspekte von Qualzuchtmerkmalen sowie im Bereich der Populationsgenetik sein.

Das Tierschutzgesetz in seiner neuen Fassung stellt für Züchter wie für Tierärzte eine enorme Herausforderung dar. Eine erfolgreiche Umsetzung könnte aber eine wegweisende Aktion im internationalen Tierschutz sein.

Ausgewählte Literatur und Quellenhinweise

Übersichtsliteratur

Bartels T., Wegner W. (1998): Fehlentwicklungen in der Haustierzucht. Ferdinand Enke Verlag.

Binder, R., Palme, R., Sommerfeld-Stur, I., Baumgartner, J., Niebuhr, K., Zaludik, K., Bartussek, K., Waiblinger, S., Reifinger, M., Kübber-Heiss, A., Rabitsch, A., Gneist, M., Troxler, J. (2004): Tierschutz in Österreich: Grundkonzepte der Tierethik, rechtliche Rahmenbedingungen und ausgewählte Schwerpunkte der Tierschutzforschung. Veterinary Medicine Austria / Wiener Tierärztliche Monatsschrift 91, Suppl.1, 44 - 58.

Hieronimus, H.: Zum Thema Qualzucht. http://www.aquaterralev.de/fachbeitraege/aquaristik/qualzuchtenhieronimus/

Mählmann, C. (2007): Erbliche Defekte und Dispositionen beim Pferd - eine Bewertung unter tierschutzrechtlichen Gesichtspunkten. Dissertation Bern.

Peyer, N. (1997): Die Beurteilung zuchtbedingter Defekte bei Rassehunden in tierschützerischer Hinsicht. Dissertation Bern.

Sachverständigengruppe Tierschutz und Heimtierzucht. (2002): Gutachten zur Auslegung von § 11b des Tierschutzgesetzes (Verbot von Qualzüchtungen). Bundesministerium für Verbraucherschutz, Ernährung und Landwirtschaft, Referat Tierschutz, Bonn.

Sommerfeld-Stur, I. (2003): Qualzucht. http://sommerfeld-stur.at/qualzucht/gutachten

Staeck, W.: Zur Definition von Qualzüchtungen - Der so genannte Papageienbuntbarsch http://www.aquaterralev.de/fachbeitraege/aquaristik/qualzuchtenstaeck

Ausgewählte spezielle Literaturstellen

Beaver, B.V., Haug, L.I. (2003): Canine Behaviours Associated With Hypothyroidism. Journal of the American Animal Hospital Association 39, 431-434.

Deutschland, M. (2006): MRT-gestützte morphometrische und anatomisch-histologische Untersuchungen der Chiari-Missbildung bei der brachiocephalen Hunderasse „Cavalier King Charles Spaniel". Dissertation FU Berlin.

Lautersack, O. (2002): Das Wobbler-Syndrom (zervikale Spondylomyelopathie) beim Dobermann im Vergleich mit ausgewählten Rassen. Dissertation JLU, FB Veterinärmedizin, Giessen.

Mausberg, E.M. et al. (2007): Vererbte Alopezie X beim Zwergspitz. Dtsch. Tierärztl. Wschr. 114, 129-134

Salmon Hillbertz, N.H.C. et al. (2007): Duplication of FGF3, FGF4, FGF19 and ORAOV1 causes hair ridge and predisposition to dermoid sinus in Ridgeback dogs. Nature Genetics, 39 (11) 1318 - 1320.

Rechtsgrundlagen

European Convention for the Protection of Pet Animals (1987) http://www.saveourbreeds.org.uk/convention.htm

Multilateral Resolutions as part of the respective Convention (1995): http://www.saveourbreeds.org.uk/convention.htm#Resolutions

Informative Webseiten

Canine inherited disorders database:
http://www.upei.ca/~cidd/intro.htm

Dortmunder Kreis
http://www.dok-vet.de/

Collegium cardiologicum
http://www.collegium-cardiologicum.de/

Verfügbare Gentests:
http://www.laboklin.de
http://www.optigen.com
http://www.vetgen.com
http://w3.vet.upenn.edu/research/centers/penngen/services/deublerlab/index.html
http://www.aht.org.uk/genetics_tests.html
http://www.dok-vet.de/de/Research/DNATest/CommonPage.aspx

Populationsgenetik in der Hundezucht:
http://www.sommerfeld-stur.at

Glossar

Akromegaler Riesenwuchs: Riesenwuchs, bei dem die Körperspitzen (Kopf, Pfoten) im Verhältnis zum übrigen Körper unproportional vergrößert sind.

Alopecia X: wird bei Spitzrassen beschrieben. Die Welpen kommen voll behaart auf die Welt, verlieren aber im Lauf der Zeit ihr gesamtes Fell.

Aortenstenose: Verengung der Hauptschlagader. Führt zu einer chronischen Überbelastung des Herzens.

Blockwirbel: Verschmelzung benachbarter Wirbelkörper. Führt zu lokaler Versteifung der Wirbelsäule und Bewegungsanomalien, langfristig zu Schäden im Bereich der gesamten Wirbelsäule (siehe auch Keilwirbel)

Brachycephalie: Kurzköpfigkeit. Der knöcherne Gesichtsschädel ist mehr oder weniger stark verkürzt, Weichteile wie Haut und Schleimhaut werden aber in normaler Menge angelegt und liegen daher in mehr oder weniger engen Falten.

Brachygnathia superior: Verkürzung des Oberkiefers.

Bulbusprolaps: Vorfall des Augapfels aus der Augenhöhle. Ist für den betroffenen Hund extrem schmerzhaft und kann zum Verlust des Augapfels führen.

Caninusengstand: Eng- oder Steilstellung der Eckzähne des Unterkiefers, die dadurch den Gaumen verletzen können.

Chips: Absplitterungen des Gelenksknorpels, die frei in der Gelenkshöhle schwimmen und so zu weiteren Schädigungen des Gelenkes führen können. Werden auch als „Gelenksmäuse“ bezeichnet. Siehe auch **OCD**

Chondrodystrophie: Eine Form des Zwergwuchses, bei der die Extremitäten während der Embryonalentwicklung frühzeitig ihr Längenwachstum einstellen. Gleichzeitig kommt es zur frühzeitigen Verkalkung der Bandscheiben, was zu Bandscheibenvorfällen (Dackellähmung) führen kann.

CLAD: Canine Leukozyten Adhäsions Defizienz. Eine immunologische Krankheit, die dazu führt, dass betroffene Tiere Infektionen schutzlos ausgeliefert sind.

Color-Dilution Alopezie: Hauterkrankung, die bei Hunden mit bestimmten Verdünnungsfarben (z.B. Blau) auftreten kann.

COPD: Chronic Obstruktive Pulmonale Disease. Lungenerkrankung, bei der die Elastizität der Lungenbläschen irreversibel geschädigt ist. Wird beim Pferd auch als „Lungendampf" oder „Dämpfigkeit" bezeichnet.

DCM: Dilatative Cardiomyopathie. Erkrankung des Herzens, bei der es zu einer Erweiterung und Schwächung speziell der linken Herzkammer kommt. Betroffene Tiere zeigen Leistungsschwäche, Husten, Atemnot. Auch plötzlicher Herztod ist möglich.

Dermoidsinus: Hautmissbildung im Bereich der Wirbelsäule, die auf einer embryonalen Fehlentwicklung beruht. In schweren Fällen kann es zu einer Fistelbildung zwischen Haut und Rückenmark kommen, was mit schweren neurologischen Symptomen verbunden ist.

Diabetes: Zuckerkrankheit. Sie beruht beim Hund in den meisten Fällen auf einer autoimmun bedingten Zerstörung der Inselzellen der Bauchspeicheldrüse und daraus resultierendem Mangel an Insulin.

Diskopathie: Allgemeiner Begriff für Schäden im Bereich der Bandscheiben.

Distichiasis: Vorliegen zusätzlicher Wimpern, die oft nach innen zum Augapfel hin gerichtet sind und diesen irritieren. In der Folge kann es zu schmerzhaften Entzündungen der Hornhaut und/oder der Lidbindehaut kommen. (siehe auch Trichiasis)

Doppellendigkeit: besonders stark ausgeprägte Bemuskelung der Hinterhand bei manchen Fleischrinderrassen.

EIC: Exercise Induced Collapse. Neuromuskuläre Erkrankung, bei der es bei körperlichen Anstrengungen zu Muskelschwäche bis hin zum Kollaps kommt.

ED: Ellbogendysplasie. Sammelbegriff für genetisch bedingte degenerative Erkrankungen des Ellbogengelenks.

Ektropium: zu große Lidspalte mit unzureichendem Lidschluss, oft hängende Unterlider. In der Folge kommt es zu chronischen Bindehautentzündungen.

Epilepsie: Anfallserkrankung. Komplexe neurologische Erkrankung, die eine genetische Grundlage haben kann, aber auch sekundär z.B. als Folge von Verletzungen, Infektionen, Vergiftungen oder Tumoren im Bereich des zentralen Nervensystems auftreten kann. Häufigkeit und Intensität der Anfälle können individuell sehr unterschiedlich sein.

Exokrine Pankreasinsuffizienz: Funktionsstörung der Bauchspeicheldrüse, die zu einer Störung der Fettverdauung führt. Betroffene Tiere zeigen extreme Magerkeit bei ausgeprägtem Hunger und typisch heller und weicher Kotbeschaffenheit.

Exophthalmus: Quelläugigkeit. Die Augäpfel sind groß, rund und vorstehend (siehe auch Bulbusprolaps).

Gray Collie Syndrom (Canine Cyclic Neutropenia): Störung der Bildung von Blutzellen. Betroffene Tiere zeigen eine erhöhte Infektionsanfälligkeit und erhöhte Blutungsneigung. Die Krankheit ist assoziiert mit einer Graufärbung beim Collie.

Hämolytische Anämie: Mangel an roten Blutzellen, der durch vermehrten Abbau dieser Zellen zustande kommt.

HCM: Hypertrophe Cardiomyopathie: Häufigste Herzerkrankung bei Katzen. Es kommt zu einer Verdickung der Herzwand und damit zu eingeschränkter Pumpleistung des Herzens.

HD: Hüftgelenksdysplasie. Fehlbildung des Hüftgelenks.

HERDA (Hereditary Equine Regional Dermal Asthenia): Auch als Hyperelastosis Cutis bezeichnet. Erbliche Hauterkrankung beim Quarterhorse, die zu extremer Dehnbarkeit und Unelastizität und zu Verletzungsanfälligkeit der Haut führt.

Heritabilität: Erblichkeit eines Merkmals. Maß für den genetisch bedingten Anteil an der Ausprägung eines Merkmals. Je höher die Heritabilität eines Merkmals ist, umso besser lässt es sich züchterisch beeinflussen.

Hyperthyreose: Schilddrüsenüberfunktion. Eine der häufigsten hormonellen Erkrankungen bei älteren Katzen.

Hypothyreose: Schilddrüsenunterfunktion. Führt zu einem Mangel an Schilddrüsenhormonen, der mit sehr unspezifischen Symptomen einhergeht.

HYPP: Hyperkalämische Periodische Paralyse. Eine gehäuft bei Quarterhorses auftretende Stoffwechselerkrankung, die zu anfallsartigen Muskellähmungen führt.

JEB-Defekt (Junctionale Epidermiolysis Bullosa): Eine bei Kaltblutpferden auftretende genetisch bedingte Hauterkrankung, die zur Ablösung von Hautteilen führt und tödlich verläuft.

JRD: Juvenile Renale Disease. Sammelbegriff für verschiedene genetisch bedingte Nierenerkrankungen, die bei jüngeren Tieren auftreten. Diese Erkrankungen verlaufen praktisch immer tödlich.

Keilwirbel: Missbildungen von Wirbelkörpern, die zu Bewegungsbeeinträchtigungen im Bereich der Wirbelsäule führen können (siehe auch Blockwirbel).

Lebershunt (portosystemischer Shunt): Kurzschlüsse im Bereich der Lebergefäße, die physiologisch während der Embryonalentwicklung das Blut um die Leber herumleiten. Nach der Geburt verschließen sich diese Shunts im Normalfall. Unterbleibt dieser Verschluss, wird die Leber unzureichend durchblutet und funktioniert daher auch nur unzureichend. Betroffene Tiere zeigen vor allem neurologische Symptome.

Lethal White Syndrom: Ein genetischer Defekt, der bei Overo Pinto Pferden auftreten kann. Fohlen, die das Defektgen in homozygoter Form tragen, werden völlig weiß geboren und sterben in den ersten Lebenstagen an einer Lähmung des Dickdarms.

Lysosomale Speicherkrankheiten: Sammelbegriff für eine Reihe von Enzymdefekten, die dazu führen, dass sich die enzymspezifischen Substrate in den

Lysosomen, (das sind Speicherorganzellen im Zellplasma) ansammeln und langfristig zum Tod der Zellen führen. Da speziell Zellen im Bereich des zentralen und peripheren Nervensystems sich kaum regenerieren können, führen Speicherkrankheiten zu zunehmenden neurologischen Ausfällen. Der Verlauf ist immer tödlich.

Makroglossie: Vergrößerung der Zunge, die dadurch nicht vollständig im Maul untergebracht werden kann.

Merle-Färbung: Eine spezielle Farbvariante beim Hund, die im heterozygoten Genotyp zu einer typischen Grauscheckung führt. Im homozygoten Genotyp führt sie zu extremer Weißfärbung und zu Ausfallserscheinungen im Bereich der Sinnesorgane (Taubheit, Blindheit, Störungen des Gleichgewichts)

Molera: Öffnung in der Schädeldecke, die durch einen fehlenden Verschluss der Fontanellen zustande kommt (siehe auch persistierende Fontanellen).

Morbus Addison: Stoffwechselerkrankung, die zu einem Mangel an Corti-kosteroiden führt. Betroffene Tiere zeigen sehr unspezifische Symptomatik, die Erkrankung wird daher oft erst recht spät diagnostiziert.

Morbus Cushing: Stoffwechselerkrankung, die zu einem Überschuss an Corticosteroiden führt. Betroffene Tiere zeigen sehr unspezifische Symptomatik, die Erkrankung wird daher oft erst recht spät diagnostiziert.

Multipare Tiere: Tierart, bei der pro Geburt mehrere Jungtiere geboren werden

Myopathie: Sammelbegriff für krankhafte Veränderungen der Muskulatur.

Narkolepsie: Neurologische Erkrankung aus dem Bereich der epileptiformen Krankheitsbilder. Bei betroffenen Tieren kommt es zu anfallsweisen Schlafattacken.

OCD: Osteochondrosis Dissecans: Sammelbegriff für eine Gruppe von Gelenkserkrankungen, bei denen es zu Absplitterung von Gelenksknorpel kommt. Siehe auch "Chips"

Patellaluxation: Verrenkung der Kniescheibe. Tritt bevorzugt bei Zwerghunderassen auf.

Persistierende Fontanellen: Fontanellen sind Öffnungen in der Schädeldecke, die eine gewisse Verformbarkeit des Schädels während der Austreibungsphase der Geburt gewährleisten. Sie schließen sich üblicherweise in den ersten Lebenswochen. Bei manchen Rassen unterbleibt dieser Verschluss (siehe auch Molera).

Phosphofructokinasemangel: Genetisch bedingter Enzymdefekt, der zu Störungen der Energieversorgung der Muskulatur führt. Merkmalsträger zeigen ausgeprägte Muskelschwäche.

PLE: Protein Losing Enteropathie. Erkrankung des Darmes, die mit ausgeprägten chronischen Durchfällen verbunden ist. Dabei werden Proteine in großer Menge mit dem Kot ausgeschieden.

PLN: Protein Losing Nephropathie: Erkrankung der Niere, bei der es zur Ausscheidung großer Mengen von Protein über die Niere kommt.

Podotrochlose: Degenerative Gelenkserkrankung im Zehenbereich bei Pferden. Häufige Ursache chronischer Lahmheiten.

PRA: Progressive Retinaatrophie. Genetisch bedingte Erkrankung des Augenhintergrundes, bei der es zu einer zunehmenden Zerstörung der Netzhaut und Erblindung kommt.

SCID: Severe Combined Immunodeficiency. Tödlich verlaufende immunologische Erkrankung. Betroffene Tiere sterben in den ersten Lebenswochen an Infektionen unterschiedlichster Art.

Screening: standardisierte Reihenuntersuchungen, bei denen untersucht wird, ob ein Tier an einer bestimmten Erkrankung leidet oder nicht.

Sensorineurale Taubheit: Taubheit, die durch Störung der Reizübertragung im Innenohr zustande kommt. Bei Hunden häufig mit weißer Farbe bzw. Weißscheckung assoziiert.

Solardermatitis: Entzündung der Haut durch intensive Sonnenbestrahlung. Besonders gefährdet sind unpigmentierte Hautstellen.

Spat: Degenerative Erkrankung des Sprunggelenkes beim Pferd.

Spina Bifida: Missbildung der Wirbelsäule, bei der der Wirbelbogen sich nicht schließt. Das Rückenmark liegt frei und ungeschützt. Betroffene Tiere zeigen je nach Ausprägung der Missbildung neurologische Ausfälle im Bereich der Hinterhand sowie Kot- und Harninkontinenz.

Spondylose: Knöcherne Zubildungen im Bereich der Wirbelsäule, die zu Bewegungseinschränkungen und Schmerzen führen.

Syringomyelie: Bildung eines Hohlraumes im Bereich des Rückenmarks. Betroffene Tiere zeigen neurologische Symptome. Besonders typisch sind häufige und unmotivierte Kratzbewegungen.

Thymusatrophie: Fehlbildung des Thymus, die zu Immunschwäche führt.

Trachealkollaps: Missbildung der Luftröhre, die häufig bei Zwerghunden und brachycephalen Hunderassen auftritt. Betroffene Tiere haben anfallsartige Attacken von Atemnot.

Trapped Neutrophile Syndrom: Genetisch bedingte Erkrankung, bei der weiße Blutkörperchen im Knochenmark zwar produziert werden, aber nicht an den Blutkreislauf abgegeben werden. Betroffene Tiere sterben in den ersten Lebenswochen an irgendeiner Infektion.

Trichiasis: Fehlstellung von Wimpern, die in Richtung Augapfel wachsen und diesen irritieren (siehe auch Distichiasis)

vWD: von Willebrand Disease. Genetischer Defekt, der zum Fehlen eines Blutgerinnungsfaktors führt. Betroffene Tiere zeigen je nach der Art des Defektes Störungen der Blutgerinnung in unterschiedlichem Maß.

Wobbler Syndrom: Beruht auf Verengung des Rückenmarkkanals im Bereich der Halswirbelsäule, wodurch es zu Schädigungen des Rückenmarks bzw.

der abgehenden Nerven kommen kann. Betroffene Tiere zeigen je nach Art und Ausmaß der Veränderungen Schmerzen bzw. motorische und/oder sensorische Ausfälle.

Ethische Grundsätze für die Planung von Tierversuchen

Klaus Militzer

Der ethische Konflikt der Tierexperimentatoren

Es ist noch keine 100 Jahre her, dass die mittlere Lebenserwartung in Europa 62 Jahre betrug (*Luy 2003*). Heute erreicht in Deutschland die Lebenserwartung von Frauen im Durchschnitt 82 Jahre, von Männern 77 Jahre (*Statistisches Jahrbuch 2010*). Diese positive Entwicklung hat ihre Ursachen in wissenschaftlichen Erkenntnissen vorwiegend aus den Bereichen der Biologie und Medizin, für die Tierversuche eine wesentliche Informationsquelle darstellen. Die immer wieder angeführte Kritik an methodischen Unzulänglichkeiten des Tierversuchs (z. B. *Knight 2007*) sowie die Behauptung, dass doch nur die verbesserte Ernährung und Hygiene Ursachen für die Verlängerung der Lebenserwartung seien, sind unzutreffend. Schließlich ist der wissenschaftliche Erkenntnisgewinn die eigentliche Basis für eine bessere menschliche Umwelt und damit auch der verbesserten Lebenserwartung; dabei ist es unerheblich, ob neue Erkenntnisse durch planvolle Versuche, Zufallsfunde oder als Randergebnis wissenschaftlicher Arbeit entstanden sind. Im Tierversuch sahen die erfolgreichen Forscher bisher ein wissenschaftlich anerkanntes und effizientes Werkzeug zum Erkenntnisgewinn, das bis in die 1980er Jahre auch weitestgehend von der Gesellschaft akzeptiert wurde.

Alleine vom Deutschen Nationalen Netzwerk seltener Krankheiten werden rund 6.000 solcher Krankheiten gelistet, von denen 27-36 Millionen Menschen in Europa betroffen sind, die sich Hilfe auch durch Ergebnisse aus Tierversuchen erhoffen (*Orphanet 2010*). Trotz der Erfolge tierexperimenteller Forschung in der Vergangenheit und der auch heute anhaltenden Notwendigkeit für Erkenntnisgewinn durch Tierexperimente sehen sich moderne Forscherinnen und Forscher zunehmend einer Diskreditierung ihrer Arbeitsmethode „Tierversuch“ in der Öffentlichkeit ausgesetzt. Die Ablehnungsgründe sind vielfältig und reichen von moralischer Entrüstung, Uninformiertheit, Bezweiflung der Erfolge bis zur Behauptung, dass tierexperimentelle Forschung ausschließlich der persönlichen Profilierung und Einkommenssteigerung des Forschers diene.

Dabei wird verkannt, dass es internationale und nationale Zwänge gibt, die den Tierversuch in bestimmten Situationen erfordern: Tierversuche werden in den Chemikaliengesetzen, Arzneimittelrichtlinien und in der Umweltgesetzgebung vorgeschrieben. Eine aktuelle EU-Verordnung ist REACH, eine Vorschrift des Europäischen Parlaments und des Rates zur Registrierung, Bewertung, Zulassung und Beschränkung chemischer Stoffe von 2009, die auch für lange im Einsatz befindliche Chemikalien ab einer gewissen Menge Nachweise ihrer Unschädlichkeit verlangt, was in der Regel nur im Tierversuch zu belegen ist. Sicherheit für den Verbraucher von Stoffen, die als Arzneien aufgenommen, als Arbeitsstoffe benutzt oder in die Umwelt entlassen werden, ist eine einhellig aufgestellte Forderung aus der Gesellschaft. Dass dies in einem erheblichen Umfang nur mittels Tierversuchen erfolgen kann, wird dabei geflissentlich übersehen. Das gilt übrigens auch bei der Entwicklung von Arzneimitteln und Impfstoffen zum Einsatz bei Heim- und Haustieren!

Aber auch der Wissenschafter, der sich mit Verfahren und Methoden beschäftigt, die menschlichen Patienten zu Gute kommen sollen, ist - unabhängig von den gesetzlichen Prüfbestimmungen mittels Tierversuch (Arzneimittelrichtlinien) - keineswegs frei in seiner Entscheidung, den Tierversuch benutzen oder lassen zu können. So fordert die regelmäßig aktualisierte „Weltärzte-Deklaration von Helsinki“ (*Bundesärztekammer 2002*): Der Schutz des Patienten hat oberste Priorität (Passage 10) und vor Experimenten am Menschen ist das Studium an Tieren notwendig (Passage 11). Bei der Entscheidung für ein bestimmtes Forschungsgebiet in der Medizin ist die Methode des Tierversuchs also nicht von vorne herein auszuschließen.

In der heutigen Forschergeneration wird der Konflikt zwischen der Entscheidung zur tierexperimentellen Forschung und der Ablehnung tierexperimenteller Methoden durch einen Teil der Gesellschaft stark empfunden. Um dieses Dilemma auszuhalten, das sich oft auch in der Familie der Forschenden widerspiegelt, werden verschiedenste Wege genutzt. Neben dem betont aufklärerischen Eintreten für den Tierversuch in der Öffentlichkeit oder dem Verdrängen und Nichtansprechen des Themas werden auch methodische Veränderungen an den Tierversuchen vorgenommen. So werden der verbesserten Haltung und den belastungsärmeren Einsatzbedingungen der Versuchstiere erhöhte Aufmerksamkeit gewidmet sowie alternative Testverfahren ohne Tiernutzung entwickelt und zunehmend eingesetzt (Beachtung der „3R“ nach *Russel & Burch 1959*: Refinement = Verbesserung, Reduction = Verminderung, Replacement = Ersatz von Tierversuchen). Schließlich werden solche Tierarten im Experiment bevorzugt verwendet, die in der Öffentlichkeit als Schädlinge oder als Fleischlieferanten bekannt sind, wie Mäuse, Ratten oder Schweine.

Ethische Konzepte der Tiernutzung aus philosophischer Sicht

Ethik ist die Lehre von den Regeln des richtigen Handelns. Die gesetzliche Umsetzung bewährter ethischer Grundsätze zwingt den Einzelnen zum Einhalten „moralischer" Spielregeln. Im Laufe der Zeit sind im Zusammenhang mit der Tiernutzung durch den Menschen ethische Konzepte entstanden, die die verschiedenen Bereiche der Tiernutzung unterschiedlich bewerten. Der Vergleich zwischen der Ethik der Brüderlichkeit des Franz von Assisi (1182 - 1226) und der Anthropozentrik Immanuel Kants (1724 - 1804) macht die große Bandbreite von der Ablehnung jeglicher Tiernutzung bis zur nahezu unbegrenzten Nutzung deutlich. Bei Kant steht der Mensch im Mittelpunkt, denn nur er als Vernunftwesen kann moralische Pflichten übernehmen gegenüber beseelten, also menschlichen Personen. Mitleid mit Tieren ist aber deshalb eine moralische Pflicht, weil es zum Mitleid gegenüber Menschen erzieht. Das hindert aber nicht an der Nutzung von Tieren zu menschlichen Zwecken, so dass Kant die heutige Praxis des Tierversuchs mit möglichst weitgehender Schmerz- und Leidensbegrenzung sicherlich als moralisch gerechtfertigt angesehen hätte.

Dagegen würde Franz von Assisi als Vegetarier bereits die Tötung von Tieren zur Nahrungsgewinnung für Andere nur als Ausnahme und in tiefer Demut zulassen (Tab. 1). Inzwischen existieren eine Vielzahl weiterer philosophischer Konzepte zur Tiernutzung, die vom eingeschränkten „Ja" zu medizinischer Forschung nach dem österreichischen Tierversuchsgesetz (1989) oder dem Deutschen Tierschutzgesetz (1998 bzw. 2001) bis zur klaren Ablehnung des Tierversuchs auch in der Umweltforschung reichen. Beispielsweise werden im Deutschen Tierschutzgesetz erhebliche Auflagen gemacht, bevor Tierversuche zu medizinischen Zwecken oder solchen der Grundlagenforschung gestattet werden (Antragsstellung, Kommissionsberatung u. a.). Auch der Tierversuch selbst erfolgt unter besonderen Auflagen wie der Spezieswahl (Heimtiere wie Katzen, Hunde oder Pferde und Primaten genießen höheren Schutz als Mäuse und Ratten), der Sorge um Schmerzbekämpfung und der Abschätzung der Belastung der Versuchstiere nach Belastungsstufen (geringgradig, mittelgradig, erheblich).

Werden den Tieren weitergehende Rechte zugesprochen, gelten sie uneingeschränkt als Mitgeschöpfe oder werden ihnen im Biozentrismus die gleichen Lebensinteressen wie dem Menschen zugebilligt, dann ist es selbstverständlich, dass für die Anhänger solcher Konzepte die meisten Nutzungsansprüche tabu sind (Tab. 1).

Pathozentrismus ist der ethische Ansatz, der allen Wesen einen moralischen Eigenwert zuspricht, wenn sie empfindungsfähig sind, also Schmerzen und Leiden spüren. Dieser Grundsatz wird auch als Fairnessprinzip bezeichnet. Die breite Öffentlichkeit, der Gesetzgeber, aber auch die Mehrzahl tierexperimentell Forschender akzeptieren weitgehend den pathozentrischen Tierschutzgrundsatz, der erstmals 1789 vom englischen Juristen und Philosophen Jeremy Bentham (1748 - 1832) formuliert wurde. Im übertragenen Sinne besagt dieser, „was Du nicht willst, dass man Dir tu, das füg auch keinem Andern zu“. Weil Tiere schmerz- und leidensfähige Mitgeschöpfe sind, sind sie vor Schmerzen, Leiden und Schäden um ihrer selbst Willen zu schützen. Wenn dieser Grundsatz bei der Verwendung von Tieren, insbesondere bei Tierversuchen, nicht eingehalten werden kann, bedarf es starker Rechtfertigungsgründe. Daraus ergibt sich das Abwägen zwischen Schaden für den Menschen bei Nicht-Durchführung eines Tierversuchs einerseits sowie Schmerzen, Leiden und Tod der Tiere andererseits. Bildlich ausgedrückt wird diese Vorgehensweise gerne mit der Tellerwaage, auf deren einen Seite die Lasten für das Versuchstier, auf der anderen Seite die Schäden für den Menschen beim Unterlassen des entsprechenden Tierversuchs aufgeladen werden.

Philosophisch weiterentwickelt wurde dieser Grundsatz zu einer Form des „Pathozentrismus mit zusätzlicher Limitierung“ (*Höffe 1984*, *Patzig 1986* u.a.). Neben dem Gleichheitsgrundsatz, der für (empfindende) Wesen die gleiche Behandlung, frei von Schmerzen, Schäden und Leiden verlangt und nur bei fehlenden Empfindungen eine Andersbehandlung zulässt, gilt auch das Fairnessprinzip. Beide Regeln zusammen eignen sich zur gerechten Beurteilung von Interessen zwischen Menschen, da sie unabhängig von Religion, Geschlecht und Herkunft gelten. Das lässt sich deshalb nach Meinung moderner Philosophen auch unvoreingenommen auf die Bewertung der unterschiedlichen Interessen zwischen Menschen und Versuchstieren anwenden. Vorausgesetzt, die Belastungen für die Versuchstiere werden minimiert und die Bedeutung für die menschliche Leidensverminderung ist besonders hoch, so lassen sich patientennahe Tierversuche und Tierversuche zum Verbraucher- und Umweltschutz am Ehesten begründen. Für die Grundlagenforschung sehen die Philosophen nach diesem Denkansatz keine vertretbare ethische Begründung (Tab. 1).

Ethische Konzepte der Tiernutzung aus Sicht der Grundlagenforschung

Es wird deutlich, dass nach dem pathozentristischen Wägeschema eine Rechtfertigung von Tierversuchen zum Zweck der Grundlagenforschung schwerer fällt als für patientennahe Forschung. Denn bei der tierexperimentellen Grundlagenforschung sind in den meisten Fällen der Zusammenhang zwischen der Belastung für die Versuchstiere durch das Experiment und der Grad an Schadensvermeidung für den Menschen durch das Ergebnis des Tierversuchs nicht eindeutig nachzuweisen. Für Tierversuchsgegner ist das ein Grund, besonders vehement gegen die Versuche der Grundlagenforschung, die als „sinnlos“ gebrandmarkt werden, vorzugehen. Auch nationale Gerichte in der Schweiz mit Bezug auf die Verletzung

Ethische Konzepte	*Tötung zur Nahrung*	*Medizin. Diagnostik*	*Medizin. Forschung*	*Grundlagenforschung*	*Arzneimittelforschung*	*Umwelt- und Verbraucherschutz*
Brüderlichkeit (v. Assisi 1286)	*nein*	*nein*	*nein*	*nein*	*nein*	*nein*
Tierrechte (Regan 1989)	*nein*	*nein*	*nein*	*nein*	*nein*	*nein*
Mitgeschöpflichkeit (Blanke 1961)	*möglich in Not*	*möglich*	*nein*	*nein*	*nein*	*nein*
Biozentrismus (Schweitzer 1982)	*möglich in Not*	*möglich in Not*	*möglich in Not*	*(?)*	*nein*	*bedingt möglich*
Pathozentrismus (Singer 1986)	*möglich in Not*	*möglich ohne Belastung*	*nein*	*nein*	*nein*	*möglich in Not*
Dt. TierSchG (2006)	*ja*	*ja*	*bedingt möglich*	*bedingt möglich*	*bedingt möglich*	*ja*
Pathozentrismus mit Limitierung (Höffe 1984)	*ja*	*möglich*	*bedingt möglich*	*nein*	*bedingt möglich*	*bedingt möglich*
Anthropozentrismus (Kant 1788)	*ja*	*ja*	*ja*	*ja*	*ja*	*ja*

Tabelle 1: Ethische Konzepte der Tiernutzung. Die Bewertung in den Kategorien „Medizinische Diagnostik bis Verbraucherschutz“ erfolgt bei Autoren vor dem 20. Jh. nach deren zu vermutenden Meinung. Modifiziert nach *Gärtner et al. (2007)* Zeichenerklärung: nein = Ablehnung, ja = Zustimmung zur Tiernutzung, (?) = keine eindeutige Aussage zu erkennen, bedingt möglich = Gesetzliche oder methodische Einschränkungen sind einzuhalten. Jahresangaben nach *Gärtner et al (2007)*, falls nicht anders angegeben

der „Würde des Tieres“ (*Tierschutzgesetz 2005*) und in Deutschland mit Verweis auf die Tierschutzbestimmung im Grundgesetz (seit 2002) stuften Tierversuche zur Grundlagenforschung als ethisch begründungsbedürftiger ein als patientennahe Forschung. Dagegen berufen sich die Forscher auf das Deutsche Grundgesetz, in dem die Forschungsfreiheit ein nicht zu relativierendes Grundrecht darstellt, und in Österreich auf Art. 81c des Bundes-Verfassungsgesetzes (2008), der den vorbehaltlosen Schutz der Freiheit der „Wissenschaft und ihrer Lehre" gewährleistet.

Die Bewertung nach dem pathozentrischen Wägeschema zwischen Forschungsziel und Belastung für die Versuchstiere beruht auf linearen, monokausalen und eindimensionalen Zusammenhängen, wie sie auch im stationären Weltbild der christlichen Schöpfungslehre angelegt sind. Diese philosophische Denkrichtung des Determinismus geht davon aus, dass alle Ereignisse nach vorher festgelegten Gesetzen ablaufen. Deterministen vertreten die Meinung, dass bei bekannten Naturgesetzen und bekannter Anfangssituation der weitere Ablauf der Ereignisse vorausberechenbar sei. Somit müsse auch ein klarer Zusammenhang zwischen dem geplanten Tierversuch und seinem für den Menschen bedeutsamen Ergebnis nachweisbar sein.

Dagegen plädieren Grundlagenforscher dafür, die ethische Bewertung in anderer Weise vorzunehmen. Denn moderne Grundlagenforschung untersucht in der Regel nicht deterministische, sondern multifaktorielle Prozesse (z. B. Volkskrankheiten wie Alzheimer, Arteriosklerose, Bluthochdruck). Die Bedeutung der Ergebnissen für den menschlichen Patienten ist daher nie sofort, sondern oft erst im Rückblick nach vielen Jahren zu erkennen. Solche Verhältnisse entsprechen denen, wie sie auch in der populären Chaosforschung untersucht werden. Liegt chaotisches Verhalten vor, dann zeigt sich eine nicht vorhersagbare dynamische Entwicklung, die zeitlich scheinbar irregulär verläuft. Einprägsam formuliert hat das einer der „Väter der Chaostheorie", *Edward N. Lorenz (1993)*: „Vorhersagbarkeit: Kann der Flügelschlag eines Schmetterlings in Brasilien einen Tornado in Texas auslösen?" Gerade in der medizinisch-biologischen Grundlagenforschung handelt es sich um solche offenen, dynamischen Systeme, die einer Vielzahl von Regelkreisen, vorher meist nicht erkennbar, unterworfen sind. Daraus ergeben sich für den menschlichen Geist schwer überschaubare Zusammenhänge, die meist nur in kleinen Schritten, oft zufallsgesteuert, erkannt werden können. Auch negative oder unerwartete Ergebnisse von Tierversuchen in der Grundlagenforschung tragen damit zur Wissensvermehrung über das Gesamtsystem, z. B. die untersuchte Volkskrankheit, bei, sind deshalb auch unbedingt zu publizieren und für den Erkenntnisgewinn unverzichtbar.

Gibt es Lösungen für den ethischen Konflikt bei notwendigen Tierversuchen?

Für Menschen, die an eine Gleichstellung von Tier und Mensch glauben oder einem strengen Biozentrismus anhängen, werden Tierversuche nie ethisch vertretbar sein. Sie sind mit dieser Einstellung aber auch nicht solchen ethischen Konflikten ausgesetzt, wie sie der tierexperimentell Tätige zwischen Gesundheits- und Sicherheitsansprüchen einer wachsenden und älter werdenden menschlichen Gesellschaft und den ethischen Ansprüchen auf Schutz der Tiere erlebt. In einer solchen Situation kann es nur zu Kompromissen kommen, in denen zwar ein gerechter Lastenausgleich angestrebt, eine Gleichverteilung der Lasten zwischen Tier und Mensch aber nicht erreicht wird. Wesentliche Voraussetzung ist die Anerkennung ethischer und gesetzlicher Grundregeln für den Umgang mit Tieren durch die Wissenschaftsgesellschaft. So betonten jüngst tierexperimentell tätige Forscher aus den Bereichen der Grundlagenforschung in ihrer „Basler Deklaration", dass die Forderungen nach Reduktion bei der Verwendung von Tieren und deren Leidensminimierung berechtigt und zu berücksichtigen sind (*Abbott 2010*). Innerhalb Wissenschaftlicher Vereinigungen wurden ethisch begründete Regelwerke zum Tierversuch formuliert, die in der Praxis auch umgesetzt werden (Schweizerische Akademie der Wissenschaften & Schweizerische Akademie der Naturwissenschaften 1995; Codex experiendi der Deutschen Bundestierärzteschaft 1983 u. a. m.).

Grundsätzlich gelten aber für alle Tierversuche, unabhängig von ihrer Nähe zur Grundlagenforschung oder zu Krankheiten menschlicher und tierischer Patienten, die gleichen ethischen und rechtlichen Grundsätze:

- Die Ziele des Tierversuchs sind ethisch vertretbar und der angestrebte Erkenntnisgewinn ist unerlässlich. - Die ethische Vertretbarkeit muss für den konkreten Tierversuch begründet werden und der angestrebte Erkenntnisgewinn ist so sorgfältig wie nur möglich, auch für Projekte der Grundlagenforschung, abzuschätzen.

- Es gibt keine Alternativen zum Erkenntnisgewinn durch den Tierversuch. - Auch diese Aussage muss auf sorgfältigen Recherchen vor dem beabsichtigten Versuchsvorhaben beruhen.

- Unbegründete Doppelversuche sind ausgeschlossen. - Dass die Notwendigkeit bestehen kann, unklare Ergebnisse aus Tierversuchen durch den Wiederholungsversuch zu sichern, bleibt davon unberührt.

- Es werden nicht mehr Tiere als unbedingt notwendig eingesetzt. - Dieser Forderungen nach Reduktion aus dem Zielkatalog der „3R" kann oft nur nach Beratung und sorgfältiger Begründung mit Hilfe von Biostatistikern, die mit Tierversuchsfragen gut vertraut sind, nachgekommen werden. Besonders bei gesetzlich vorgeschriebenen Tierversuchen ist die Anzahl an einzusetzenden Tieren bisher oft festgeschrieben; hier können nur Veränderungen auf internationalem Niveau für eine Reduktion der Tierzahlen sorgen.

- Der Tierversuch erfolgt möglichst an der am niedrigsten entwickelten Spezies. - Im Deutschen Tierschutzgesetz wird in § 9 (2) 1 gefordert, dass „Versuche an sinnesphysiologisch niedriger entwickelten Tieren“ denen an sinnesphysiologisch höher entwickelten vorgezogen werden. Biologisch ist dieser Forderung innerhalb der Gruppe der Säugetiere schwer zu entsprechen. Wo liegt zum Beispiel die Höherentwicklung des Hundes im Vergleich zur Ratte? Durch den Einsatz von entwicklungsgeschichtlich älteren Wirbeltiergruppen wie Fischen, Amphibien oder Reptilien wäre dieser Forderung noch am Ehesten nachzukommen; wenn das eigentliche Forschungsziel aber der Mensch oder ein anderes hochentwickeltes Säugetier ist, erscheint der Einsatz solcher Tiere wenig geeignet.

- Die Versuchstiere werden keinen vermeidbaren Belastungen ausgesetzt. - Diese Bestimmung setzt voraus, dass alle am Tierversuch Beteiligten fachlich stets aktuell gebildet und die Versuchstierhaltungen sowie die Untersuchungsbereiche bestens ausgestattet sind. Da die Entlastung der Versuchstiere am erfolgreichsten durch geeignete Schmerzbekämpfung, Narkose- und Operationstechniken gelingt, ist die Mithilfe spezialisierter Tierärztinnen und Tierärzte eine der wesentlichsten Voraussetzungen für die ethisch vertretbare Durchführung von Tierversuchen.

Literaturhinweise

Abbott, A. (2010): Basler Deklaration verteidigt Tierversuche - Um Widerstände gegen Tierversuche zu verringern, müssen Wissenschaftler mit der Öffentlichkeit in Dialog treten. Spektrum der Wissenschaft Direkt, 14.12.2010

Bundesärztekammer (2002): The World Medical Association. Handbuch der Deklarationen, Erklärungen und Entschließungen. S. 109-114, Köln

Bundesgesetz vom 27. September 1989 über Versuche an lebenden Tieren (Tierversuchsgesetz - TVG). BGBl. Nr. 501/1989 (Österreich)

Bundes-Verfassungsgesetz Österreich (2008): Artikel 81 c Universitäten. BGBl. 2/2008

Gärtner, K., Glage, S., Huaroto-Levy, I. (2007): Die Tierversuchsforderung für medizinische Forschung in der Helsinki-Deklaration: Kontroversen zu Tierethik-Konzepten, 115-134. In: Frewer, A. & U. Schmidt (Hrsg.): Standards der Forschung- Historische Entwicklung und ethische Grundlagen klinischer Studien. Intern. Verlag d. Wissenschaften, Frankfurt/Main

Grundgesetz der Bundesrepublik Deutschland vom 26. Juli 2002. BGBl. I S. 2863 ff

Höffe, O. (1984): Der wissenschaftliche Tierversuch: Eine bioethische Fallstudie, S. 117-150. In: Ströker, E. (Hrsg.): Ethik der Wissenschaften? Philosophische Fragen. München

Knight, A. (2007): Systematic reviews of animal experiments demonstrate poor human utility. AATEX Special Issue 14, 125-130

Lorenz, E. N. (1993): The Essence of Chaos. University of Washington Press

Luy, Marc (2003): Causes of male excess mortality: insights from cloistered populations. Population and Development Review 29(4): 647-676.

N. N: (1983): Codex experiendi - Leitsätze für Experimente mit Tieren. Deutsches Tierärztebl. 31, 776-780

Orphanet (2010): http://www.orpha.net/consor/cgi-bin/index.php?lng=DE

Patzig, G. (1986): Der wissenschaftliche Tierversuch unter ethischen Aspekten, S. 68-84. In: Hardegg, W. & G. Preiser (Hrsg.): Tierversuche und medizinische Ethik. Hildesheim

REACH (2009): Verordnung des Europäischen Parlaments und des Rates zur Registrierung, Bewertung, Zulassung und Beschränkung chemischer Stoffe. Verordnung (EG) Nr. 790/2009 der Kommission vom 10. August 2009, Brüssel

Regan, T. (Hrsg.) (1989): Animal Rights and Human Obligations. Englewood Cliff, New Jersey.

Russell, W.M.S. & Burch, R.L. (1959): The Principles of Humane Experimental Technique. Methuen, London (Reprint: UFAW, 1992, Potters Bar, England. ISBN 0 900767 78 2)

Schweizerische Akademie der Wissenschaften & Schweizerische Akademie der Naturwissenschaften (1995): Ethische Grundsätze und Richtlinien für wissenschaftliche Tierversuche. 2. Auflage, Basel

Singer, P. (1986): Verteidigt die Tiere. Paul Neef, Wien

Statistisches Jahrbuch 2010, S. 686. Statistisches Bundesamt, Wiesbaden

Tierschutzgesetz der Schweiz vom 16. Dezember 2005, Art. 1

Tierschutzgesetz (TierSchG) vom 18. Mai 2006. BGBl I 5.1206.1313 (Deutschland)

Teil III

Die Mensch-Tier-Beziehung in der Philosophie

Über das Weltethos in der Mensch-Tier-Beziehung aus philosophischer Sicht

Michael Noah Weiss

Dieser Beitrag beschäftigt sich vorwiegend mit der Frage, wie und ob die Prinzipien und Weisungen des Weltethos auch in der Mensch-Tier-Beziehung Anwendung finden können. Können daraus ethische Normen abgeleitet werden, die Auskunft geben, wie sich der Mensch gegenüber nicht-menschlichen Wesen, z.B. Tieren verhalten soll? Lassen sich daraus verbindliche Aussagen ableiten, die begründen, weshalb und in welchem Ausmaß der Mensch Tiere nicht quälen, töten, genetisch manipulieren oder züchten soll?

Da diese Fragen eine zentrale Rolle im Diskurs der Tierethik einnehmen, werden in diesem Beitrag vier philosophische Positionen aus diesem Bereich aufgegriffen, kurz ausgeführt und Schnittstellen zum Weltethos gesucht. Eine eingehende Analyse sowie ein Vergleich der diversen Strömungen können innerhalb des Rahmens dieses Beitrags nicht vorgenommen werden. Die folgenden Reflexionen fokussieren im Wesentlichen auf das Weltethos und seine möglichen Anknüpfungspunkte zur Tierethik.

Über das Weltethos

Hans Küng erforschte, konzipierte und etablierte das sog. Weltethos anhand vergleichender Studien über die Weltreligionen sowie über humanistisch orientierte Philosophien und deren ethische Inhalte (Vgl. *Küng 1990*). Sein Ziel war, globale ethische Standards aufzuweisen, die von jedem Menschen vertreten werden können, gleich welcher Kultur oder Religion er oder sie angehört. Mit der Erklärung zum Weltethos, welche 1993 in Chicago beim Parlament der Weltreligionen von Vertretern aller großen religiösen Traditionen unterzeichnet wurde, scheint dieses Ziel erreicht (Vgl. *Küng und Kuschel 1993*).

Angesichts einer Welt, die geprägt ist von Vorgängen der Globalisierung, d.h. von vielfältigsten Interaktionsprozessen zwischen Menschen aus unterschiedlichen Kulturkreisen, schien Küng sowie anderen Vertretern seiner Idee eine gemeinsame, globale Wertebasis unabdingbar (*Gebhardt 2007*). Andernfalls könnte die Welt die fundamentale Krise in der sie sich befindet, nicht überwinden (Vgl. *Küng 2002: 19f.*).

Da Küng diese globale Krise vorwiegend als eine Krise der Menschheit betrachtet, ist es nachvollziehbar, dass er bei der Entwicklung der Erklärung zum Weltethos das Augenmerk hauptsächlich auf ethische Normen legt, die das soziale, gemeinschaftliche „Miteinander" betreffen (Vgl. *Küng 2002: 20f.*). Als global können diese Normen dann betrachtet werden, wenn sie von sämtlichen ethischen Systemen mitgetragen werden, die die Kulturen dieser Welt prägen. Dementsprechend versteht er unter solchen Systemen nicht nur humanistische Philosophien, sondern vor allem die Weltreligionen. [1] Ihre tragende Rolle beim Schaffen einer globalen Gemeinschaft bringt er mit folgenden vier Grundüberzeugungen zum Ausdruck (*Küng 2000: 4*):

> *Kein Friede zwischen den Nationen ohne Frieden zwischen den Religionen!*
> *Kein Friede zwischen den Religionen ohne Dialog zwischen den Religionen!*
> *Kein Dialog zwischen den Religionen ohne globale ethische Standards!*
> *Kein Überleben unseres Globus ohne ein globales Ethos, ein Weltethos,*
> *gemeinsam getragen von religiösen und nicht-religiösen Menschen!*

Um aber dem Verdacht einer Art globaler Einheitsreligion entgegenzuwirken, sei noch aus der Erklärung zum Weltethos angefügt (*Küng 2002: 22*):

> *Mit Weltethos meinen wir keine neue Weltideologie, auch keine einheitliche Weltreligion jenseits aller bestehenden Religionen, erst recht nicht die Herrschaft einer Religion über alle anderen. Mit Weltethos meinen wir einen Grundkonsens bezüglich bestehender verbindender Werte, unverrückbarer Maßstäbe und persönlicher Grundhaltungen.*

Dieser Grundkonsens bestehender verbindender Werte und unverrückbarer Maßstäbe wird wie folgt formuliert:

---

[1] Vgl. *Küng 2007: 7*

Zwei Grundprinzipien und vier Weisungen

Das Konzept des Weltethos wird insbesondere durch die folgenden Grundprinzipien und Weisungen charakterisiert:

Zwei Grundprinzipien:

„Jeder Mensch soll menschlich behandelt werden" (*Küng 2002: 23*)

Die Goldene Regel: „Tue anderen nicht, was du nicht willst, dass sie dir tun!" (*Küng 2002: 25*)

Vier Weisungen:

„Hab Ehrfurcht vor dem Leben!" (Verpflichtung auf eine Kultur der Gewaltlosigkeit und der Ehrfurcht vor dem Leben) (*Küng 2002: 25f.*)

„Handle gerecht und fair!" (Kultur der Solidarität und einer gerechten Wirtschaftsordnung) (Vgl. *Küng 2002: 27f.*)

„Rede und handle wahrhaftig!" (Kultur der Toleranz und des Lebens in Wahrhaftigkeit) (Vgl. *Küng 2002: 30f.*)

„Achtet und liebet einander!" (Kultur der Gleichberechtigung und Partnerschaft von Mann und Frau) (Vgl. *Küng 2002: 32f.*)

Zweifelsohne legt Küng hier eine umfassende, wohl fundierte Grundlage für globales ethisches Handeln vor. Projekte, wie Kofi Annans Manifest für den Dialog der Kulturen (Vgl. *Annan 2001*) oder die Allgemeine Erklärung der Menschenpflichten, vom sog. InterAction Council entwickelt (Vgl. *Küng 2002: 97-105*), um nur einige wenige zu nennen, zeugen von der Aktualität und Brisanz des Weltethos. In gewisser Weise setzt es sich intensiv mit der Frage auseinander, wie wir Menschen prinzipiell miteinander umzugehen haben. Gibt es aber auch Auskunft darüber, wie wir uns gegenüber unserer nicht-menschlichen Umwelt, etwa gegenüber Tieren, verhalten sollen?

Auf den ersten Blick scheinen die Prinzipien und Weisungen des Weltethos darüber nichts auszusagen. Diese globalen ethischen Standards scheinen auf zwischenmenschliche Beziehungen einzugehen, nicht aber auf die Mensch-Tier-Beziehung. Doch bei näherem Betrachten fällt auf, dass es in der Erklärung zum Weltethos heißt: „ein Zusammenbruch der Ökosysteme droht", „unser Planet wird nach wie vor rücksichtslos ausgeplündert" und „deshalb haben wir Achtung vor der Gemeinschaft der Lebewesen, der Menschen, Tiere und Pflanzen (Hervorhebung durch d. Verf.) und haben Sorge für die Erhaltung der Erde, der Luft, des Wassers und des Bodens. Wir tragen die individuelle Verantwortung für alles, was wir tun“ (Vgl. *Küng 2002: 17*). Wenn auch nicht explizit in den Prinzipien und Weisungen, so lässt sich doch hier implizit ein Bezug zur Beziehung zwischen Mensch, Tier und Umwelt erkennen.

Wo aber genau liegen diese Schnittstellen zwischen Weltethos und Tierethik?

Philosophische Positionen in der Tierethik

Um dieser Frage nachzugehen, sei zuerst auf das zweite Prinzip des Weltethos verwiesen: die Goldene Regel. Im Wesentlichen lautet sie „Tue anderen nicht, was du nicht willst, dass sie dir tun“. In dieser Formulierung knüpft sie unmittelbar an Kants kategorischen Imperativ an: „Handle nur nach derjenigen Maxime, durch die du zugleich wollen kannst, dass sie ein allgemeines Gesetz werde.“ (Universalformel, Vgl. *I. Kant: Grundlegung zur Metaphysik der Sitten, S. 52*) bzw. „Handle so, dass du die Menschheit sowohl in deiner Person, als in der Person eines jeden anderen jederzeit zugleich als Zweck, niemals bloß als Mittel brauchst.“ (Selbstzweckformel, Vgl. *I. Kant: Grundlegung zur Metaphysik der Sitten, S. 66*)

Weshalb sollte aber jemand gemäß dem kategorischen Imperativ handeln, welche Gründe können dafür ausgewiesen werden?

Die Notwendigkeit menschlichen Handelns gemäß dem kategorischen Imperativ sieht Kant in der Vernunftbegabung des Menschen begründet: Handelt ein Mensch nach einer Maxime, von der er nicht zugleich will, dass sie zum allgemeinen Gesetz werde, so handelt er wider seine menschliche Natur. Denn das menschliche Wesen ist ein vernünftiges, Vernunft aber ist Selbstzweck. Ein Handeln, das nicht im Einklang mit dem kategorischen Imperativ steht, würde somit nicht nur andere Menschen zu bloßen Mitteln für andere Zwecke degradieren, sondern auch die eigene Vernunft, also das, was einen Menschen in seinem Menschsein überhaupt erst auszeichnet, sabotieren.

Vernunft ist durch nichts zu ersetzen, sie hat kein Äquivalent. Und alles, was nicht ersetzt werden kann, hat keinen Wert, sondern Würde, meint Kant (Vgl. *I. Kant: Grundlegung zur Metaphysik der Sitten, 2. Abs. (III 60f.)*) Somit lässt sich die Würde des Menschen nicht nur postulieren, sondern auch begründen.

Wie steht es aber nun mit Tieren? Sie sind keine vernunftbegabten Wesen. Sind sie somit würdelos? Ja, zumindest innerhalb des kantischen Argumentationsrahmens - laut Kant kommt Tieren keine Würde zu, denn sie verfügen auch nicht über Vernunft.

Darf der Mensch also Tiere so behandeln, wie es ihm gefällt? Darf er Tiere quälen und töten, ohne dabei in einen ethischen Konflikt geraten zu müssen?

Wider Erwarten verneint Kant diese Frage und begründet sie folgendermaßen (*I. Kant: Metaphysik der Sitten, VI 443*):

> *In Ansehung des lebenden, obgleich vernunftlosen Teils der Geschöpfe ist die Pflicht der Enthaltung von gewaltsamer und zugleich*

> *grausamer Behandlung der Tiere der Pflicht des Menschen gegen sich selbst weit inniglicher entgegengesetzt, weil dadurch das Mitgefühl an ihrem Leiden im Menschen abgestumpft und dadurch eine der Moralität, im Verhältnisse zu anderen Menschen, sehr diensame natürliche Anlage geschwächt und nach und nach ausgetilgt wird; obgleich ihre behende (ohne Qual verrichtete) Tötung, oder auch ihre, nur nicht bis über Vermögen angestrengte, Arbeit (dergleichen auch wohl Menschen sich gefallen lassen müssen) unter die Befugnisse des Menschen gehören; da hingegen die martervollen physischen Versuche, zum bloßen Behuf der Spekulation, wenn auch ohne sie der Zweck erreicht werden könnte, zu verabscheuen sind. - Selbst Dankbarkeit für lang geleistete Dienste eines alten Pferdes oder Hundes (gleich als ob sie Hausgenossen wären) gehört indirekt zur Pflicht des Menschen, nämlich in Ansehung dieser Tiere, direkt aber betrachtet ist sie immer nur Pflicht des Menschen gegen sich selbst.*

Zusammengefasst geht Kant in diesem Zitat davon aus, dass das Quälen und grausame Töten von Tieren unterlassen werden soll. Allerdings nicht deshalb, weil es eine direkte Pflicht des Menschen gegenüber dem Tier wäre. Sondern weil der Mensch dadurch in seiner Fähigkeit, Mitgefühl zu zeigen, welche Kant als der Moralität dienlich erscheint, geschwächt und beeinträchtigt würde. Er spricht deshalb auch nur von einer indirekten Pflicht gegenüber Tieren.

Darüber hinaus kann er aber ethisches Verhalten gegenüber Tieren nicht begründen. Und zwar aus folgendem Grund: Tiere sind vernunftlose Geschöpfe. Auf sie trifft das Sittengesetz demnach nicht zu, sie sind davon exkludiert. Sie haben keine Pflicht, danach zu handeln, und somit auch keine Rechte. Denn sie können keine Objekte von Pflichten sein. Nur wer Pflichten hat, hat auch Rechte, und umgekehrt.

Bei Kant ist ein Handeln gemäß dem kategorischen Imperativ gegenüber Tieren sozusagen ethisches „Trockentraining" für den „Ernstfall". Auch wenn er bemüht scheint, das Verhalten vernünftiger Wesen gegenüber nicht-vernünftigen in das Sittengesetz mit einzubeziehen, so kann er letztlich eine von Moral getragene Mensch-Tier-Beziehung nicht begründen. Die Vernunft selbst ist es, die ihm diesen Schritt verwehrt. Oder anders formuliert: Die Vernunft allein reicht für das fundierte ethische Gestalten einer solchen Beziehung nicht aus. Vernunft als Wertprinzip ist hier unbrauchbar, weil Tieren eben dieser Wert, oder besser gesagt, diese Würde nicht zukommt.

Auf der Suche nach Alternativen stoßen wir bald auf Ursula Wolf. Sie spricht vom generalisierten Mitleid, welches sie an die Stelle der kantischen Vernunft setzt. Es soll damit gelingen, was mit dem kantischen Sittengesetz nicht machbar war: eine begründete Moral in der Mensch-Tier-Beziehung. Sie hält dazu folgendes fest (*Wolf 1990: 75f.*):

> *Wenn wir uns als Personen nicht mehr auf die eine wertverleihende Eigenschaft hin verstehen, an der sich unser Leben misst, dann bleibt, dass wir Wesen sind, die in verschiedenen Bereichen nach ihrem guten Leben suchen und entsprechend* in verschiedenen Hinsichten leiden bzw. an ihrem guten Leben *gehindert werden können. Zu diesen Wesen, die leiden können, denen es subjektiv gut oder schlecht gehen kann, gehören ebenso Tiere, auch wenn ihr Bezug auf das eigene Wohl weniger reflektiert ist. Es gibt daher innerhalb dieser Konzeption keinen Grund, die Moral auf Personen zu beschränken. Denn die Eigenschaft, die Wesen zu Objekten der Moral macht, wäre jetzt, dass sie leiden können bzw. dass es ihnen gut/schlecht gehen kann. [. . .] Die Moralkonzeption, die sich ergibt, ist also die eines generalisierten Mitleids.*

Wolf spricht hier vom generalisierten Mitleid und grenzt dies vom Mitleidaffekt ab. Aus gutem Grund: Würden wir nur dann Tiere nicht quälen oder grausam töten, wenn wir wirklich Mitleid *empfinden*, so könnte daraus kein allgemeines Wertprinzip abgeleitet werden. Noch immer würde Beliebigkeit die moralische Seite der Mensch-Tier-Beziehung prägen. Selten empfindet jemand Mitleid mit dem Stück Schweinefleisch, das er im Supermarkt kauft und das durch Massentierhaltung produziert wurde. Genau darum geht es aber Ursula Wolf, nämlich auch jenen Bereich der Mensch-Tier-Beziehung in ihre Konzeption zu inkludieren, zu dem der einzelne Mensch normalerweise keinen empathischen Bezug hat, der aber dennoch einen wesentlichen Teil davon ausmacht, wie sich die Menschheit als solche gegenüber Tieren verhält.

Sobald ich also als Mensch die Leidensfähigkeit eines Tieres erkenne, bin ich verpflichtet, darauf zu achten, das tatsächliche Leiden dieses Tieres zu vermindern bzw. zu verhindern. Und zwar unabhängig davon, ob ich wirklich Mitleid habe oder nicht. Eben deshalb, weil generalisiertes Mitleid über die affektive Seite von Mitleid hinaus geht und universalen Anspruch erhebt.

Für's erste scheint gerettet, was bei Kant verloren schien. Aber eine Konzeption, die Mitleid als universelles Wertprinzip postuliert, hat auch Schwachstellen und „wunde Punkte". Wo liegen sie?

Wolf kann vorgeworfen werden, dass ihre Konzeption kontraintuitiv sei: In ihr findet sich einerseits keine Gradualisierung der direkten Pflichten gegenüber Tieren aufgrund der Universalität des generalisierten Mitleids. Menschen werden hier ebenso als Tiere begriffen, wodurch sich eine normative Überhöhung des Menschen gegenüber nicht-menschlichen Wesen als ungerechtfertigt erweist. Wer aus moralischen Gründen keine Menschen isst, Tiere jedoch schon, der macht hier eine unangemessene moralische Unterscheidung. Dies wird unter dem sog. Einschlussprinzip verstanden.

Andererseits aber entsteht durch die von Wolf geforderte Universalität ihres Wertprinzips ein weiteres moralisches Problem, das als Ausschlussprinzip verstanden wird: Werden Mensch und Tier in jeder moralischen Hinsicht gleichgestellt, so wird der Mensch wiederum moralisch unangemessen behandelt. Stellen wir uns dazu ein brennendes Haus vor. Ein Feuerwehrmann steht vor der schweren Entscheidung, entweder zwei Pudel oder ein kleines Mädchen aus den Flammen zu retten. Beides kann er nicht schaffen, denn das Haus droht bereits einzustürzen. Entscheidet sich nun der Feuerwehrmann zur Rettung der zwei Hunde, weil er damit zwei und nicht nur ein Leben retten kann, so ist ihm im Kontext der Wolf'schen Moralkonzeption nichts vorzuwerfen - denn menschliches Leben ist gleichgestellt mit dem von Tieren.

Kant, der mit seinem Sittengesetz, in dessen Zentrum die Vernunft steht, einen mehr oder minder absoluten Speziezismus vertritt, ist hier mit der Moralkonzeption von Wolf, die Anstelle der Vernunft generalisiertes Mitleid setzt, ein universaler Egalitarismus gegenübergestellt.

Ein solches Gleichheitsprinzip lässt sich in ähnlicher Weise auch bei Tom Regan finden. Objekte seiner Moral sind nicht nur Menschen, sondern auch Säugetiere und er nennt sie empfindende *Subjekte eines Lebens* (Vgl. *Regan 1983*). Diese haben Wünsche, in einer gewissen Weise auch Meinungen und Zukunftsabsichten. Auch spricht Regan ihnen einen inhärenten Wert zu und die Fähigkeit, ihre Wünsche zu befriedigen. Aus diesem Grund kommt ihnen allen das gleiche Recht zu, mit Respekt behandelt zu werden.

In gewisser Weise formuliert Regan hier den kategorischen Imperativ „Handle so, dass du die Menschheit sowohl in deiner Person, als in der Person eines jeden anderen jederzeit zugleich als Zweck, niemals bloß als Mittel brauchst" um und ersetzt *Menschheit* mit *Subjekte eines Lebens*.

Ähnlich ist auch die Position von Peter Singer in seinem Präferenzutilitarismus zu sehen: Gleichheit versteht er darin nicht als *gleiche Behandlung*, sondern als *gleiche Berücksichtigung von Interessen* (*Singer 1994: 42*): „Gleiche Interessenabwägung ist ein Minimalprinzip der Gleichheit in dem Sinn, dass es nicht Gleichbehandlung diktiert". Als Bedingung für Interessen nennt Singer die Fähigkeit, Schmerz und Glück empfinden zu können. Diese Fähigkeit besitzen auch Tiere. Sie müssen deshalb bei moralischen Entscheidungen mitberücksichtigt werden. Denn das Töten eines Tieres verstößt gegen sein Interesse und ist daher Unrecht.

Darüber hinaus spricht Singer Personen, also Wesen, die sich ihrer Vergangenheit, Gegenwart und Zukunft bewusst sein können, einen „besonderen Wert" zu. Das Problem, das sich allerdings daraus ergibt, ist, dass somit auch manche Tiere Personen sein können, manche Menschen, etwa Wachkoma-Patienten, hingegen nicht. Auch wenn Singer meint, dass seine Intention die ist, „den Status der Tiere zu heben und nicht den der Menschen zu senken." (*Singer 1994: 109*)

Ohne die einzelnen Positionen hier im Detail zu betrachten, fällt doch eines auf: Die Suche nach einer gemeinsamen Wertebasis, die sich nicht nur auf menschliches, sondern auch auf nicht-menschliches Sein erstreckt. Allerdings wird gleichzeitig evident, dass die Schwierigkeit dabei die der Grenzziehung ist, d.h. wer soll und kann in die jeweilige Moralkonzeption inkludiert werden und wer nicht? Schon Kant war mit seinem Sittengesetz vor die Aufgabe dieser Grenzziehung gestellt. Durch die Vernunft als Hüterin der moralischen Grenze, wurde sichtbar, was hinter dieser Grenze lag, nämlich der Vernunft nicht mächtige Wesen, wie eben Tiere. Sie hatten keine moralischen Rechte und doch war es auch schon für Kant nicht von der Hand zu weisen, dass der Mensch ihnen gegenüber moralische Empfindungen hege, wie etwa Mitgefühl oder Mitleid. Wolf griff diese moralischen Empfindungen auf und wollte sie zu einem allgemeinen Prinzip erheben, dem generalisierten Mitleid. Die Kritik aber zeigt auf, dass dieses generalisierte Mitleid, wenn es zum allgemeinen Prinzip erhoben wird, tatsächlichen moralischen Empfindungen entgegensteht. Etwa dann, wenn ein Mensch in einer Situation moralisch gegenüber einem anderen Menschen empfindet, nicht aber gegenüber einem auch in die Situation involvierten Tier, diese Empfindung aber durch das Prinzip des generalisierten Mitleids nicht zu rechtfertigen ist, wie etwa beim Beispiel mit dem Feuerwehrmann. Das Prinzip wird hier in sein Gegenteil verkehrt und das Mitleid, das tatsächlich einem anderen Menschen entgegengebracht wird, als ungerechtfertigt erklärt. Radikal formuliert würde sich auch der Mensch in manchen Fällen auf der anderen Seite der Grenze befinden. Kritisch betrachtet lässt auch Peter Singer durch seinen Personenbegriff so manches menschliche Leben auf der anderen Seite dieser Grenze zurück. Am ehesten scheint es noch Tom Regan zu gelingen, eine Grenzöffnung zu bewirken. Indem er sich an Kants kategorischem Imperativ orientiert und vernünftige Wesen mit *Subjekten eines Lebens* ersetzt, kann er nicht nur ein allgemeines Prinzip an die Hand geben, sondern auch konkrete Richtlinien für das Handeln in konkreten Situationen.

Betrachten wir nun aus dieser Perspektive die Goldene Regel - „Tue anderen nicht, was du nicht willst, dass sie dir tun!“ -, die ja unmittelbar an den kategorischen Imperativ anschließt, dann würde daraus folgen, dass wir Tiere nicht töten oder quälen sollen. Denn wir möchten gewiss auch nicht von ihnen getötet oder massakriert werden. Wir sind somit bei Anknüpfungspunkten und Schnittstellen zwischen dem Weltethos und dem Bereich der Tierethik angekommen.

Setzen wir diese Reflexion mit Regan fort, so würde das erste Prinzip des Weltethos „Jeder Mensch soll menschlich behandelt werden“ bei ihm wahrscheinlich lauten: „Jedes Subjekt eines Lebens soll mit Respekt und Würde behandelt werden“. Würde könnte sich hier nicht mehr aus der Fähigkeit zur Vernunft ableiten, sondern aus dem unveräußerlichen Leben, das solchen Subjekten zukommt. Ihr Leben hat für diese Subjekte einen unersetzbaren Wert und dieser schließt somit an den kantischen Begriff von Würde an. Auch kann hier somit an die erste Weisung des Weltethos „Hab Ehrfurcht vor dem Leben!“ angeknüpft werden.

Werfen wir einen genaueren Blick auf das zentrale Anliegen der Wolf'schen Moralkonzeption, das Mitleid, so können wir auch hier Schnittstellen zum Weltethos entdecken: Mitleid kann als moralische Motivation betrachtet werden, aus der heraus sich die Kardinaltugenden der Gerechtigkeit und der Menschenliebe generieren können. Dies wiederum schließt unmittelbar an die zweite Weisung „Handle gerecht und fair!“ sowie an die vierte Weisung „Achtet und liebet einander!“ an.

Bei Peter Singer wird es etwas schwieriger. Zwar könnte man hier im Kontext seines Präferenzutilitarismus das erste Prinzip des Weltethos „Jeder Mensch soll menschlich behandelt werden“ umformulieren in den Satz „Jedes Lebewesen soll entsprechend seiner Interessen gleichermaßen berücksichtig werden“, aber da sein Personenbegriff teilweise sogar menschliches Leben aus seiner Moralkonzeption exkludiert, scheint es mit dem prinzipiellen Anliegen des Weltethos, allen Menschen eine gemeinsame Basis zu geben, nicht vereinbar.

Abschließende Bemerkungen

Die hier erwähnten Ansätze aus dem Bereich der Tierethik scheinen zumindest teilweise mit den Prinzipien und Weisungen des Weltethos kompatibel. D.h. diese Prinzipien und Weisungen können streckenweise auch für den Bereich der Tierethik adaptiert werden. Von einer unmittelbaren Integrierbarkeit der Mensch-Tier-Beziehung in die ethische Dimension des Weltethos kann aber dennoch nicht gesprochen werden. Der Hauptgrund dafür liegt in der notwendigen Definition davon, was menschliches Leben gegenüber nicht-menschlichem ausmacht. Das Verständnis davon, was menschliches Leben eigentlich ist, ist schon innerhalb der Weltreligionen und der philosophisch-humanistischen Ansätze sehr unterschiedlich und diese Frage wird im Bereich der Tierethik - im Hinblick auf nicht-menschliches Leben - noch einmal völlig neu gestellt. Hier muss allerdings gesagt werden, dass es gar nicht das Anliegen des Weltethos ist, ein gemeinsames, oder gar globales Verständnis vom menschlichen Sein zu etablieren. Das wäre völlig vermessen und würde tatsächlich in Richtung Einheitsreligion gehen. Es geht lediglich um einen Grundkonsens bestehender verbindender Werte und unverrückbarer Maßstäbe.

Zusammengefasst lässt sich also sagen, dass die Mensch-Tier-Beziehung nicht unmittelbar in die Anliegen des Weltethos einzubinden ist oder gar verbindliche Pflichten gegenüber Tieren daraus erwachsen. Dennoch können anhand der Reflexion des Weltethos vor dem Hintergrund diverser Moralkonzeptionen aus dem Bereich der Tierethik wertvolle Impulse an die Hand gegeben werden, wie wir uns gegenüber unserer nicht-menschlichen Umwelt verhalten *können*, um auch die Lebensqualität nicht-menschlichen Seins zu sichern bzw. zu steigern. Und dies scheint prinzipiell ein ethisches Anliegen zu sein.

Literatur

Annan, K. (2001, Hrsg.): Brücken in die Zukunft. Ein Manifest für den Dialog der Kulturen. S. Fischer Verlag. Frankfurt a. M.

Gebhardt, G. (2007): Weltethos - Brücke zwischen Kulturen und Religionen. In: E. Bader: Weltethos - Weltfrieden - Weltreligionen. LIT Verlag. Wien. S. 17 - 29.

Kant, I.: Grundlegung zur Metaphysik der Sitten. Akademie-Ausgabe Kant Werke IV.

Kant, I.: Metaphysik der Sitten. Akademie-Ausgabe VI.

Küng, H. u. Kuschel, K.-J. (1993, Hrsg.): Die Deklaration des Parlamentes der Weltreligionen. Piper. München.

Küng, H. (2002): Dokumentation zum Weltethos. Piper. München.

Küng, H. (2007): Geleitwort. In: E. Bader: Weltethos - Weltfrieden - Weltreligionen. LIT Verlag. Wien. S. 7.

Küng, H. (1990): Projekt Weltethos. Piper. München.

Küng, H. (2000): Wozu Weltethos? In: Weltreligionen - Weltfrieden - Weltethos. Stiftung Weltethos. Tübingen.

Regan, T. (1983): The case for animal rights. Berkely.

Singer, P. (1994): Praktische Ethik. Reclam. Stuttgart.

Wolf, U. (1990): Das Tier in der Moral. Klostermann. Frankfurt a. M.

Die philosophische Begründung des Tierschutzes: Bentham - Kant - Schopenhauer

Maria Woschnak

Drei Klassiker der Philosophie: Bentham, Kant und Schopenhauer

Im Rahmen der praktischen Philosophie, in der das sittliche Handeln des Menschen in all seinen Aspekten zum Problem gestellt ist, wird auch das Mensch-Tier-Verhältnis zum Thema. Ethik versteht sich als Rekonstruktion des moralisch relevanten Bewußtseins, wobei festgehalten werden muß: auch praktische Philosophie ist Theorie, nicht handelnde Praxis. Ethische Überlegungen verbleiben im Bereich der Reflexion, die sich unter dem Anspruch logischer Stringenz Begriffen, Voraussetzungen und Implikationen verantwortlichen Handelns zuwendet.

Im Folgenden sollen drei Klassiker der Philosophie und ihre Ausführungen zum Tierschutz vorgestellt und miteinander verglichen werden: Jeremy Bentham, Immanuel Kant und Arthur Schopenhauer. Als Philosophen des 18. und 19. Jahrhunderts sind sie nicht nur für ihre Zeit von Bedeutung, auf sie berufen sich auch gegenwärtige Positionen der Tierschutzethik, sei es in differenzierender Anknüpfung oder in ausdrücklicher Ablehnung. Eine Beschäftigung mit Bentham, Kant und Schopenhauer führt demgemäß ebenso zu den „Wurzeln" einer Ethik im Zusammenhang mit der Natur (dem Tier), als auch mitten in die gegenwärtige Diskussion. In der Wahl gerade dieser Philosophen geht es nicht um große und berühmte Namen. Zweck der Vergleichsstudie ist der Nachvollzug der gedanklichen Argumentation. In der Philosophie ist, wie schon Platon anmerkt, „nicht darauf zu sehen, wer etwas gesagt hat, sondern ob es richtig gesagt ist oder nicht." (*Platon 1977: Bd. 1, 161c*)

Das Problem des Tierschutzes wurde in der Neuzeit zunächst durch die Auswirkungen der Industrialisierung, einer immer exzessiveren Nutzung des Tieres sowohl in Wirtschaft als auch in Wissenschaft, zum Gegenstand des Nachdenkens. Bentham, Kant und Schopenhauer gehören zu den ersten, denen Fragen des Tierschutzes ein essentielles Anliegen waren. In ihren Ethikansätzen stehen folgende Begriffe im Zentrum moralphilosophischer Überlegungen: Bentham hält das Glück oder den Erfolg des Handelns für entscheidend, Kant die Vernunft oder die Gesinnung, und Schopenhauer legt den Wert des Handelns in das Mitleid. In den Philosophiegeschichten werden ihre Positionen mit den Stichworten: Erfolgsethik (Bentham), Gesinnungsethik (Kant) und Mitleidsethik (Schopenhauer) charakterisiert. Der kritischen Auseinandersetzung genügen derlei Etikettierungen freilich nicht. Aufgabe der denkenden Aneignung muß es vielmehr sein, die jeweiligen Ansätze in ihrer logischen Konsistenz zu prüfen. Der Themenstellung entsprechend werden dabei jene Folgerungen und Pflichten im Vordergrund stehen, die für den Umgang des Menschen mit dem Tier relevant sind.

Der Begriff der Freiheit und die Ableitung des Pflichtbegriffs

Für alle drei ethischen Positionen ist die Anerkennung der Freiheit des Menschen eine wesentliche Voraussetzung. Sobald moralische Forderungen erhoben werden, wie z.B. Rücksichtnahme auf das Tier oder das Verbot, Tiere zu quälen, wird Handlungsfreiheit, d.h. eine Disposition über Tun oder Unterlassen, angenommen. Der Mensch ist frei und kann sich aus Freiheit für oder gegen bestimmte Handlungsmotive entscheiden. Ohne eine solche Entscheidungsmöglichkeit bleibt es unverständlich, den Menschen für seine Zwecksetzungen verantwortlich zu machen, alle moralischen Beurteilungen oder Verurteilungen erübrigen sich, wie es umgekehrt keinerlei Sinn hat, dem Tier oder der Natur gegenüber moralische Vorwürfe zu erheben oder natürlichen Geschehensprozessen „böse Absichten“ zu unterstellen. Freiheit kommt nur dem Menschen zu. Weil dieser frei ist, kann er so oder anders handeln, und nur unter dieser Voraussetzung steht er in der Differenz von Gut und Böse.

Unter Zugrundelegung der Kompetenz, Zwecksetzungen frei wählen zu können, stellen sich im Zusammenhang mit dem Tierschutz zwei prinzipielle Fragen:

1. Sind Freiheit und Beschränkung miteinander vereinbar, d.h. kann vom Menschen gefordert werden, tierquälerisches Handeln zu unterlassen?
2. Sind Freiheit und Pflicht miteinander vereinbar, d.h. ist Tierschutz eine Forderung, die Vernunft und Freiheit dem Menschen mit Notwendigkeit abverlangen?

Die Antwort auf diese Fragen entscheidet über die Möglichkeit, Tierschutz allgemeinverbindlich zu begründen, d.h. ihn jedermann zuzumuten und ihn nicht der jeweils subjektiven Überzeugung Einzelner zu überlassen. Dieser Nachweis kann nur dann gelingen, wenn aus dem Begriff der Freiheit auch der Begriff der Pflicht abzuleiten ist, wenn der freie Wille sich selbst ein unbedingtes Sollen auferlegt und damit freiwilliger Weise selbst beschränkt.

Eine Beschränkung der Willkürfreiheit impliziert z.B. das juridische Gesetz. Sie erfolgt aus der Einsicht, daß schrankenlose Willkür durch jeden einzelnen für jeden einzelnen zu Mord und Totschlag, d.h. zu permanenter Lebensbedrohung führt. Unter reiner Willkür herrscht rohe Gewalt - der Stärkere setzt sich durch. Ein vernunftgeleiteter Wille kann diesen naturwüchsigen Zustand nicht wollen, er will - gerade zur Gewährleistung der Freiheit - mit Notwendigkeit einen Rechtszustand (die Beschränkung der Willkürfreiheit). Vernunft drängt auf Übereinkunft mit der Vernunft des anderen und gibt sich allgemeine, für jedermann verbindliche Gesetze. Die Geltung des Rechtszustandes ist deshalb gewollt, weil dieser regelt, was jeder tun darf und was nicht. Der Begriff der Freiheit involviert aus Vernunftgründen das Moment des Verzichts auf schrankenlose Willkürfreiheit mit dem Ziel der Freiheitssicherung. Der scheinbare Widerspruch zwischen Freiheit und Beschränkung verschwindet, indem Freiheit sich von sich aus (freiwillig) zügelt. Juridische Gesetze und Pflichten werden dem Willen nicht nur von außen oktroyiert, sondern resultieren aus dem Begriff der Freiheit selbst. Die Disziplinierung der Willkür bedeutet keinen Verlust an Freiheit, sondern Freiheit selbst setzt sich Grenzen. Im Zusammenhang mit dem Tierschutz liegt es dann nicht mehr an der reinen Willkür des einzelnen, wie er Tiere (nach Lust und Laune) behandelt, sondern Tierschutzgesetze bestimmen, wie mit Tieren umzugehen bzw. mit welchen Sanktionen bei Übertretungen zu rechnen ist.

In der Selbstbeschränkung der Willkürfreiheit ist der vernünftige Wille erst negativ, in jener Restriktion erfaßt, die den Willen (die Freiheit) vor Selbstzerstörung bewahrt. Die Vernünftigkeit des Willens ist damit noch nicht vollständig bestimmt. Sie gelangt zu ihrem wahren Begriff erst dann, wenn der Wille (die praktische Vernunft) aus sich selbst Zwecke zu setzen vermag und darin nicht bloß Autarkie, sondern Autonomie beweist. Erst in den von ihm selbst (positiv) gesetzten Zwecken ist der Wille selbstbestimmt, erst der vernünftige Wille ist ein wahrhaft freier Wille, der sich das Gesetz seines Handelns selbst, autonom, vorschreibt.

Das Problem, ob der vernünftige freie Wille sich bestimmte Zwecke sogar setzen soll, wie z.B. den Tierschutz, berührt die Deduktion des Pflichtbegriffs, die oben erwähnte zweite Frage: können aus der Vernunft selbst in positiver, nicht lediglich negativer Weise, Forderungen abgeleitet werden, die nicht die Selbsterhaltung, sondern die Selbstentfaltung des Willens konstituieren. Oder anders formuliert: gibt es Pflichten, die das moralische Bewußtsein sich selbst abverlangt, die der freie Wille von sich selbst fordert? Diese Frage betrifft das Warum des Tierschutzes. Wenn der Mensch Wesen der Freiheit ist, warum soll er seine Freiheit zugunsten der Tiere beschränken, sich den Schutz der Tiere zum Zweck machen.

Die Antwort entscheidet darüber, ob Tierschutz eine allgemeingültige Pflicht für jedermann darstellt.

Dieser Problematik soll anhand der eingangs erwähnten drei Positionen nachgegangen werden. Gelingt es Bentham, Kant und Schopenhauer, den Tierschutz zu begründen und damit der Selbstverständlichkeitsüberzeugung ihr theoretisches Fundament zu sichern?

„Moral predigen ist leicht, Moral begründen schwer.“ [1]

Die Unterschiede in den Positionen zeigen sich bereits im jeweiligen Ansatz, aus dem zunächst der Pflichtbegriff abgeleitet und in weiterer Folge die Frage des Tierschutzes konkretisiert wird. Ausgehend vom Begriff des Glücks (Bentham), der Vernunft (Kant) und des Mitleids (Schopenhauer) wird ein jeweils spezifischer Begründungsversuch unternommen.

Jeder Mensch will glücklich sein. Im Sinne dieses allgemeinen Anspruchs sieht Jeremy Bentham eine Pflicht darin, nicht nur das eigene Glück zu verfolgen, sondern auch das Glück anderer. Da Tiere wie der Mensch zu den empfindungsfähigen Lebewesen gehören, sind sie in die ethischen Überlegungen mit einzubeziehen. Synonym für den Begriff Glück verwendet er den Begriff des Nutzens, der in mannigfachen Modifizierungen - so etwa als Präferenz bei Peter Singer - auch die gegenwärtige utilitaristische Diskussion bestimmt. Aus Benthams Ansatz resultiert die Verpflichtung zur Maximierung von Glück oder Nutzen, die durch das Handeln für eine möglichst große Anzahl von Betroffenen hergestellt werden soll, wobei Glück das Erreichen von Lust bzw. das Vermeiden von Übeln bedeutet.

Immanuel Kant betrachtet den Menschen aus der Dialektik von Natur- und Vernunftwesen. Als bedürftiges Vernunftwesen hat er unweigerlich zwei praxisrelevante Interessen: erstens die eigene Glückseligkeit (Wohlergehen), zweitens die Vollkommenheit (Rücksichtnahme) des Mitmenschen. Das Verlangen nach eigenem Glück und das Erwarten der Vollkommenheit des anderen sind Vorstellungen, die keiner Pflicht bedürfen, weil sie naturgegebene Wünsche des Menschen sind. Sollen Glückseligkeit und Vollkommenheit als Vernunftzwecke gedacht werden, müssen ihre Zuschreibungen geändert werden: eigene Vollkommenheit und fremde Glückseligkeit sind die Zwecke, die zugleich Pflicht sind.

Die Bedürftigkeit von Mensch und Tier bildet für Arthur Schopenhauer den Beweggrund, das Gefühl des Mitleids ins Zentrum seiner moralphilosophischen Überlegungen zu stellen. Nur ein von Mitleid geprägtes Handeln ist sittlich qualifiziert, Mitleid ist nach Schopenhauer das Fundament der Moral.

Können diese Ansätze ihren Anspruch, den Tierschutz philosophisch zu begründen argumentativ einlösen? Zur Beurteilung ist nicht nur die Schlüssigkeit

---

1 *Schopenhauer 1979*

der Konzepte zu beachten, sondern auch, ob die aufgestellten Forderungen handelnd umsetzbar sind. Ethische Überlegungen wären sinn- und zwecklos, wenn sie Ideale formulieren, deren Realisierung die menschlichen Möglichkeiten übersteigen. Die Prüfung der Theorie erfolgt daher mit Rücksicht auf die Frage, ob der Mensch nach den implizierten Prinzipien (Pflichten) leben kann.

Die ethische Position von Jeremy Bentham

Jeremy Bentham war sowohl Philosoph als auch Jurist und hat im England des frühen 19. Jahrhunderts durch sein politisches Engagement erreicht, daß das erste Tierschutzgesetz (1822) verabschiedet wurde. Diese Leistung erwähnt in lobender Weise bereits Arthur Schopenhauer.

Das Glück aller empfindungsfähigen Wesen zu vermehren und dementsprechend auch die Tiere in die Handlungskalküle mit einzubeziehen, ist Benthams ethischer Grundansatz. Bereits die Forderung, Glück oder Nutzen zu maximieren, wirft eine Reihe von Fragen auf: zuallererst sind diese Begriffe zu klären. Wenn Handeln Glück bewirken soll, sogar für eine größtmögliche Anzahl an Betroffenen, nicht nur für den Handelnden selbst, muß man wissen, was darunter verstanden wird. Einig darin, nach Glück zu streben, haben die Menschen doch recht unterschiedliche Vorstellungen von dem, was für sie Glück bedeutet. Soll zwischen Handlungsalternativen entschieden werden, sind formale Definitionen, wie etwa Lustgewinn oder Unlustvermeidung, unzureichend, es bedarf der inhaltlichen Konkretisierung. Bereits hier, bei der Bestimmung des Ideals, beginnen die Schwierigkeiten einer utilitaristischen Position.

Zum zweiten bedarf die utilitaristische Entscheidung einer genauen Berechnung. Das Glück, wie immer es interpretiert wird, ist Bentham etwas Quantitatives, von dem ein Maximum für ein Maximum an Betroffenen hergestellt werden soll. Wie kann Glück quantitativ bestimmt werden? Der sittlich Handelnde muß zuallererst ein großer Rechenkünstler sein: Die Kunst der ethischen Motivation besteht darin, alle Wirkungen des Handelns und Unterlassens alternativ gegeneinander abzuwägen, um daraus das Maximum an Glück für eine Mehrheit zu erzielen. „Wollt ihr wissen, welcher unter zwei entgegengesetzten [sic!] Handlungsweisen der Vorzug gebühre? Rechnet ihre guten und üblen Wirkungen zusammen, und entscheidet euch für jene, welche die größte Summe von Glück verspricht.“ (*Bentham 1833: 120*) Beim Abschätzen und Berechnen soll die Gewißheit und Nähe des Eintretens von Glück ebenso berücksichtigt werden wie seine Dauer und Intensität. Die Bewertung hat dabei nicht nur aus der Perspektive des Handelnden zu erfolgen, sondern muß zugleich die Perspektiven aller Betroffenen mit einbeziehen. Ein so konzipierter ethischer Ansatz muß den Menschen völlig überfordern.

Die Position des Utilitarismus beschwört noch weitere Bedenken herauf: Für welchen Zeitraum ist die Berechnung des Glücks anzustellen? Was heute als Glück erscheint, wendet sich unter Umständen morgen in sein Gegenteil. Bei genauerer Überlegung häufen sich die Schwierigkeiten, die Bentham dem Handelnden zumutet, sofern er sich moralisch bestimmen will. Ein bekannter Vorwurf an den Utilitarismus lautet nicht umsonst, man müßte Gottes Standpunkt einnehmen können, um all das vorherzuwissen, was im Sinne einer erfolgreichen, nutzbringenden Handlung bedacht werden muß.

Den bisherigen Einwänden schließen sich weitere an: Die Sittlichkeit der Handlung beruht auf ihrem Erfolg, im Herstellen von Glück. Hat die Handlung den maximalen Nutzen erreicht, ist es vom Endeffekt her völlig belanglos, aus welchen Motiven sie erfolgt ist. Gerade die Gesinnung, das Kennzeichen der Moralität einer Handlung, hat keinerlei Relevanz, fällt nicht mehr ins Gewicht. Absicht und Erfolg der Handlung werden auseinanderdividiert. Der entscheidende Gesichtspunkt ist das Ziel, nicht die Motivation: hat sie Glück bewirkt, ist sie moralisch qualifiziert. Ein Beispiel kann Benthams Position und die Konsequenzen seines Ansatzes verdeutlichen: Wenn etwa ein Tierarzt in der bemühten Absicht, ein krankes Pferd zu therapieren, sein Ziel verfehlt, weil das Tier an einer unbekannten Allergie gegen das verabreichte Medikament verendet, bleibt der gewünschte Heilungseffekt aus. Der Arzt hat keinen Nutzen hervorgebracht, sondern im Gegenteil, das Tier getötet. Der Besitzer und wohl auch er selbst sind unglücklich über den Ausgang der Behandlung. Heißt das nun, daß die erfolglose Handlung als unmoralisch zu qualifizieren ist? Sittlichkeit wird im Utilitarismus dem Zufall ausgeliefert, als Kriterium gilt, ob der gewünschte Zweck erreicht wird oder nicht.

Selbstverständlich ist es nicht irrelevant, ob der Handelnde seine Absicht verwirklicht. Wenn Moralität jedoch an Unverfügbares gebunden wird, wird die Kompetenz moralischer Entscheidungsfähigkeit aufgehoben. Sittlichkeit als Gesinnung des Handelnden spielt im Utilitarismus zuletzt keine Rolle. Auch die böswillige Absicht, zu schaden, die ungewollt zum Nutzen führt, qualifiziert eine Handlung als moralisch. Als Conclusio ergibt sich: Im Utilitarismus wird Moralität von Umständen abhängig, die der Einflußmöglichkeit des Menschen entzogen sind. Bentham hebt damit den Begriff der Moral, den er begründen wollte, selbst aus den Angeln.

Anzumerken ist noch ein dritter schwerwiegender Einwand gegen den Utilitarismus: er betrifft den Begriff der Gerechtigkeit. Vom Kalkül, das größte Glück für die größte Anzahl von Betroffenen zu verfolgen, wird Ungerechtigkeit gegenüber Minderheiten legitimierbar. Der einzelne und seine Ansprüche sind bedeutungslos im Hinblick auf das größere Ganze. Damit verliert der Utilitarismus das einzelne Individuum aus den Augen. Wenn die überwiegende Mehrzahl glücklicher wird auf Kosten einer Minderheit, muß dies in Kauf genommen werden. Der Mensch selbst gerät unter die Kategorie der Nützlichkeit, er wird für höherrangige Ziele zum bloßen Mittel.

Die Konsequenzen im Hinblick auf das Mensch-Tier-Verhältnis sollen nach der Darstellung der beiden anderen Positionen expliziert werden.

Die ethische Position von Immanuel Kant

Immanuel Kant, ein Zeitgenosse von Bentham, hat aus den philosophischen Prinzipien seines Ansatzes Konsequenzen auch für die Bestimmung des Verhältnisses Mensch - Tier (Natur) gezogen. Er wählte einen anderen Ausgangspunkt für die Moralbegründung als der Utilitarismus. Von der Differenz zwischen Absicht und Erfolg her gesehen legt Kant im Unterschied zu Bentham das Kriterium der Moralität in die Gesinnung des Handelnden, nicht in den Nutzen. Kant erläutert: Nichts in der Welt ist gut, im Sinne von moralisch gut, als der gute Wille selbst, d.h. die Absicht, die das Handeln motiviert (vgl. *Kant 1904: Bd 4, 393 f.*). Nicht seine Wirkung ist ausschlaggebend, nicht das Resultat, nicht das erreichte oder verfehlte Glück, entscheidend sind Gewissen und Gesinnung. Der Erfolg ist dabei sekundär; ein Gelingen ist erfreulich, ein Ausbleiben des angestrebten Zieles tangiert den Wert der Moralität aber nicht. Um auch dies an dem vorhin genannten Beispiel zu illustrieren: selbst wenn das Pferd in der Therapie trotz allen guten Willens und der Anwendung aller medizinisch zur Verfügung stehenden Mittel verendet, die Sittlichkeit der ärztlichen Intervention bleibt davon unberührt. Im Gegensatz zu Benthams Theorie bestätigt darin Kants Ethik das Selbstverständnis des Handelnden.

Man hat Kants Position im Vergleich zur Erfolgsethik der Utilitaristen in abwertender Intention als Gesinnungsethik bezeichnet, weil, wie der Vorwurf lautet, den Konsequenzen und äußeren Umständen der Handlung keine Beachtung zukomme. Diese Interpretation wird Kant nicht gerecht, weil Gesinnung hier als ein bloß Innerliches mißverstanden ist. Auch die gewissenhafte Motivation muß die jeweiligen Umstände und zu erwartenden Folgen bedenken, und auch die Bemühung wird keineswegs geschenkt. Nicht die guten Vorsätze sind ausreichend, nicht das bloße Wünschen des Guten, sondern zum moralischen Handeln gehört „die Aufbietung aller Mittel, so weit sie in unserer Gewalt sind" (*Kant 1904: Bd. 4, 394*).

Kant geht weiters davon aus - was im Hinblick auf den Tierschutz bedeutsam ist -, dass der Begriff der Pflicht nur aus der Vernunft des Menschen abgeleitet werden kann. Nur ein Naturwesen, das zugleich Vernunftwesen ist, kann Pflichten haben und sie sowohl anerkennen als auch Pflichterfüllung von seinesgleichen einfordern. Daher gibt es Pflichten ausschließlich zwischen Menschen, nicht aber zwischen Mensch und Tier. Dieser Gedanke hat Kant von Seiten Schopenhauers den Vorwurf des Anthropozentrismus eingebracht. Auch dieser leicht zu entkräftende Einwand soll im Zusammenhang mit Kants Begründung des Tierschutzes aufgegriffen werden.

Worin besteht nun die Größe der kantischen Argumentation und welche Einwände werden gegen sie erhoben? Um das Resultat vorwegzunehmen: Kant gelingt zweierlei: das Nutzungsrecht des Menschen über das Tier moralisch zu rechtfertigen, und gleichzeitig eine Rücksichtnahme auf das Tier als sittliche Pflicht „in Ansehung des Tieres" aus der Vernunft abzuleiten. Er gebraucht eine für heutige Ohren altmodisch klingende Sprache, formuliert jedoch mit höchster Präzision, was uns zwingt, seine Worte beim Wort zu nehmen. Soferne sich in ihr eine zustimmungsfähige Beweisführung für den Tierschutz findet, soll seine Position eine etwas eingehendere Darstellung erfahren (vgl. meine ausführliche Interpretation in *Woschnak, 2003: 153-159*).

Um die kantische Argumentation nachzuvollziehen, muß sich die Analyse auf folgende Aspekte konzentrieren:

1. die prinzipielle Bezugnahme auf den Menschen und nicht das Tier,
2. die Unterscheidung zwischen direkten und indirekten Pflichten und
3. die eigenwillige Terminologie in der Wendung: „in Ansehung der Tiere".

Alle drei Punkte stehen in gedanklichem Zusammenhang und sollen näher expliziert werden.

Tieren gegenüber gibt es keine direkten Pflichten. Kant wählt den Ausdruck: „indirekte Pflichten in Ansehung der Tiere". Auch indirekte Pflichten sind Pflichten, wodurch der Handlungsspielraum des Menschen dem Tier gegenüber eingeengt wird. Obwohl Tiere unter dem Begriff „Sache" subsumiert werden, woraus sich die prinzipielle Verfügbarkeit des Menschen über das Tier ergibt, ist nicht jeder Umgang mit ihm moralisch legitimiert. Das Wort „Sache" markiert nicht den Unterschied zwischen Organischem und Anorganischem, sondern ist Ausdruck der Differenz von Zweck und Mittel: auch der instrumentalisierte Mensch wird zur Sache.

Konkrete Aussagen zum Tierschutz finden wir bei Kant im § 17 seines Werkes „Die Metaphysik der Sitten": „In Ansehung des lebenden, obgleich vernunftlosen Theils der Geschöpfe ist die [...] gewaltsame und zugleich grausame Behandlung der Thiere der Pflicht des Menschen gegen sich selbst [...] entgegengesetzt". (*Kant 1904: Bd. 6, 443*) Diese Formulierung bezieht sich expressis verbis auf eine Pflicht, Tiere zu schonen. Kant verweist auf das Mitgefühl mit dem Leiden anderer, das „im Menschen abgestumpft und dadurch eine der Moralität [...] sehr diensame natürliche Anlage geschwächt und nach und nach ausgetilgt wird". (*Kant 1904: Bd. 6, 443*) Dieses Mitempfinden mit anderen soll kultiviert, nicht abgetötet werden. Im Sinne dieser Überlegung ist die Kultivierung von Mitgefühl ein Hilfsmittel zur Moralität.

Auch wenn der Mensch das Tier rücksichtsvoll zu behandeln verpflichtet ist, gehören „ihre behende (ohne Qual verrichtete) Tödtung, oder auch ihre, nur nicht bis über Vermögen angestrengte Arbeit [...] unter die Befugnisse des Menschen".

Man darf Tiere (so schmerzfrei wie möglich) töten und als Arbeitstiere verwenden. Auch die Problematik der Tierexperimente wird erörtert: nicht das Tierexperiment als solches ist zu verabscheuen, wohl aber „martervolle physische Versuche zum bloßen Behuf der Speculation, wenn auch ohne sie der Zweck erreicht werden könnte". Tierversuche sind aus moralischer Sicht nicht grundsätzlich verboten, es soll ihnen jedoch eine differenzierte Zweckabwägung vorangehen, wie sie z.B. das gegenwärtige österreichische Tierversuchsgesetz vorsieht. Im Hinblick auf das sittliche Ethos des Menschen heißt es abschließend: „Selbst Dankbarkeit für lang geleistete Dienste eines alten Pferdes oder Hundes (gleich als ob sie Hausgenossen wären) gehört indirect zur Pflicht des Menschen, nämlich in Ansehung dieser Thiere, direct aber betrachtet ist sie immer nur Pflicht des Menschen gegen sich selbst." (*Kant 1904: Bd. 6, 443*)

Diese Textstellen rechtfertigen die moralisch vertretbare (erlaubte) wirtschaftliche und wissenschaftliche Nutzung der Tiere, die gleichzeitig durch Pflichten des Menschen in Ansehung der Tiere begrenzt wird. Kant leitet die Begründung des Tierschutzes aus einer Pflicht des Menschen gegen sich selbst ab, weil nur der Mensch (als vernünftiges Naturwesen) zu Pflichterfüllung fähig ist. Aus der Natur sind Pflichten nicht ableitbar, sondern nur aus der selbstgesetzgebenden Vernunft. Indirekte Pflichten in Ansehung der Tiere hingegen sind widerspruchsfrei denkbar und rekurrieren auf deren Empfindungsfähigkeit (Schmerz, Angst etc.). Direkte Pflichten dem Tier gegenüber konstituieren einen Rechtsstatus des Tieres, der in seiner handelnden Umsetzung Mensch und Tier überfordert. Wem Rechte zukommen, der hat auch Pflichten. Dieses Ansinnen ist Tieren nicht zuzumuten. Tiere unterstehen ausschließlich den Gesetzen der Natur, nicht auch solchen der Freiheit wie der Mensch. Die Symmetrie zwischen Pflichtsubjekt und Rechtssubjekt garantiert die Gerechtigkeit des Rechts. Daher sind Tierschutzgesetze zureichend, Rechte für Tiere dagegen ein Unding.

Tierschutz wird aus der Einsicht begründet, daß Grausamkeit den Menschen verroht. Tierquälerei macht ihn für Mitgefühl unempfänglich und stumpft ihn gegen das Leid anderer ab. Ein mutwilliges Quälen widerspricht der dem Menschen aufgegebenen Humanität. Grund der Verbindlichkeit von Tierschutzforderungen ist nach Kant jedoch nicht die Leidensfähigkeit der Tiere, sondern die Achtung vor dem Sittengesetz. Für Kant fällt mit dem Verlust an Rücksichtnahme auf abhängige Wesen auch die Selbstachtung und in weiterer Folge die Fähigkeit, etwas ohne Absicht auf Nutzen anerkennen zu können. Der Mensch büßt mit Verrohung und Abstumpfung seine Liebesfähigkeit ein.

Im Vergleich zur Position von Bentham zeigt sich: Kant behält über den Nutzen hinaus eine Dimension der Humanität im Blick, die durch Respekt und Wertschätzung auch ohne Verweis auf Nützlichkeit, Verwertbarkeit, Brauchbarkeit, Effektivität usw. gekennzeichnet ist.

Die Begründung des Tierschutzes als Pflicht des Menschen gegen sich selbst hat besonders Schopenhauers Spott herausgefordert. Er wirft Kant vor: nur zur moralischen Übung, um Verrohung und Abstumpfung zu unterbinden, werde Rücksicht auf Tiere genommen. In seiner Kritik hat er übersehen:

1. Übung und Ernstfall sind im sittlich motivierten Handeln nicht zu trennen. Man kann nicht probeweise, übungsweise moralisch sein.
2. Vom Effekt her ist es für die Tiere vollkommen belanglos, ob sie aus Übung zur Moralität oder um der Moralität selbst willen geschont werden.
3. Schopenhauer ignoriert im Unterschied zu Kant die Rückwirkung des Handelns auf den Handelnden: Gewohnheiten werden ausgebildet, die weitere Entscheidungsfälle präformieren. Im Begriff der Abstumpfung geht Kant auf diese unvermeidliche Wirkung ein, die Schopenhauer in ihrer Tiefendimension nicht wahrnimmt.

Abstumpfung und Verrohung, die Kant antizipiert, sind ebenso psychologisch wie moralphilosophisch relevant: jede böswillige Schädigung des anderen, auch eines Tieres, negiert zugleich das eigene Ethos.

Die ethische Position von Arthur Schopenhauer

In der Preisschrift über das Fundament der Moral, die Arthur Schopenhauer als Beitrag zu einer Ausschreibung der Dänischen Akademie der Wissenschaften im Jahr 1840 verfaßt hat, setzt er sich nicht nur intensiv mit Kants Moralphilosophie auseinander, sondern legt auch selbst einen Gegenentwurf vor. Hat Kant Moralität in der Vernunft des Menschen begründet, so sieht Schopenhauer im Unterschied dazu die Grundlage der Moral im Mitleid, d.h. in einem Gefühl, einer Empfindung.

Im Hinblick auf ethische Forderungen ist das Verhältnis von Mitleid und Pflicht entscheidend. Auch für Schopenhauer ist klar, Gefühle zu haben, kann nicht geboten werden. Empfindungen verspüren zu sollen, die man nicht hat, ist widersinnig: „Fühle den Schmerz!“, wenn man nichts wahrnimmt, „sei verliebt in mich!“, wenn man es nicht ist, sind sinnlose Imperative. Schopenhauer lehnt konsequenterweise Verpflichtungen und ein Sollen ab, Mitleid zu haben, kann nicht Pflicht sein.

Nach Schopenhauer ist Mitleid eine Naturanlage, die den Handelnden spontan in der jeweiligen Situation veranlaßt, Rücksicht auf andere Lebewesen zu nehmen. Da keine durchgängige Rücksichtnahme unter den Menschen herrscht, nimmt er drei Naturcharaktere an, die er der empirischen Erfahrung abliest:

- den egoistischen
- den boshaften und
- den mitleidenden Charakter.

Nur der Mitleidende vernimmt bei gegebenem Anlaß den Zuruf seiner Natur, dem anderen notleidenden Wesen entweder zu helfen oder es zu schonen und motiviert sich seinem Charakter entsprechend.

Daß der Zuruf als Appell vernommen wird, bewegt den Handelnden jedoch nicht durch einen Akt der Freiheit, sondern erfolgt aus seiner unverfügbaren Naturanlage. Schopenhauer erweist sich diesem Ansatz gemäß als strenger Determinist. Zwar fühlt sich der Mensch für sein Handeln verantwortlich, z.B. dafür, egoistisch oder gar boshaft gewesen zu sein. Das Gewissen mag zwar dem einzelnen ex eventu vorhalten, daß er gerade so entschieden hat, die Annahme aber, daß er prinzipiell gesehen die Wahl gehabt hätte, auch anders zu handeln, widerspricht jedoch Schopenhauers Konzeption: der Handelnde ist nur imstande zu bereuen, daß er keinen anderen Charakter und diesem entsprechend die jeweilige „Entscheidung“ getroffen hat. Appelle und Zurufe sind Teile eines Reiz-Reaktions-Schemas: der Mitleidende folgt ihnen mit Notwendigkeit, am Egoisten oder Boshaften prallen sie wirkungslos ab.

Der Naturcharakter ist keiner Umänderung zugänglich, der Charakter ist so gesehen unverbesserlich. Eine Empfänglichkeit für Mitleidsmotive kann weder durch Belehrung erlangt werden noch mit der Zeit entstehen, noch kann sich die Naturanlage von sich her ändern. Sie ist „angeboren, unveränderlich und nicht weiter erklärlich“ (*Schopenhauer 1979: 157)*. Erziehung bewirkt nach Schopenhauer nichts. Der Wille ist keinerlei Kultivierung fähig, und ein solcher Versuch ebenso aussichtslos wie eine Verwandlung von Blei in Gold (vgl. *Schopenhauer 1979: 153*). Man kann den Menschen durch List manipulieren, sein Wesen umgestalten kann man nicht. Schon ein spanisches Sprichwort weiß in seinem Sinne: „Das, was mit der Kindermütze hineinkommt, geht mit dem Leichentuche wieder heraus.“ Und auch in Goethes Reimen aus Faust I findet Schopenhauer seine Theorie bestätigt (*Goethe 1998: Bd. 3, Verse 1806-1809*):

Du bist am Ende - was du bist.
Setz´ dir Perücken auf von Millionen Locken,
Setz´ deinen Fuß auf ellenhohe Socken,
Du bleibst doch immer was du bist.

Es ist nicht weiter verwunderlich, daß seine Position im Fatalismus endet.

Der Freiheitsbegriff, den Schopenhauer zunächst im Anschluß an Kants Transzendentalphilosophie voraussetzt, hat keinerlei Relevanz für seine Ethik. Die charakterliche Naturanlage entscheidet, ob der einzelne in der entsprechenden Situation von Mitleid erfüllt wird und sich von ihm leiten läßt oder egoistisch oder sogar boshaft agiert. Obwohl Schopenhauer Freiheit unterstellt, hat der Mensch zuletzt keine Wahl. Nicht Prinzipien oder gar Imperative, wie z.B. Kants kategorischer Imperativ, finden beim Handelnden Gehör, sondern der bedauernswerte Zustand des anderen löst in ihm Mitleid aus, oder eben auch nicht!

Im Zentrum von Schopenhauers Ethik steht die Emotionalität. Sie hat nicht nur inhaltliche Konsequenzen für die Bestimmung des Mensch-Tier-Verhältnisses, sondern äußert sich bereits methodisch in der Vortragsweise seiner Ausführungen: anstatt seine Thesen zu begründen, kann er sie nur beschreiben; das verbindliche Sollen ersetzt er durch Zurufe und Appelle, denen der Handelnde entweder ohnehin nachkommt oder die ungehört verhallen; und statt Gegenpositionen beweiskräftig zu widerlegen, ergeht er sich in Diffamierungen, in Ausdrücken der Empörung und des Abscheus.

Seine emotionale Sprache wurde ihm zuletzt auch persönlich zum Schicksal durch den negativen Entscheid der Dänischen Akademie der Wissenschaften. Obwohl Schopenhauers Schrift der einzige eingereichte, und damit konkurrenzlose Beitrag war, wurde ihm der Preis verweigert. In der ablehnenden Begründung heißt es unter anderem: „Auch kann nicht verschwiegen werden, daß mehrere hervorragende Philosophen der Neuzeit so unziemlich erwähnt werden, daß es gerechten und schweren Anstoß erregt." (*Schopenhauer 1979: 175*)

Zusammenfassung: Konsequenzen für den Tierschutz

Haben die drei Philosophen die Begründung des Tierschutzes geleistet bzw. was ergibt sich aus ihren Positionen für die Mensch-Tier-Beziehung?

Benthams Forderung nach Maximierung des Nutzens führt dazu, daß Individuen im Sinne des Sprichworts: des einen Freud, des anderen Leid, benachteiligt werden. Wenn eine Mehrheit auf Kosten einer Minderheit oder eines einzelnen Vorteile erlangt, müssen letztere zurückstehen. Tierschutz wird methodisch gesehen zur Rechenaufgabe („moralische Arithmetik" [*Bentham 1833: 3*]) und für das einzelne Tier zur Glückssache. Geht das Kalkül zu seinen Gunsten aus, wird es geschützt, ist ein größerer Nutzen, ein Mehr an Glück für andere auf seine Kosten zu gewinnen, hat es Pech gehabt. Moralität wird an den Weltlauf verloren, sie hat keinen Bestand, weil das Glück selbst schwankend ist. Was heute nützlich erscheint, kann morgen ins Gegenteil ausschlagen. Moralität wird preisgegeben, wenn sie an das Erreichen des Zweckes, an den Erfolg, den der Mensch nicht in der Hand hat, geknüpft wird.

Bei Schopenhauer kommt es von anderen Voraussetzungen her zu einem ähnlichen Ergebnis. Die Moralität wird bei ihm in eine Naturanlage gesetzt, die gleichermaßen unverfügbar ist, nämlich abhängig davon, ob sie dem Betreffenden in die Wiege gelegt ist oder nicht. Hat der Mensch ein mitfühlendes Herz, wird er Leid zu verhindern suchen. Hilfeleistung und Schonung beruhen aber nicht auf Verdienst. Die Appelle bleiben ungehört, wenn eine egoistische oder boshafte Charakteranlage keine Empfänglichkeit für Mitgefühl besitzt. Schopenhauer lehnt es konsequenterweise ab, ein Sollen anzuerkennen. Ein Gebot kann den Menschen nicht bestimmen, sondern nur ein aktuell gegebener Affekt. Da Gefühle das

Handeln leiten, erfahren Vernunftforderungen kein Gehör. Eine in dieser Weise konzipierte ethische Position muß zuletzt in Fatalismus und Resignation enden. Tierschutz wird wie bei Bentham zur Glückssache (Schicksal). Er bleibt abhängig von der jeweiligen Gestimmtheit des Handelnden, vom Impuls der momentanen Situation. Für Schopenhauers Ethik läßt sich der Schluß ziehen: Wer das Prinzip moralischen Handelns in ein Gefühl (Mitleid) setzt, hat das Fundament der Moral auf Sand gebaut.

Ganz anders verhält es sich mit den Imperativen bei Kant. Er setzt die Moralität im Unterschied zu Bentham nicht in den Erfolg der Handlung, sondern in die Gesinnung. Sie tritt im Gegensatz zu Schopenhauers Gefühl nicht als naturgegebenes Mitleid auf, sondern als Pflicht zur Schonung der Tiere und steht somit jederzeit in der Gewalt des Handelnden (vgl. *Kant 1904: Bd. 4, 380*): „Du kannst, denn du sollst!" Die Formulierung von indirekten Pflichten berücksichtigt die Empfindungsfähigkeit der Tiere und bewahrt sie gleichermaßen vor der Überforderung als Rechtssubjekt. Achtung vor sich selbst nötigt den Menschen, seine Willkürfreiheit zu beschränken. Kant zeigt: das je eigene Gewissen verpflichtet um der Humanität willen zur Haltung der Zurückhaltung, die ihr Fundament in der Vernunft hat, nicht in einem sich verflüchtigenden, unverfügbaren Gefühl.

Literatur

Bentham, J. (1833): Principien der Gesezgebung, hrsg. v. E. Dumont, Köln.

Goethe, J. W. v. (1998): Faust I. Eine Tragödie. Der Tragödie erster Teil, in: Goethe Werke. Jubiläumsausgabe, hrsg. v. A. Schöne und W. Wiethölter, Frankfurt am Main und Leipzig, Bd. 3.

Kant, I. (1904 ff.): Grundlegung zur Metaphysik der Sitten, in: Gesammelte Schriften, hrsg. v. der Königlich-Preußischen Akademie der Wissenschaften, Berlin, Bd. 4.

Kant, I. (1904 ff.): Die Metaphysik der Sitten, in: Gesammelte Schriften, hrsg. v. der Königlich-Preußischen Akademie der Wissenschaften, Berlin, Bd. 6, Tugendlehre.

Platon (1977): Charmides, in: Werke in acht Bänden, übers. v. F. Schleiermacher, hrsg. v. G. Eigler, Darmstadt.

Schopenhauer, A. (1979): Preisschrift über die Grundlage der Moral, hrsg. v. H. Ebeling, Hamburg.

Woschnak, M. (2003): Immanuel Kants Beitrag zur Tierschutzethik, in: Zeitschrift für Rechtsphilosophie, Heft 2, Münster, S. 153-159.

Tierrechte: Irrational, extrem und gefährlich? Säkular-analytische Topographie aktueller Diskurse.

Erwin Lengauer und Eberhart Theuer

Das Ziel einer einführenden Analyse von theoretischen als auch angewandten Diskursen über Tierrechte aus säkular-analytischer Perspektive steht im Mittelpunkt dieser Arbeit. Diese Untersuchung soll damit vorrangig klarere und besser nachvollziehbare Argumentationsstrukturen von *säkularen* Tierrechtsdiskursen im Kontext der grundlegenden Frage nach dem normativen Status biologischer Entitäten bieten (*Singer 2009, Warren 1997, Wagner-Westerhausen 2008*) und nicht einen speziellen Tierrechtsansatz entwickeln. Es wird daher versucht die modernen Tierrechtsdebatten mit Argumenten einer konsequenten Säkularisierung in der Tradition des evolutionären Naturalismus zu verteidigen, vgl. *Forrest (2004), Schmidt-Salomon (2005), Dawkins (1993), Rachels (1993, 1999), Singer (2011, 1982), Bruce (2002, 2011), Gill (2010), Martin (2007), Antony (2007), Sinnott-Armstrong (2009) und Kurtz (2007).* Dabei sollen jedoch anhand einer zentralen Fragestellung in der Tierversuchsethik die praktischen Implikationen solcher Grundlagendebatten aufgezeigt werden. Die inzwischen hoch ausdifferenzierten Debatten um Tierrechte sind zu mindestens im englischsprachigen Raum weitgehend nur noch von ExpertInnen zu überblicken. Allein im Philosophers Index (http://www.philinfo.org) als international eindeutig wichtigste akademische Fachdatenbank finden sich je nach Suchmodus bis zu 800 Publikationen zum Begriff *Animal Rights* und amazon.com bietet allein zum Buchtitel *Animal Rights* über 560 Treffer. Im Zentrum der nachfolgenden Ausführungen stehen, wie gesagt, vorrangig die allgemeinen Grundlagen einer säkular-analytischen Theorie der Rechte und nicht die wiederholte Darstellung von den in der englischsprachigen Philosophie bereits etablierten Positionen von Tierrechten. Hiezu sei auf die bereits gut verfügbare Literatur verwiesen: *Armstrong (^{2}2008), DeGrazia (2002) Kaplan (2000), Lengauer (2004, 2009, 2010), Palmer (2008), Sunstein & Nussbaum (2004), Regan (1983, ^{2}2004), Regan & Singer (^{2}2009) Rowlands (^{2}2009), Wise (2011) , Wolf (2008)* und http://www.criticalanimalstudies.at.

Es wird jedoch aus der erwähnten Literatur nachfolgend sowohl eine allgemeine minimalistische Normentheorie als auch inhaltlich eine weitgehend moderate (vgl. *Warren 1983*) und abgestufte Version von Rechten für nichtmenschliche Tiere verteidigt. Die Kernelemente der hier verteidigten normentheoretischen These finden sich bei einem der bedeutendsten amerikanischen Rechtsphilosophen, J. Feinberg, in seinem seit 1974 viel zitierten Aufsatz „Die Rechte der Tiere und zukünftiger Generationen." (*Feinberg 2001: 141*) „Ein Recht haben, bedeutet *auf* etwas *gegenüber* irgend jemandem einen Anspruch haben, dessen Anerkennung entweder durch Gesetz oder, wie im Fall moralischer Rechte, durch die Prinzipien eines aufgeklärten Gewissens gefordert wird" (*Feinberg 2001:149*) und „Ohne Interessen kann es für ein Wesen keine Güter geben, deren Bewahrung oder Erlangung man ihm schulden würde". Zur säkularen Begründungsfunktion von Interessen sei hier vorweg nur auf *Özmen (1999), Hoerster (2003)* und insbesondere *Kuhse (1994, 1997)* verwiesen. Ergänzend zu den Theorien der Rechte noch etwas formaler der Rechtsphilosoph *Koller (2007: 86)* „Danach ist ein Recht, ganz allgemein genommen, eine normative Position ... Dessen ungeachtet ist jedoch allen Rechten eine bestimmte Form gemeinsam, die man als ihre elementare Grundstruktur bezeichnen kann. Jedes Recht, *gleichgültig* was es im Einzelnen bedeuten mag, hat die Form eines dreistelligen Relationsprädikats mit den folgenden variablen Komponenten: (1) dem Subjekt oder Inhaber, (2) den Adressaten und (3) dem Inhalt oder Gegenstand des Rechts."

Daher gibt es in der hier vertretenen Theorie der Rechte keine prinzipiellen Einwände, die sprachphilosophische Konvention (vgl. *Lewis 1975*), d.h. Normensätze, die Rechte postulieren, nur auf (potentielle) Eigenschaften bei Entitäten der Gattung Homo Sapiens Sapiens zu beschränken.

Mit einer breiten (alltagssprachlichen) Verwendung des Begriffs Recht wird es auch möglich, zentrale Teile von Peter Singers „Animal Liberation" als ein Recht *auf* Berücksichtigung von säkular fundamentalen Interessen, wie z. B. starkes Leiden, Schmerzen etc., zu verwenden. Vgl. *P. Singer (1994: 130)* „Ich bin nicht überzeugt davon, dass der Begriff eines moralischen Rechts hilfreich oder sinnvoll ist, außer man verwendet ihn als Kürzel, um auf fundamentalere moralische Erwägungen zu verweisen".

Eine Überlegung die sich bei den amerikanischen Rechtswissenschaftern und Animal Law Experten Wagman und Liebmann findet *(2011: 20)* „There is also debate about what constitutes a right for animals. Some commentators argue that the anti-cruelty laws that exist in many countries provide animals a right not to be treated cruelly, ...“

Die hier verwendete Typologisierung von begründeten normativen Ansprüchen als Tierrechte ist aber *nicht automatisch mit einem Recht auf Leben* gleich zusetzen, denn die speziesneutrale Tötungsproblematik ist gerade innerhalb einer säkularen Debatte um Tierrechte extra zu behandeln - vgl. *Ott (1999)*. Daher erfuhren bereits die Vorläufer von (ultra)-radikalen Tierrechtsthesen wie die des Rechtsphilosophen *G. Francione (2008, 1990)* mit „Introduction to Animal Rights: Your Child or the Dog?“ schon in der Frühphase der Tierrechtsdebatte massive Kritik (vgl. *Warren 1986, Singer 1979*).

Jedoch wird die insbesondere von tief religiösen Tierrechtsgegnern wie *W. Smith (2010)* oftmals vorgebrachte These - nachfolgend ausführlicher dargestellt -, dass nur den Mitgliedern der Spezies Mensch in *allen Entwicklungsstufen* durch deren *intrinsische / inhärente Würde* normative Unverfügbarkeit zukommt, als genialer scheinsäkularer Argumentationstrick betrachtet. Diese Tierrechtskritiken werden vorrangig zur Verteidigung einer absoluten Sonderstellung insbesondere der *Heiligkeit des menschlichen Lebens* eingesetzt. Weiters wird oftmals nicht mehr offen religiös / metaphysisch argumentiert (*Forest 2004*) „Thomism and hierarchical metaphysical systems generally have rejected the moral status of animals“, sondern es wird (wie z. B. *Rentsch 2008*) sogar noch - wie so oft bei religiösen Philosophen ohne Hinweis auf *Peter Singers (2002)* grundlegenden Sammelband „Unsanctifying Human Life“ - eine scheinsäkulare Heiligkeit des Lebens subtil verteidigt.

Der vorliegende Text versteht sich jedoch, wie oben bereits erwähnt, in der philosophischen Tradition eines säkular-analytischen Argumentierens (vgl. *Martinich 2001*). Eine Tradition, welche in ihrer frühen Phase durch Vertreter des Wiener Kreis (*Neurath / Carnap / Hahn 1929/1979*) mit „Sie machen sich mit Vertrauen an die Arbeit, den metaphysischen und theologischen Schutt der Jahrtausende aus dem Weg zu räumen“ ein berechtigtes und daher oftmals verwendetes Kernelement der analytischen Philosophie (vgl. *Borchers 1998: 11*) formuliert. In Zeiten einer scheinbar öffentlichen Dominanz von Thesen wie „Die Wiederkehr der Götter“ (*Graf 2007*) durch prominente Theologen, erscheint eine verstärkte Verteidigung säkularer Argumente sowohl aktuell als auch notwendig.

Insbesondere zur Überwindung der scheinbar „unantastbaren Heiligkeit des menschlichen Lebens“ ist der evolutionäre Naturalismus (*Sellars 1922, Slurink 1996*) in seiner modernen Lesart (z. B. *Forrest 2004, Kanitscheider 2003, 2007, Rachels 2002, Schmidt-Salomon 2005, Vollmer 1995*) für eine moderne Tierrechtsdebatte im Kontext eines „Expanding Circle“ (*Singer 2011*) als absolut grundlegend zu bezeichnen. Seine säkulare Relevanz im Begründungszusammenhang von Metaethik, Normativer Ethik und Angewandter Ethik (*Fieser 2000*) gilt es damit hier ausführlicher zu verteidigen.

Für den bedeutenden deutschsprachigen Ethiker und Jesuitenprofessor *F. Ricken (2003)* ein wohl von Beginn an zu scheiternder Versuch, da seine These „Warum Moral nicht naturalisiert werden kann" (*Ricken 2005*) in klarer Opposition zur hier vertretenen Position steht. Wie nachfolgend hoffentlich überzeugend dargelegt werden kann, stellen Thesen von „Moral und Ethik als nicht naturalisierbar" mehr oder weniger geschickte Strategien des scheinsäkularen Argumentierens dar.

Wie weit nun gibt es unter Bezugnahme auf *C. Darwin (2002)*, dem wohl wichtigsten Spiritus Rector eines „making of a philosophical naturalist" (*Hodge 2003: 17*) und sein evolutionäres Welt- und Menschenbild auch mögliche Argumente für die hier im Zentrum stehende Frage nach dem normativen Status von biologischen Entitäten? Nun findet man weitgehend übereinstimmend bei säkularen Philosophen (vgl. *Buskes 2008*) unter Hinweis auf *D. Dennett (1995)*, dass sich Darwins Evolutionstheorie zu einer Universalsäure entwickle, die sich praktisch durch jeden traditionellen Begriff fresse und eine revolutionierte Weltsicht hinterlasse (vgl. *Wuketits 2002, 2005a, 2005b*). Wie weit sich damit metaethische und normative Probleme der Tier- und Bioethik besser verstehen und behandeln lassen, wird nachfolgend versucht darzulegen.

Der hier behandelte tierethische Diskurs ist vorrangig eingebettet in die nicht nur in einer säkularen Bioethik heftig diskutierte Problemstellung des normativen Status von Tieren in Versuchen und deren teilweisen Ersatz durch humane embryonale Stammzellen (in der internationalen Fachliteratur abgekürzt - hESC). Ein Problembereich, welcher nicht nur für die Toxikologie und die Grundlagenforschung der biomedizinischen Fächer (*Schrattenholz 2007, Leist, 2008*) eine Herausforderung darstellt und im Zentrum europäischer Wissenschaftskongresse steht (vgl. ALTEX Supplement 08). Für manche prominente österreichische Bioethiker wie dem Moraltheologen und Priester Professor Virt (vgl. *Körtner 2008: 10*) stellt dieser Ersatz von Tierversuchen durch hESC nicht nur eine stark zu begrüßende wissenschaftliche Herausforderung zur Leidensvermeidung bei Tieren dar. Professor Virt weist zwar richtiger Weise auf den in einem EU-Papier geäußerten Hauptzweck der hESC-Forschung hin: dem des Ersatzes von Toxizitätsprüfungen an Stelle von Tierversuchen. Doch im nächsten Satz begründet er sein ethisches Verbot der hESC-Forschung mit der These, dass damit „embryonale Menschen" zerstört werden. Im Gegensatz zu solch religiösen Ansätzen wird hier als klarer bio- und tierethischer Bezugsrahmen in weiterer Folge das säkulare Konzept von Tierrechtsphilosophen wie Singer, Kuhse und deren prominente philosophische Diskurspartner, *Tooley (1972, 1998a, 1998b)* und *Parfit (1984)*, für den theoretischen Überbau verwendet. Wobei der nun in Princeton lehrende P. Singer weltweit nicht nur einer der prominentesten Ethiker ist (*Lüthe 2004*), sondern für seine vorrangig religiösen Kritiker (*Ruß 2000*) der umstrittenste und wortgewaltigste Vordenker einer sogenannten „Entheiligung menschlichen Lebens" (*Singer 2002*), was den Status des beginnenden menschlichen Lebens betrifft. Eine seiner grundlegenden Thesen, „Der Zusammenbruch der traditionellen Ethik" (*Singer 1998*), findet sich in „Expanding Circle" (*Singer 2011*). Ethische Überlegungen die bereits vorher zum Ausarbeiten wichtiger Verteidigungsschriften wie „Alle Tiere sind gleich" (*Singer 1974/1997*) und dem Gründungswerk der modernen Tierethik, „Animal Liberation" (*Singer 1975*), führten. Umfassendere evolutionstheoretische Untersuchungen im Kontext einer politischen Theorie mündeten in seiner säkularen Streitschrift „A Darwinian Left" (*Singer 1999*). Dieses Buch wurde sogleich vom tiefreligiösen Rezensenten (*Zaborowski 2000*) in der FAZ unter den bezeichnenden Titel „Evolution von Marx zu Darwin. Das Missing Link der Philosophie" mit scheinsäkularen „Argumenten" oder, wohl besser gesagt, Polemiken total verrissen.

Für den hier konkret vertretenen tierethischen Ansatz bildet *Singer (1978: 829)* mit „the only things of value are conscious experiences, thus, without consciousness, life would have no intrinsic value." die zentrale begründungstheoretische Prämisse zum Wert des Status biologischer Entitäten. Welche Relevanz diese Prämisse für die zentralen bio- und tierethischen Begriffe der Würde und des Personenstatus hat, wird nachfolgend noch näher ausgeführt.

Vorweg sei noch kurz auf eine der zentralen öffentlichen tierethischen Diskurse des Jahres 2008 hingewiesen. Es waren dies die Fragen von „Personenstatus" und Rechten von Menschenaffen. In Spanien gelang es im Parlament erstmals, zentrale Rechte von Menschenaffen in positives Recht zu setzen. Spanien stand jedoch nicht allein, sondern gemeinsam mit Österreich, durch dessen Rechtstreit um einen Sachwalter für den Wiener Schimpansen Hiasl, im Interesse der internationalen Medien zum Themenfeld Tierrechte (vgl. *Reuters 2008*, http://www.greatapeproject.org). Evolutionstheoretisch fundierte Argumente für „Primatenrechte" finden sich systematisch in den Werken zum Great Ape Projekt - GAP (*Cavalierie 1995, Sommer 1999, 2003, Tooley 1998a, 1998b*). Pointiert verwies R. Dawkins (1993) auf den nicht vorhandenen ontologischen „Gap in the Mind" bei „Menschen und anderen Tieren" (*Sommer*) und auf die evolutionäre Kontinuität der Entwicklung von Bewusstsein (*Balluch 2005*). Der prominente Bioethiker *J. Rachels* versuchte in „The Moral Implications of Darwinism" *(^{2}1999)* im Rahmen einer umfassenden Monographie darauf hin zu weisen.

Es kommen nachfolgend neben den vertiefenden Literaturhinweisen auch die großteils theologisch metaphysischen Kritiker des hier verteidigten Konzepts eines evolutionären Naturalismus als Grundlage säkularer Bioethik und Tierrechte ausführlich zu Wort. Ein vorrangiges Ziel in diesem Beitrag ist es jedenfalls, die verzweigten und großteils nur im angloamerikanischen Sprachraum ausführlicher behandelten Argumentationsmodelle des Zusammenhangs von Evolution, Naturalismus und säkularer Statusfrage der biologischen Entitäten in ihren Grundzügen klarer zu machen. Dabei sollen die zahlreichen Quellenangaben als zusätzliche Motivation dienen, leichter in die hoch ausdifferenzierten Subdiskurse einzusteigen. Einige dieser relevanten Argumentationsstrukturen gilt es herauszuarbeiten, jedoch hoffentlich nicht vorrangig um den von der analytischen Philosophie durchaus selbstkritisch eingestandenen möglichen „Preis der Penetranz und gar der Langeweile.“ (*Beckermann 2003: 4*). Die hier dargestellte philosophische Grundlagendebatte versucht jedoch nicht, sich abstrakt an einer ethischen Begriffsanalyse abzuarbeiten, die sich dem Stil einer elitären Philosophie für Professoren bedient.

Es soll gerade gezeigt werden, dass es sich bei den hier behandelten ethischen Sachverhalten nicht vorrangig um die Kontroverse einer abgehobenen philosophische Ethik versus reduktionistischer Biologie oder Evolutionstheorie handelt, sondern um eine enge argumentative Zusammenarbeit. Für die säkulare Variante der analytische Ethik gilt die nachfolgend dargestellte begründungstheoretische Einbettung in naturalistische Versionen der Ontologie, Epistemologie, Handlungstheorie, Philosophie der Biologie und der Philosophie des Geistes bei Menschen und anderen Tieren (vgl. *Düwell 2000: 25*). Ethik wird nicht nur in der analytischen Tradition, sondern allgemein im akademischen Diskurs als systematische Reflexion von „Präskriptiven Sätzen“ (*Düwell 2006: 36*) verstanden, sprich „Wert- und Normentheorien bilden den Kern der Ethik. Sie sind durch die Wert- und Normsätze charakterisiert, die in ihnen die Hauptrolle spielen.“ (*Düwell 2006: 36*). Wie diese präskriptiven Sätze durch die noch öfters erwähnte „Universalsäure Evolutionstheorie“ (vgl. *Dennett 1997: 80 ff.*) im hier vorgestellten Projekt von empiristischen „Naturalizing Norms“ (vgl. *Sturgeon 1998, Rachels 2002*) in konkreten ethischen Begründungsdiskursen relevant wird, wird nachfolgend ausführlicher behandelt.

Doch die weiteren Ausführungen beziehen sich nicht nur auf die in der analytischen Tradition vorherrschenden metaethischen Debatten von Begriffsanalyse, Kognitivismus und Ontologie (vgl. *Birnbacher 2003, Düwell 2006*). Ebenso wie viele öffentliche Ethikdebatten wird auch der akademische Ethikdiskurs von einer ganz konkreten basalen Fragestellung nach dem sogenannten moralischen Status und der damit oft verbundenen Unverfügbarkeit des - menschlichen - Lebens (vgl. *Körtner* ^{2}*2004, Ecclesia Catholica 2003*) bestimmt. Prominente Werke nicht nur der Bioethik, sondern bereits der Allgemeinen Ethik widmen sich über ganze Kapitel der „Selbstzwecklichkeit des Menschen als Prinzip der Moral“ (*Ricken 2003: 171 ff.*) im Stadium einer humanen Blastozyste. Tiere werden nicht einmal in einem Nebensatz thematisiert. Dies erinnert an die noch immer mehr als aktuelle Diagnose von *Albert Schweitzer (1996: 317)* „Wie die Hausfrau, die die Stube gescheuert hat, Sorge trägt, daß die Türe zu ist, damit ja der Hund nicht hereinkomme und das getane Werk durch die Spuren seiner Pfoten entstelle, also wachen die europäischen Denker darüber, daß ihnen keine Tiere in der Ethik herumlaufen. Was sie sich an Torheiten leisten, um die überlieferte Engherzigkeit aufrechtzuerhalten und auf ein Prinzip zu bringen, grenzt ans Unglaubliche“.

Bei all diesen moralischen Disputationen „handelt es sich um einen hochinfektiösen Gegenstand, den man nur mit Handschuhen und mit möglichst sterilen Instrumenten anfassen sollte." (*Luhmann 2003: 389*) wie der Soziologe und Jurist Luhmann etwas lakonisch anmerkt. Denn gerade bei diesen Fragestellungen des Lebensschutzes und der Tierrechte wird die normative Überlappung von Ethik und Recht, insbesondere natürlich im Strafrecht, deutlich sichtbar und findet hier als rechtsethische Reflexion seine Berücksichtigung. Dabei kann gerade im deutschsprachigen Diskurs nicht deutlich und oft genug betont werden, wie der scheinbar weltanschaulich neutrale Begriff *Würde* „herhalten muß, den normativen Konsequenzen eines stillschweigend vorausgesetzten religiösen Menschenbildes eine scheinbar säkulare Legitimation zu geben." (*Hoerster* ^{2}*1995: 121*) Doch nicht nur bei säkularen Rechtsphilosophen und Ethikern entsteht anscheinend der Wunsch nach argumentativer Offenlegung der weltanschaulich fundierten ethischen Prämissen, sondern auch religiöse Ethiker wie der evangelische Theologe Körtner wollen in ethischen Debatten „mehr christlichen Bekennermut. Dann wäre es möglich, offen über die Rolle von Religion in der Bioethik und Biopolitik einer säkularen Gesellschaft zu diskutieren" (*Körtner 2005*). Säkularismus wie im vorliegenden Fall bedient sich der These von „A Defense of Naturalism as a Defense of Secularism." (*Forrest 2004*), wobei sich das Konzept der Evolutionstheorie als „Die Universalsäure" (*Dennett 1997: 30ff.*) zu einem zeitgemäßen Evolutionären Naturalismus verbinden soll. Dennett setzt als Schüler von zwei der radikalsten naturalistischen Empiristen - Quine und Ryle - den Weg von „Demystifying Mind" (vgl. *Dahlbom 1997*) konsequent und elaboriert fort.

Quine (1985, 1995) gilt über die analytische Tradition hinaus (vgl. *Martinich 2001; Keil 2002*) als der bedeutendste amerikanische Philosoph der zweiten Hälfte des 20. Jahrhunderts. Ryle leistete mit seinem Werk „Der Begriff des Geistes" und der dort energisch dargelegten Kritik an der „Absurdität der offiziellen Lehre", bekannt als das „Dogma vom Gespenst in der Maschine" (*Ryle 1986: 13*), bereits 1949 ein Grundlagenwerk für die entstehende „Philosophy of Mind" (vgl. *Guttenplan 2004*). Die damit verbundene naturalisierte Ethik als „Empiristischer Vorstoß ins Normative" (*Stegmüller 1989*) sieht sich den Arbeiten von Mackie und Hoerster verpflichtet. Mackies metaethische Position gilt als eine der meistzitierten. Sie klingt vorderhand übertrieben, wenn nicht absurd, mit der Formulierung „Es gibt keine objektiven Werte. Das ist die ungeschminkte Aussage dieses Kapitels" *Mackie (2000: 11)*. Doch wenn man sich als Ergänzung die prägnant definierten Kriterien für Objektivität in den Worten des Rechtsphilosophen B. Leiter zu Gemüte führt, versteht man die Richtigkeit der Position Mackies. „Metaphysical Objectivity. An entity (or a class of entities) is metaphysical objective if its existence and character is independent of the human mind. This ‚independence requirements' is central to metaphysical objectivity" (*Leiter* ^{2}*2004: 970*)

Bevor sich die Untersuchung jedoch weiteren damit verbunden Begründungsfragen der Ethik zuwendet, zurück zu allgemein philosophischen Debatten am Beginn des 20. Jahrhunderts. Chronologisch betrachtet stehen zwar mit wenigen Ausnahmen in der vorliegenden Arbeit die philosophischen und ethischen Ansätze der zweiten Hälfte des 20. Jahrhunderts im Mittelpunkt. Doch gleich zu dessen Beginn lassen sich mehrere wichtige Erkenntnisse lokalisieren, welche für die Herausbildung einer säkularen Ethik grundlegend sind.

Die im 19. Jahrhundert stattfindenden Evolutionsdebatten (vgl. *Engels 1995*) rund um Darwins Evolutionstheorie wurden zunehmend auch in der etablierten akademischen Philosophie rezipiert. Der klassische Aufsatz *Dewey*s „Der Einfluss des Darwinismus auf die Philosophie" *(2003: 31-43)* von 1909 steht für eine verstärkt positive Aufnahme des Darwinismus in der akademischen Philosophie insbesondere dem amerikanischen Pragmatismus. Spätestens ab dem 20. Jahrhundert war vielleicht eine der wichtigsten Voraussetzungen zur Entwicklung moderner Evolutionstheorien - die Ausdehnung des Erdzeitalters auf Hunderte von Millionen Jahren - sowohl unter Naturwissenschaftern wie unter säkularen Philosophen - Common Sense geworden. Noch im 18. Jahrhundert schätzte man es auf nur einige Tausend Jahre (vgl. *Engels 1995: 122, Repcheck 2007*). Weiters lösten die Begriffe des Naturalismus (vgl. *Ryder 1994*) und des Physikalismus zunehmend den im 19. Jahrhundert noch vorherrschenden Begriff eines eher noch mechanistischen Materialismus ab. Zu erwähnen ist jedoch, dass einige der bedeutendsten Vertreter der analytischen Philosophen gerade in Anerkennung der Leistung der intellektuellen Vorfahren diesen Begriff bewusst weiter verwenden. Der Hinweis auf die historische Kontinuität des oftmals klareren Begriffs Materialismus soll diesen gerade auch für die Gegenwartsdebatten als höchst aktuell ausweisen. Mit den Werken von *Bunge (2004)*, *Mahner (2007)* und *Kanitscheider (2007)* liegen in deutscher Sprache aktuelle und gut lesbare Einführungen hiezu vor. Die modernen und nunmehr bereits klassischen Texte der zweiten Hälfte des 20. Jahrhunderts von Armstrong, Fodor, Smart, Kim, Churchland, Dennett usw. bilden neu editiert und jeweils mit einem Postscript versehen (*Moser 2003*) ein Unikat analytischer Philosophie.

Höchste Relevanz gerade auch für die Gegenwartsdiskurse - und nicht nur wissenschaftshistorisch von Belang - ist jedoch auch, dass im Jahr 1922 der Philosoph R. W. Sellars (vgl. *Sellars 1922*) die Konzepte „Naturalismus" und „Evolution" zum philosophischen Arbeitsprogramm eines Evolutionären Naturalismus verknüpfte. Der Inhalt dieses „leider nur wenig beachteten Werks" (*Vollmer*) stand nur selten im Fokus größerer Untersuchungen (vgl. *Slurink 1996*). Doch wie selbstverständlich gilt seither für Naturalisten die These: „Mit Ausnahmen einiger stabiler Elementarteilchen scheinen alle Systeme des Universums zeitabhängig zu sein". (*Kanitscheider 2007: 69*). Dieser Argumentationsteil dient als Prämisse eines sogenannten faktischen oder deskriptiven Naturalismus in einer Funktion als Hypothese über die Natur. Hier gilt es, die mustergültige Definition von *Beckermann*: „Ein Argument ist eine Folge von Aussagesätzen, mit denen der Anspruch verbunden ist, daß ein Teil dieser Sätze (die Prämissen) einen Satz der Folge (die Konklusion) in dem Sinne stützen, daß es rational ist, die Konklusion für wahr zu halten, falls die Prämissen wahr sind." *(2003: 4)*. Die damit verbundene Prämisse, wie die im vorliegenden Sachverhalt eines evolutionären Naturalismus, ist die der Verteidigung eines Physikalismus. Und genau die Verurteilung dieses modernen Physikalismus stellt Kardinal Schönborn in den Mittelpunkt seines Vorwortes. Er beginnt dies mit einem prägnanten Zitat von 5 (!) Seiten einer schon veröffentlichten Papstrede „Die durch das christliche Denken vollzogene Trennung von Physik und Metaphysik wird immer mehr zurückgenommen. Alles soll wieder Physik werden ... Immer mehr hat sich die Evolutionstheorie als der Weg herauskristallisiert, um Metaphysik endlich verschwinden, die ‚Hypothese Gott' (*Laplace*) überflüssig werden zu lassen." (*Horn 2007: 17*) Schlussendlich führt dies laut Schönborns Schöpfungsbuch zu einem „materialistischen Glaubensbekenntnis ... Auch mein Geist ist nur ein Produkt der Materie" *(2007: 31).*

Spaemann als einer der prominentesten christlichen Philosophen Deutschlands benennt bereits in der Evolutionsdebatte der 1980er Jahren, das zentrale religiöse Problem einer solch naturalistischen Weltdeutung: „Es ist klar, daß auf dem Hintergrund dieser Sicht die christliche Lehre von der unmittelbaren Erschaffung der Einzelseele durch Gott zu einem seltsamen mirakulösen Fremdkörper wird." *(1986:3).* Solche Konzepte des Naturalismus dominieren nicht nur die im öffentlichen Rampenlicht stehenden und oftmals als reduktionistisch gescholtenen Biowissenschaften, sondern diese dienen gerade auch der analytischen Philosophie des Geistes als erfolgreichstes Erklärungskonzept. Diese Entwürfe bilden seit einigen Jahrzehnten eine fundamentale „Herausforderung" (vgl. *Quitterer 1999*) für jedes religiös-metaphysische Menschenbild und dessen frühen normativen Schutz.

Der evolutionäre Naturalismus als Tierrechtskonzept bestreitet fundamental die Existenz eines solch ethisch absolut gesetzten „ontologischen Sprungs von Menschen zu anderen nichtmenschlichen Tieren", wie ihn Papst Johannes Paul II in seiner Botschaft „Christliches Menschenbild und moderne Evolutionstheorien" behauptet (*Woytala 1996*). Klar zeigt auch der Moraltheologe und Bischof Laun im Rahmen seiner Evolutionskritik ein prägnantes Beispiel der ethischen Implikationen auf: „Der menschen-ähnlichste Menschenaffe ist, genau genommen, ähnlicher der Kaulquappe oder einer Amöbe als dem Menschen" denn „Keine Gemeinsamkeit und keine Ähnlichkeit im Bereich des Leibes können diesen Graben zwischen Mensch und Tier sozusagen zuschütten" (*Laun 1996: 11*).

Aktueller und bei scheinbar weltanschaulich neutraleren Personen wie dem Wiener Professor für Innere Medizin, J. Bonnelli, findet sich Ähnliches: „Laut den meisten Evolutionsbiologen ist der Affe mit zunehmender Größe seines Gehirns allmählich zum Menschen geworden. Der Geist ist dann nur mehr Produkt chemischer Prozesse im Gehirn. Wenn der erste Mensch Ergebnis der Kopulation eines Affenpaares wäre, könnte heute jede schwangere Affenmutter möglicherweise gerade ein menschliches Baby austragen." (*Beig 2007*). Bonelli zieht daraus die Konsequenz, Evolutionstheorie und Schöpfungslehre nicht verbinden zu können.

Im Gegensatz hiezu soll hier gezeigt werden, dass für die Evolutionstheorie als „Die Universalsäure" (*Dennett 1997: 80ff.*) argumentiert werden kann, die ein säkular naturalistisches Welt- und Menschenbild die oftmals noch vorherrschende traditionelle abendländische Ethik mit ihrer Kritik der Heiligkeit des menschlichen Lebens (vgl. *Singer 1998, Kuhse 1994*) fundamental in Frage stellt. Trotz der vorgebrachten prinzipiellen angedeuteten Kurzkritik könnte man beim vorliegenden Artikel allerdings teilweise von säkularen Lobpreisungen theologischer Philosophie sprechen. Diese Lobpreisungen richten sich einerseits auf die kenntnisreiche und differenzierte Naturalismuskritik z. B. des Jesuiten *Rungaldier* (vgl. *1996*) oder des Philosophen und Priesters *Honnefelder* (^{2}*1999)*, anderseits auf die nur noch selten anzutreffende begründungstheoretische Ehrlichkeit bei offenen religiösen Denkern wie bei Laun, Spaemann, Seiffert. Als eine der fundamentalen Fragen ist zu untersuchen, wie weit die Evolutionstheorie ausschließlich einen säkular verwendeten evolutionären Naturalismus stützt oder doch noch einen argumentativen Freiraum für einen religiös-metaphysischen Supranaturalismus (vgl. *Pennock 2001*) offen lässt. Der Rechtswissenschafter und Vordenker der Intelligent Design Debatte *Johnson (1995, 2000)* definiert sein Ziel mit „to make naturalism the center focus of discussion" (*Forrest 2005: 10*). Nun gelten wohl die klassischen Thesen des Supranaturalismus wie die Existenz eines Schöpfergottes als weitgehend konstitutiv für die Theologie. Doch findet sich dieses „Wunder des Theismus" (*Mackie 2002*) nach Meinung vieler Theologen und religiöser Philosophen gerade durch die naturalistische Lesart der Evolutionstheorie fundamental herausgefordert. *Dawkins' (1987)* These „Auch wenn der Atheismus vor Darwin logisch haltbar war, so ermöglichte Darwin es dem Atheisten, auch intellektuell zufrieden zu sein" bildet zumindest in akademischen Debatten den Ausgangspunkt weiterer Untersuchungen. Die hier nicht weiter ausgeführte Debatte zum Verhältnis von Evolution, Naturalismus und Atheismus finden sich in *Dennett (2007)* und allgemeiner in *Smart (2004).*

Moderne säkulare Begründungsdiskurse versuchen durch metaethische Analysen, die mit der jeweiligen normativen Position verbundenen weltanschaulichen Voraussetzungen oder, analytischer formuliert, „Ontological Commitments" (*Sturgeon 1998: 112-117*) herauszuarbeiten und offen zu legen. Keine besondere Berücksichtigung zu Fragen der Ontologie finden die supranaturalistischen Versionen phänomenologischer Ethik. Wie weit seit der klassischen und fundamentalen Kritik an Heideggers metaphysischen Sätzen wie „Das Nichts selbst nichtet" durch Carnaps bereits 1932 erschienene Überwindung der Metaphysik durch logische Analyse der Sprache (*Carnap 2005: 81-109*) die Phänomenologie im Einzelnen für die vorliegende säkulare Untersuchung Aktualität besitzt, bedürfte eigenständiger Untersuchungen. Doch sowohl Heidegger, wie auch sein gewichtiger hermeneutischer Mitstreiter Gadamer und wohl der größte Teil der gegenwärtigen Phänomenologen dürften durch die Diagnose Hans Alberts - diese „Auffassung verkörpert in besonders eindrucksvoller Weise den Antinaturalismus der deutschen philosophischen Tradition, ... Wir haben in ihr gewissermaßen eine neue deutsche Version des deutschen Idealismus Hegelscher Provenienz vor uns, ein Idealismus in hermeneutischer Maskerade." (*Albert 1994, 3*) - prägnant charakterisiert sein.

Der Hermeneutiker und Heidegger-Spezialist *Figal (2003)* liefert hiezu wohl eine passende Passage: „Man muß sich nur an Heideggers Gedanken erinnern, dem zufolge die - wachsende Fülle - des geschichtlichen Geistes eine Annäherung an den absoluten Geist Gottes bedeuten soll". Dass bereits das klassische Werk Hegels aus säkularer Perspektive keine all zu große Sympathie erwarten kann, zeigte *Topitsch (^{2}1981)* in seiner bereits klassischen Untersuchung, welcher er Hegels Spruch voranstellt: „Denn auch die Philosophie hat keinen anderen Gegenstand als Gott, und ist so wesentlich rationelle Theologie, und als im Dienste der Wahrheit fortdauernder Gottesdienst." Eine selten klare Textstelle, welche wohl nicht umsonst vorrangig von Kritikern Hegels vorgebracht und anderseits von den scheinbar erstarkenden Neo-Hegelianern so weit wie möglich verschwiegen wird. Verteidigt wird hier ja gerade, wie schon oben angedeutet, ein von Carnap, seinem Schüler Quine und anderen führenden analytischen Philosophen wie Armstrong, Smart, Tooley, Shoemaker weiter ausgearbeiteter ontologischer Naturalismus, übersichtlich dargestellt in zahlreichen Artikeln bei *Craig (1998)*, *Kim (2003)* und *Moser (1995)*. Die fundamentalen ethischen Implikationen des ontologischen Naturalismus bei Begründungsversuchen von Wert- und Normensätzen bzw. präskriptiven Sätzen finden sich einerseits in der Verteidigung eines sogenannten nonkognitivistischen Naturalismus (*Czaniera 2000*), welcher nachfolgend noch detailliert erklärt wird. Andererseits dient der Naturalismus als Grundlage für den in der analytischen Ethik dominierenden säkular empiristischen Personenbegriff mit Hilfe der Konzeption des personalen Selbst durch biophysikalische Ereignisphasen. Mögliche analytische Anknüpfungspunkte finden sich aber auch in Ansätzen der französischen Moderne wie beim atheistischen Materialismus im Werk von Camus und Sartre (vgl. *Kampits 2004, 33*). Nach Meinung *Hillary Putnams (1997: 82)* - welcher persönlich inzwischen von der Position eines materialistischen Atheismus zum Judentum konvertiert ist - steht der Begriff eines ontologischen Naturalismus wie bereits anfangs erwähnt, in seiner grundlegenden Konzeption sowohl für die Position des moderneren Physikalismus wie auch des modernen Materialismus (vgl. *Bunge & Mahner 2004, Moser 1985*). Dicsc ontologischen Prämissen stellen sowohl in den angloamerikanischen als auch in den säkularen Traditionen der französischen Gegenwartsphilosophie das vorherrschende gemeinsame Kernelement zweier scheinbar gegensätzlicher intellektueller Traditionen dar (*Putnam 1997: 82*). Der Begriff des Naturalismus steht hier nun nicht vorrangig für die Anwendung in der Epistemologie, sondern in der Ontologie. Eine wichtige Unterscheidung, wie *Armstrong (2005: 19)* darlegt: „Dieser Ausdruck, der häufig einen epistemologischen Beigeschmack hat, wird hier für eine ontologische Lehrmeinung in Anspruch genommen. Hier geht es um die Frage, ob die Welt, d.h. die Gesamtheit aller Entitäten, das raumzeitliche System und nicht mehr ist". Eine Unterscheidung die zumindest nicht bis zum FAZ-Feuilleton durchgedrungen sein dürfte, wenn der Postmodernist *Dath (2005)* schreibt „Smart, Place und Armstrong sahen im Materialismus gerade keine Kategorie der Metaphysik und Ontologie ..."

Die zentrale Frage der analytischen Ontologie findet sich bereits 1948 im Titel des als paradigmatisch zu bezeichnenden Aufsatzes von Quine „On what there is?" (*Kim 2003: 4-12*). Für den Großteil der analytischen Philosophen dominiert gemeinsam neben Armstrongs Naturalismus die Version von Quines schlichter und doch radikaler Ontologie der Sparsamkeit ohne supranaturale Entitäten: „Die Welt ist ein Gefüge verschwindend kleiner Zuckungen im Raume" (*Quine 1995: 151*). Quine erläutert seine Ontologie noch mit „Mikrophysikalischen Elementarereignissen, die durch die eine oder andere von nur drei oder vier Kräften miteinander verbunden sind." (*Quine 1995: 151*) Neben den schon erwähnten Arbeiten von Dennett ist es der Philosoph Ruse, der in seinen Werken die Herausforderung eines evolutionären Naturalismus für religiöse Ethik betont: „The fact that we are the contingent end-products of a natural process of evolution, rather than the special creation of a good God, in his own image, has to be just about the most profound thing we humans have discovered about ourselves" (*Ruse ^{2}1998: 3*). Die Positionen einer apriori unverfügbaren Sonderstellung des Menschen in allen Entwicklungsstufen gegenüber anderen nichtmenschlichen Tieren wird spätestens seit 1970 in der Ethik als unzulässiger Speziesismus heftig kritisiert (*Singer 2009, 1994, 2002; Lengauer 2004*).

Worin liegt nun jedoch die spezielle Relevanz und Herausforderung evolutionär naturalistischer Ansätze in der Metaethik bzw. allgemeinen Ethik? Die Diagnose von *Tugendhat (2005: 204)* dass „Moral ... sich nur evolutionär ergeben haben kann, es sei denn, wir hätten sie von anderswoher, von Gott? Ist das nicht die einzig verständliche Alternative? In der Vorstellung, Moral gehöre uns wesentlich zu, lasse sich aber nicht naturalistisch verstehen, liegen also wohl immer noch, wie schon bei Kant, uneingestandene theologische Voraussetzungen" ist aus säkularer Sicht nur zu unterstreichen. In den deutschsprachigen Debatten wird die moderne analytische Metaethik erst allmählich stärker rezipiert, welche sich nicht mehr nur auf die klassische Sprachanalyse von ethischen Begriffen beschränkt. Die neueren metaethischen Begründungsdiskurse stellen die Frage nach dem ontologischen und kognitiven Status von Werten und Normen ins Zentrum. Sie bilden damit für manche analytische Philosophen die „metaethische Gottesfrage", insbesondere durch die damit zusammenhängenden Probleme der Möglichkeit kognitivistischer Ethik. Das diskutierte Spektrum an metaethischen Positionen reicht von idealistisch apriorischer Kognitivität eines ethischen Objektivismus über intersubjektivierbare Semikognitivität und Nonkognitivität bis hin zu radikalem moralischem Nihilismus.

Die nachfolgenden zwei Referenztexte versuchen die Implikationen von Naturalisierungen zu präzisieren. Sowohl in *Becker* „Ethical naturalisms is part of the broader program of metaphysical naturalism, which subscribes to the world view presupposed by the descreptive/explanatory conceptual system of modern empirical science“ *(2001: 1212)* wie auch in *Sturgeon* „Ethical naturalism is the project of fitting an account of ethics into a naturalistic worldview“ *(1998)* sind sich beide Verfasser über den engen Zusammenhang eines ethischen und ontologischen Naturalismus einig. Gerade die Analyse von *Crisp (1998)* zeigt jedoch auch die mögliche Bandbreite des ethischen Naturalismus: „It includes nihilistic theories, which see no place for real values and no successful role for ethical thought in a purely natural world. The term ‚naturalism‘ is often used more narrowly, however, to refer to cognitivist naturalism, which holds that ethical facts are simply natural facts and that ethical thought succeeds in discovering them.“

Doch nun zurück zu der im Zentrum der nachfolgenden Ausführungen stehenden Frage des Status von biologischen Entitäten. Diese Frage verbindet sich hier im Aufzeigen der zentralen Bedeutung einer naturalistischen Ethik für Begründungskonzepte im Kontext der Bestimmung des normativen Status biologischer Entitäten. Insbesondere die oftmals verdeckten Strategien der Immunisierung der scheinbar weltanschaulich neutralen Verwendung des Begriffs der unverfügbaren Würde (vgl. *Wetz 2005*) und dem des Personenstatus sollen etwas transparenter werden. *Peter Singers (1997: 28)* scharfe Kritik „Die Rede von intrinsischer Würde oder moralischem Wert verschiebt das Problem nur auf eine andere Ebene. Schöne Phrasen sind die letzte Zuflucht von Leuten, denen die Argumente ausgegangen sind.“ erscheint zu radikal. Doch eine säkulare Normentheorie unterstützt dies durch die Analyse von *Hoerster (2002: 18)* „Das Menschenwürdeprinzip bietet für sich genommen gar keinen Maßstab mehr für legitimes Verhalten, sondern setzt für seine Anwendung ein normatives Werturteil darüber, was legitim ist, bereits voraus.“

Die Konzepte und Begrifflichkeiten sowohl einer analytischen Ethik als auch einer säkularen Biopolitik finden sich in den deutschsprachigen Fachdiskursen nur als Minderheitspositionen. Immerhin findet sich der Begriff einer analytischen Rechtstheorie in den wichtigen Grundlagenwerken von *Kaufmann (2004)* und Naucke, ist dort richtigerweise als „einer metaphysisch interessierten Rechtsphilosophie ausdrücklich entgegengesetzt“ (*Naucke 2005, 102*) dargestellt und enthält den Verweis auf deren wichtigsten Vertreter in der Person von Norbert Hoerster im deutschsprachigen und im englischsprachigen Raum. *Hoerster (1982)* verwendet den Begriff Rechtsethik als Teildiskurs des umfassenderen Begriffs Rechtstheorie bzw. Rechtsphilosophie.

Für weitere begründungstheoretische Bezugspunkte dienen hier zentrale Aspekte von Hoerster und anderen bedeutenden analytischen Philosophen wie *Wright (1994)*, *Weinberger (1981, 1996)* und *Kelsen (1979)* sowie von deren entschiedendsten religiös-metaphysischen Gegnern wie *Spaemann (2002)*, *Seiffert (2003)*, *Rhonheimer (2004)*.

Für die Erarbeitung der für eine analytische Ethik zentralen bioethischen Begriffe bildet eine trialistische Methodologie aus Deskription - Evaluation/Wertungen - Normen die erweiterte Struktur zur Behandlung des dichotomen Sein-Sollen-Problems (*Pfordten 1993*). Säkular analytische Ansätze finden ihre prägnante Zusammenfassung in einem prominenten Aufsatz von *S. F. Sapontzis (1990)*. Es werden vorweg als Hintergrundannahmen die zwei Prämissen von Sapontzis dargestellt, welche hier im Text in leicht erweiterter Form verteidigt und am Beispiel des normativen Status biologischer Entitäten seine rechtsethische Anwendung finden. „1.) Subjective proposition - The existence of valuers is a necessary condition for things having value. 2.) Secular proposition - There is no omniscient valuer whose evaluations establish the true value of everything" (*Sapontzis 1990: 27*).

Bevor ich zur Konklusion komme, gilt es, kurz das Problem von Werten, Präferenzen und Interessen darzulegen. In einer naturalistischen Ontologie der Werte „gibt es keine Werte an sich. [...] Werte existieren vielmehr nur dort, wo es Organismen gibt, die bestimmte Dinge, Zustände oder Prozesse bewerten" (*Bunge & Mahner 2004: 173*). Oder nüchtern in den Worten Kanitscheiders formuliert „Werte ethischer oder ästhetischer Art können aus naturalistischer Sicht nur eine mentale Existenz besitzen. Sie sind dann eben strukturell im limbischen System eines bewussten Tieres oder Menschen verankert." Gerade auch bei einer analytischen Kantianerin wie Annemarie Pieper steht diese Frage im Zentrum: „Etwas hat Wert, weil wir es schätzen. Es gibt keinen apriori feststehenden, von unseren Bedürfnissen und Interessen unabhängigen Wert. [...] Einen aus sich selbst existierenden Wertekosmos gibt es ebenso wenig wie einen göttlichen Werturheber" (*Pieper 1991: 11*).

Die dominierende Position der analytischen Ethik findet sich nun bei Ott: „Es ist sinnvoll, Werte als Präferenzen (Vorlieben) einzuführen. [...] Präferenzen sind etwas im Bewusstsein auftretendes" (*Ott ^{2}2005: 38*). Der Begriff der Präferenzen stellt einen hoch differenzierten Forschungsbereich dar und wird weitgehend synonym mit dem gebräuchlicheren Begriff der Interessen verwendet (vgl. *Fehige 1998*). Diese bilden für viele säkulare Ethiker das empirische Brückenprinzip vom Sein zum Sollen (vgl. *Ruß 2002*), wie Kuhse erläutert: „Ich gehe von der Voraussetzung aus, daß Interessen die Bausteine der Moral sind und daß ein Wesen moralische Achtung verdient, wenn es Interessen hat" (*Kuhse 1997: 230*) und *Hoerster (2003)* in „Ethik und Interesse" ausführlich begründet. Hoersters Konklusion zum Abschluss lautet: „Ein Interesse aber, das es zu keinem Zeitpunkt gibt, kann auch zu keinem Zeitpunkt verletzt werden." (*Hoerster 1990, 255*).

Ein weiteres zentrales Begründungselement für eine säkulare Statusdebatte findet sich bereits bei Hoerster mit der Aussage: „Eine metaphysische Begründung der Ethik vollzieht nicht bloß eine überflüssige Transformation des Ethischen in eine zweite postulierte Wirklichkeit; sie verdunkelt den unbestreitbaren Bezug ethischer Urteile auf jene (empirische) Wirklichkeit, die wir alle anerkennen“ (*Hoerster 1972, 122*). Ähnlich äußert sich Wright - der Begründer der deontischen Logik - in einem der differenziertesten Artikel zum Sein-Sollen Problem mit der klaren Diagnose: „Ich halte es für eine schädliche Tendenz zu versuchen, das Sollen und Dürfen der Normen aus dem Reich der kontingenten Fakten der Welt in ein nicht-naturalistisches Reich zeitloser Wahrheiten zu verlagern.“ (*Wright 1994, 43*). Daran anschließend findet sich sowohl bei *Wright (1994, 26)* als auch bei Hoerster der Hinweis auf die zentrale begründungstheoretische Relevanz des Nonkognitivismus. Hoerster charakterisiert dies folgendermaßen „Die ethischen Positionen, die die prinzipielle Erkennbarkeit von vorpositiven Normen zum Inhalt haben und insofern normative Erkenntnis für möglich halten, bezeichnet man häufig als kognitivistisch, ihre Ablehnung als nonkognitivistisch.“ (*Hoerster 2003: 71*). Ota Weinberger, welcher neben Wright als einer der bedeutendsten Normenlogiker des 20. Jahrhunderts gilt, argumentiert an Schärfe noch deutlicher, denn nach ihm gibt es „kein apriori gültiges Reservoir von Werten und Sollgrundsätzen inhaltlicher Art. Es gibt also keine praktische Erkenntnis als kognitiven Weg zum Erfassen objektiv (und apriori) gültiger Werte und normativer Prinzipien.“ (*Weinberger 1996: 84*).

Solche apriorischen und damit vorpositiven Werte und Sollenskriterien hätten den Status normativer Letztbegründung, während gerade diese nach Hoerster nicht existieren, wie sein Resümee in Rechtsethik ohne Metaphysik zeigt: „dass es keine normativen Aussagen (Sollensaussagen) gibt, für die sich der Status einer synthetischen Erkenntnis apriori und somit Objektivität beanspruchen lässt.“ (*Hoerster 1982: 716*). Eine These, die wohl nicht nur für die Mehrzahl der in der kantischen Transzendentalphilosophie stehenden Denker eine ungeheuerliche Provokation darstellt. Gerade auch bei bedeutenden Kantianern der Gegenwart, wie z. B. *Höffe (2004)*, findet sich das Argument für die fundamentale Notwendigkeit eines synthetischen apriori der Ethik wie der apriori existierenden Würde von humanen Embryonen. Doch hier sollte immer wieder die klare Diagnose von Tugendhat in Erinnerung gerufen werden: „Kants Begriff eines synthetischen Apriori ist ein, wie man heute erkennen muß, mißglückter Versuch der Säkularisierung von Transzendenz im religiösen Sinn“ (*Tugendhat 1998: 4*). Eine Konklusion, die Hans Kelsen als einer der bedeutendsten Rechtstheoretiker des 20. Jahrhunderts in seinem nach der Reinen Rechtslehre zweiten klassischen Werk, der Allgemeinen Theorie der Normen, bestätigt: „Der theologische Hintergrund des Begriffs der praktischen Vernunft, die Vorstellung, daß die praktische Vernunft als der moralische Gesetzgeber die göttliche Vernunft im Menschen ist [...] wird bei Kant durch das von ihm postulierte Prinzip der Autonomie der Moral verdunkelt“ (*Kelsen 1979: 64*). Kelsen verweist unter anderem auf die von säkularen Neokantianern anscheinend weitgehend verschwiegenen Passagen in Kants Kritik der praktischen Vernunft: „[...] zur Erkenntnis aller Pflichten als göttliche Gebote, nicht als Sanktionen, d. i. willkürliche, für sich selbst zufällige Verordnungen eines fremden Willens, sondern als wesentliche Gesetze eines jeden freien Willens für sich selbst, die aber dennoch als Gebote des höchsten Wesens angesehen werden müssen [...]" (*Kant 2003: 261*).

Diese aus säkularer Sicht eher befremdlichen Ausführungen finden ihren Abschluss in Kants Worten: „Denn nichts ehrt Gott mehr, als das, was das Schätzbarste in der Welt ist, die Achtung für sein Gebot, die Beobachtung der heiligen Pflicht, die uns sein Gesetz auferlegt" (*Kant 2003: 263*). Weitere umfangreiche Untersuchungen zu den weltanschaulichen Voraussetzungen kantischer Ethik finden sich bei *Albert (2003)*, *Topitsch (1992)* und *Czaniera (2002)*; dort sind die versteckten metaphysischen Strukturen differenziert sichtbar gemacht. Bezweifelbar sind auch die bis die Gegenwart reichenden normativen Implikationen des klassischen Kantianismus für nichtmenschliche Tiere. Die Position einer sogenannten indirekten Berücksichtigung (vgl. *Fieldhouse 2004*) klingt vorderhand noch relativ harmlos. In *Kants (2004)* Vorlesungen aber findet sich unter der Kapitelüberschrift „Warum wir keinerlei direkten Verpflichtungen gegenüber Tieren und Geistern haben (!! E.L)" die erschreckenden Sätze *(2004, 345)*: „Allein weil alle Thiere nur als Mittel da sind und nicht um ihrer Selbst willen, ... so haben wir gegen die Tiere unmittelbar keine Pflichten, sondern die Pflichten gegen die Thiere sind indirecte Pflichten gegen die Menschheit. ... Wenn also jemand seinen Hund todt schiessen läßt, weil er ihm nicht mehr als Brodt verdienen kann, so handelt er zwar nicht wieder die Pflicht gegen den Hund, weil der nicht urteilen kann, allein er vertilgt dadurch die Leutseligkeit und Menschlichkeit in sich, ..." Eine Aussage, die sich in ihrer Abscheulichkeit wohl nur noch von *Kant*s Worten in „Anthropologie in pragmatischer Hinsicht" überbieten lässt *(1998, 407)*: „ein von Sachen, dergleichen die vernunftlosen Thiere sind, mit denen man nach Belieben schalten und walten kann, ..."

Retour zu *Hoerster (^{2}1995)*, seine erste bioethische Monographie stand in der öffentlichen biopolitischen Debatte anfangs noch im Schatten der so genannten Singer-Diskussion (*Singer ^{2}1994*). *Spaemann (2001, 419ff.)* als einer der wohl prominentesten katholisch-philosophischen Kritiker von Hoerster spricht dessen Werken die zentrale Rolle für die Transformation der Ideen Singers in den juristischen Fachbereich zu. Doch genauer betrachtet bildeten im deutschsprachigen fachwissenschaftlichen Diskurs die säkularen rechtsethischen Konzepte von Hoerster über die Jahre hinweg immer einen eigenständigen, nicht utilitaristischen, sondern kontraktualistischen Bezugspunkt für Dutzende kritische Entgegnungen. Insbesondere bei der Kritik *Rhonheimer*s *(2004)* an einer säkularen Verweigerung der Anerkennung des doch scheinbar offensichtlichen Personenstatus und der Menschenwürde bereits bei Embryonen sind dessen neothomistische Naturrechtsargumente ohne Wissen um seine leitende Funktion als Opus-Die- Priester nicht sofort nachvollziehbar. Offen legt demgegenüber Spaemann seine weltanschaulichen Prämissen: „Seine theoretische Begründung findet der Gedanke der Menschenwürde und ihrer Unantastbarkeit allerdings nur in einer metaphysischen Ontologie, d. h. in einer Philosophie des Absoluten. Darum entzieht der Atheismus dem Gedanken der Menschenwürde definitiv seine Begründung" (*Spaemann 2001: 122*). Abschließend sollen hier noch zwei bedeutende onto-theologische Kritiker von säkularen Ethikkonzepten zu Wort kommen. Zuerst das ehrliche Eingeständnis des prominenten naturrechtlich orientierten Philosophen *Seiffert*: „Wenn Personen mit dem Gehirn identisch oder Wirkungen von Hirnprozessen wären, könnten aus rein ontologischen und logischen Gründen weder das Personsein des Embryos noch die personale Würde des hirntoten oder bewußtlosen Sterbenden anerkannt werden" *(2003: 56)*. Kenntnisreich untersucht auch *Honnefelder (^{2}1999: 161-243)* den säkularen Personenbegriff von Singer und Hoerster, denn wir haben es hier seiner Meinung nach einerseits mit einem auf Carnap und Quine basierenden Personenbegriff der Ereignis- und Phasenontologie zu tun bzw. mit seiner modernen Ausformulierung bei *Lewis, Parfit, Tooley, Singer (1994)*, welcher auf Interessen gründet. Diesen falschen empiristischen Personenbegriff muss nach Honnefelder durch einen metaphysischen Personenbegriff der individuellen Substanz ersetzt werden. Hier gilt es nun mit der klaren Prämisse des Zusammenhangs von Subjekt - Wert - Norm abzuschließen, verfasst von Rainer Trapp als einem der wohl differenziertesten Philosophen in der analytischen Tradition: „Denn keinerlei Wert existiert unabhängig von jeglichem Subjekt. Jeder Wert ist ein Wert für jemanden. Er bedarf ebenso eines ihn als Wert allererst konstituierenden Bewerters, wie eine jede Norm, ein jedes Sollen mindestens eines Normsetzers bedarf." (*Trapp 2004: 259*)

Da nun nach säkularer Lesart ein direkt zu berücksichtigender Bewerter als Interessensträger frühestens mit der Hirnentwicklung (vgl. *Sass 2004*) entsteht, gilt *Hoerster*s normative Konklusion „Ein Interesse aber, das es zu keinem Zeitpunkt gibt, kann auch zu keinem Zeitpunkt verletzt werden" *(1990: 255)*. Die daraus abgeleiteten nüchternen Werturteile des Rechtsphilosophen Bernat „Der Embryo in vitro ist ein Zellhaufen ohne Lebensrecht" oder auch von *Singer (2002)* und *Kuhse (1994)* mit der schon genannten Prämisse der Entheiligung des menschlichen Lebens mögen zuerst schockieren und Ablehnung hervorrufen. Doch vor einer allzu schnellen Verurteilung solcher Thesen sei auf die gesellschaftlichen Implikationen einer religiös-metaphysischen Bioethik der Unverfügbarkeit von Embryonen und Föten hingewiesen. Gerade am Beispiel der Geschichte und leider auch der Gegenwart einer gesellschaftlichen Sanktionierung von Abtreibung sei auf die rigide Verschwisterung von Strafrecht und Moral hingewiesen. In einer modernen pluralistischen Zivilgesellschaft bestimmen zumindest teilweise säkulare rechtsethische Begründungversuche die öffentliche Debatte von strafrechtlich sanktionierten Normen, von der reflexiven Prozeduralisierung in der Diskurstheorie bis hin zur positivistisch systemtheoretischen Legitimation durch Verfahren. Am Ende solch fundamental strittiger Fragen sollte die gesellschaftliche Rücküberantwortung an das jeweils selbst zu entscheidende autonome Individuum stehen. Eine Position welche zu mindestens unter liberaleren christlichen Ethikern zu großen Teilen Zustimmung finden könnte. (vgl. *Körtner 2003, 2004*). Die Positionen einer apriori unverfügbaren Sonderstellung des Menschen in allen Entwicklungsstufen gegenüber anderen nichtmenschlichen Tieren sind aus säkularer Perspektive nach den vorgebrachten Ausführungen keinesfalls überzeugend oder wie *Lookwood (1990)* es prägnant zusammenfasst: „Ich würde denken, daß es von jedem vernünftigen Standpunkt aus bei weitem vorzuziehen ist, mit einem nahezu mikroskopisch kleinen Klümpchen gefühllosem Protoplasma zu experimentieren als mit einem fühlenden, mit Interessen ausgestatteten Wesen, wenn auch von einer anderen Spezies. Wenn es um Schmerzen und Leid geht, habe ich tatsächlich Schwierigkeiten, zu sehen, warum die Spezieszugehörigkeit relevant sein soll."

Gefährliche Konflikte entstehen vermehrt, wenn durch solche Argumente der Tierrechtsbewegung (*Garner 2007*) verstärkt versucht wird, diese Bewegung insgesamt durch langjährige Prozesse zu kriminalisieren. Siehe hiezu die umfangreiche Literatur bei *Theuer & Lengauer (2011)* und http://www.criticalanimalstudies.at.

Daher nun mein Plädoyer, die obigen Argumente über den normativen Status biologischer Entitäten insbesondere zu den grundlegenden Rechten für nichtmenschliche Tiere als säkular konsistent argumentierbare Position verstärkt in den öffentlichen Diskurs einzubringen - zugunsten einer zeitgemäßen Leitkultur in der Tradition eines „Expanding Circles" (*Singer 2011*) und eines speziesgerechten „Evolutionären Humanismus" (*Schmidt-Salomon 2005, Huxley 1964*).

Bibliographie

Albert, Hans (1994): Kritik der reinen Hermeneutik. Der Antirealismus und das Problem des Verstehens. Tübingen, Mohr Siebeck.

Albert, Hans (2003): Kritik des transzendentalen Denkens. Tübingen, Mohr Siebeck.

Antony, Louise M., (Hg.) (2007): *Philosophers without Gods. Meditations on Atheism and the Secular Life.* Oxford, Oxford University Press.

Armstrong, David (2005): Sachverhalte, Sachverhalte. Berlin, Xenomos.

Balluch, Martin (2005): Die Kontinuität von Bewusstsein. Das naturwissenschaftliche Argument für Tierrrechte. Wien, Guthmann-Peterson.

Bayertz, Kurt (Hg.) . (1993a): Evolution und Ethik. Stuttgart, Reclam Verlag.

Bayertz, Kurt (1993b): Der evolutionäre Naturalismus in der Ethik. In: W. Lütterfelds (Hg.): Evolutionäre Ethik zwischen Naturalismus und Idealismus. Darmstadt, WBG: 141-165.

Becker, Lawrence (Hrsg.) (^{2}2001): Encyclopedia of Ethics. New York, Routledge.

Beckermann, Ansgar (2003): Einführung in die Logik. Berlin, de Gruyter.

Beckermann, Ansgar (Hg.) (^{2}2001): Analytische Einführung in die Philosophie des Geistes. Berlin, De Gruyter.

Beig, Stefan (2007.09.21): Evolutionstheorie und Gottesglaube. Wissenschafter debattierten über „Intelligent Design". Wiener Zeitung.

Bernat, Erwin (2002.04.03): Der Embryo in vitro ist ein Zellhaufen ohne Lebensrecht. Die Presse.

Birnbacher, Dieter (2003). Analytische Einführung in die Ethik. Berlin, de Gruyter.

Borchers, Dagmar (Hg.) (1998): Einladung zum Denken. Ein kleiner Streifzug durch die Analytische Philosophie. Wien, Hölder-Pichler.

Bruce, Steve (2002): God Is Dead: Secularization in the West. Malden, Blackwell.

Bruce, Steve (2011): Secularization: In Defence of an Unfashionable Theory. Oxford, OUP.

Bunge, Mario & Mahner, Martin (2004): Über die Natur der Dinge. Materialismus und Wissenschaft. Stuttgart, Hirzel.

Buskes, Chris (2008): Evolutionär denken. Darwins Einfluss auf unser Weltbild. Darmstadt, Primus.

Carnap, Rudolf (2005): Scheinprobleme in der Philosophie und andere metaphysikkritische Schriften. Hamburg, Meiner.

Craig, Edward (Hg.) (1998): Routledge Encyclopedia of Philosophy. London, Routledge.

Czaniera, Uwe (2001): Gibt es moralisches Wissen? Paderborn, Mentis.

Dahlbom, Bo (Hg.) (1997): Dennett and His Critics: Demystifying Mind. Oxford, Blackwell.

Dahl, Edgar (Hg.) (2005): Brauchen wir Gott? Moderne Texte zur Religionskritik. Stuttgart, Hirzel Verlag.

Darwin, Charles (2007): Die Entstehung der Arten durch natürliche Zuchtwahl. (Original 1859) Stuttgart, Reclam

Dath, Dietmar (2005.01.19): Komm ins Trockene, Hirn! Australische Philosophie hält es auch diesseits von Peter Singer mit dem materialistisch Sachlichen. FAZ.

Dawkins, Richard (1987, 1996): Der blinde Uhrmacher. München, dtv.

Dawkins, Richard (1993): Gaps in the Mind. In: P. Cavalieri & P. Singer, Peter (Hg.). The Great Ape Project. New York, St Martin's: 80-88.

Dawkins, Richard (2005): Die Unwahrscheinlichkeit Gottes. In: E. Dahl (Hg.):. Brauchen wir Gott? Moderne Texte zur Religionskritik. Stuttgart, Hirzel: 23-30.

DeGrazia, David (2002): Animal Rights: A Very Short Introduction. Oxford, OUP.

Dennett, Daniel (1995): Darwin's Dangerous Idea. London, Penguin.

Dawkins, Richard (2006): The God Delusion. London, Bantam Press.

Dennett, Daniel (2007): Atheism and Evolution. In: Martin (Ed.), Michael. The Cambridge Companion to Atheism. Cambridge, CUP, 135-148.

Dewey, John (2004): Der Einfluss des Darwinismus auf die Philosophie (Original: 1909). In: ders.: Erfahrung, Erkenntnis und Wert. Frankfurt a. M., Suhrkamp: 31-43.

Düwell, Marcus & Hübenthal, Christoph & Werner, Micha H, (Hg.). (^{2}2006) Handbuch Ethik. Stuttgart, Metzler.

Ecclesia Catholica (2003): Katechismus der Katholischen Kirche. München, Oldenburg.

Engels, Eve-Marie (Hg.) (1995): Die Rezeption von Evolutionstheorien im 19. Jahrhundert. Frankfurt a. M., Suhrkamp.

Fehige, Christoph (Hg.) (1998): Preferences. Berlin, de Gruyter.

Feinberg, Joel (2001, 1980): Die Rechte der Tiere und zukünftiger Generationen. In. Birnbacher, Dieter (Hg.). Ökologie und Ethik. Stuttgart, Reclam: 140-179.

Fieldhouse, Heather (2004): The Failure of the Kantian Theory of Indirect Duties to Animals. Animal Liberation Philosophy and Policy Journal 2(2): 1-9.

Fieser, James, (Hg.) (2000): Metaethics, Normative Ethics, and Applied Ethics. Belmont, Wadsworth.

Figal, Günter (2003): Martin Heidegger zur Einführung. Hamburg, Junius.

Forcher, Gerd (2007): Bedingungen der Personalität. Daniel C. Dennett und sein naturalistischer Personenbegriff. Taunusstein, Driesen.

Forrest, Barbara (2004): A Defense of Naturalism as a Defense of Secularism. In: M. Cotter (Hg.), Sidney Hook Reconsidered. Amherst, Prometheus: 69-116.

Forest, Michael (2004): Hierarchy and the Animals. Philosophy in the Contemporary World 11(2): 31-36.

Francione, Gary L. (2000): Introduction to Animal Rights: Your Child or the Dog? Philadelphia, Temple University Press.

Francione, Gary L (2008): Animals as Persons: Essays on the Abolition of Animal Exploitation. New York, Columbia University Press.

Garner, Robert (2007): Animal Rights Movements. In. Ritzer, George (Hg.). The Blackwell Encyclopedia of Sociology (Online-Version) http://www.blackwellreference.com

Gesang, Bernward (1997): Angeklagt: Gott. Über den Versuch, vom Leiden in der Welt auf die Wahrheit des Atheismus zu schliessen. Vorwort von Albert, Hans & Wils, Jean P. Paderborn, Attempo.

Gill, Michael B. (2010): The British Moralists on Human Nature and the Birth of Secular Ethics. Cambridge, CUP.

GKP - Gesellschaft für kritische Philosophie (Hg.) (1995): Aufklärung und Kritik- Sonderheft: Peter Singer. Nürnberg, GKP - http://www.gkpn.de.

Graf, Friedrich Wilhelm (2007): Die Wiederkehr der Götter. Religion in der modernen Kultur. München, Beck.

Guttenplan, Samuel (Hg.) (2004, 1994): A Companion to the Philosophy of Mind. Oxford, Blackwell.

Hodge, Jonathan & Radick, Gregory (Hg.) (2003): The Cambridge Companion to Darwin. Cambridge, CUP.

Hoerster, Norbert (1972): Grundthesen analytischer Rechtstheorie, Jahrbuch für Rechtssoziologie und Rechtstheorie: 115-132.

Hoerster, Norbert (1982): Rechtsethik ohne Metaphysik. Juristenzeitung: 265-272, 714-716.

Hoerster, Norbert (1990): Hat der Nasciturus ein Interesse am Überleben? ARSP: 255-257.

Hoerster, Norbert (^{2}1995): Abtreibung im säkularen Staat, Frankfurt a. M., Suhrkamp.

Hoerster, Norbert (2002): Ethik des Embryonenschutzes, Stuttgart, Reclam.

Hoerster, Norbert (2003): Ethik und Interesse, Stuttgart, Reclam.

Höffe, Otfried (2004): Immanuel Kant, (6. Auflage). München, Beck.

Honnefelder, Ludger (^{2}1999): Menschenwürde und Lebensschutz. In: G. Rager (Hg.): Beginn, Personalität und Würde des Menschen. München, Alber: 161-243.

Horn, Stephan (Hg.) (2007): Schöpfung und Evolution. Eine Tagung mit Papst Benedikt XVI. Augsburg, St. Ulrich.

Hösle, Vittorio (^{3}1997, 1990): Die Krise der Gegenwart und die Verantwortung der Philosophie. München, Beck.

Hügli, Anton & Lübcke, Poul (Hg.). (^{3}2000, 1993): Philosophie im 20. Jahrhundert. Band 2: Wissenschaftstheorie und Analytische Philosophie. (3. Auflage). Reinbek bei Hamburg, Rowohlt.

Huxley, Julian (Ed.) (1964): Der evolutionäre Humanismus. Zehn Essays über die Leitgedanken und Probleme. München, Beck.

Johnson, Phillip (1995): Reason in the Balance: The Case Against Naturalism in Science, Law & Education. Downers Grove, InterVarsity.

Johnson, Phillip (2000): The Wedge of Truth. Splitting the Foundations of Naturalism. Downers Grove, InterVarsity.

Kampits, Peter (2004): Jean-Paul Sartre. München, Beck.

Kampits, Peter (2004): Bioethik, Biopolitik und menschliche Würde. Zeitschrift für Biopolitik: 169-176.

Kampits, Peter (2004): Offene Ethik angesichts des Lebensendes. In: Eva Baumann (Hg.), Weltanschauliche Offenheit in der Bioethik. Berlin, Duncker & Humblot: 95-112.

Kampits, Peter (2006.07.28) Was ist ethisch vertretbarer: Überzählige Embryonen zu vernichten oder sie Forschungszwecken zuzuführen? Die Presse: 33.

Kanitscheider, Bernulf (2003): Naturalismus, metaphysische Illusionen und der Ort der Seele. Perspektiven eines deskriptiven und eines normativen Naturalismus. In: J. C. Schmidt (Hg.): Der entthronte Mensch? Anfragen der Neurowissenschaften an unser Menschenbild. Paderborn, Mentis: 58-78.

Kanitscheider, Bernulf (2007): Die Materie und ihre Schatten. Naturalistische Wissenschaftsphilosophie. Aschaffenburg, Alibri.

Kanitscheider, Bernulf & Wetz, Franz Josef (Hg.) (1998): Hermeneutik und Naturalismus. Tübingen, Mohr Siebeck.

Kant, Immanuel (1998) [1798]: Anthropologie in pragmatischer Hinsicht. Stuttgart, Reclam.

Kant, Immanuel (2003): Kritik der praktischen Vernunft. . Frankfurt a. M., Suhrkamp.

Kant, Immanuel (2004)[1770]: Vorlesung zur Moralphilosophie. Berlin, de Gruyter.

Kaplan, Helmut F. (2000): Tierrechte. Die Philosophie einer Befreiungsbewegung. Göttingen, Echo Verlag.

Kaufmann, Arthur (Hg.) (2004): Einführung in Rechtsphilosophie und Rechtstheorie der Gegenwart, Heidelberg, Müller.

Keil, Geert & Schnädelbach, Herbert (Hg.). (2000): Naturalismus. Philosophische Beiträge. Frankfurt a. M., Suhrkamp.

Keil, Geert (2002): Quine zur Einführung. Hamburg, Junius.

Kelsen, Hans (1979): Allgemeine Theorie der Normen, Wien, Manz.

Kim, Jaegwon (Hg.) (2003): Metaphysics. An Anthology. Oxford, Blackwell.

Koller, Peter (2007): Die Struktur von Rechten. In. Stepanians, Markus S. (Hg.). Individuelle Rechte. Paderborn, Mentis: 86-95.

Körtner, Ulrich (2003): Embryonenschutz und Embryonenforschung aus der Sicht evangelischer Theologie. In: U. Körtner & C. Kopetzki (Hg.): Embryonenschutz - Hemmschuh für die Biomedizin? Wien, Manz Verlag, 84-111.

Körtner, Ulrich (2005.10.06): Religiöse Überzeugung, windige Argumente. Man wünschte sich in der PID-Debatte mehr christlichen Bekennermut. Die Presse.

Körtner, Ulrich (^{2}2004): Unverfügbarkeit des Lebens? Grundfragen der Bioethik und der medizinischen Ethik. Neukirchen-Vluyn, Neukirchener.

Kuhse, Helga (1994): Die Heiligkeit des Lebens in der Medizin. Erlangen, Harald Fischer.

Kuhse, Helga (1997): Menschliches Leben und seine Würde, In: H. Ganthaler (Hg.): Anfang und Ende des Lebens, Sankt Augustin, Akademia, 219-246.

Kummer, Christian (2000): Atheistische Implikationen des Darwinismus. In: A. Schenzle (Hg.): Welt ohne Gott? St. Ottilien, EOS Verlag, 51-64.

Kurtz, Paul (1983): In Defense of Secular Humanism, Buffalo, Prometheus. http://www.secularhumanism.org/ http://www.secularism.org.uk/

Kurtz, Paul (2007): What Is Secular Humanism? Amherst, NY, Prometheus.

Kutschera, Ulrich (2004): Streitpunkt Evolution. Darwinismus und Intelligentes Design, Münster, LIT.

Laun, Andreas (^{2}1992): Aktuelle Probleme der Moraltheologie. Wien, Herder.

Laun, Andreas (1996): Die Entwicklung der Arten - und der Mensch. Der menschen-ähnlichste Menschenaffe ist, genau genommen, ähnlicher der Kaulquappe oder einer Amöbe als dem Menschen, Kirche heute (12), 11ff.

Leist, Marcel et al. (2008): The Biological and Ethical Basis of the Use of Human Embryonic Stem Cells for In Vitro Test Systems or Cell Therapy. ALTEX 25(3): 163-190.

Leiter, Brian (^{2}2004): Law and Objectivity. In: J. Coleman (Hg.): The Oxford Handbook of Jurisprudence and Philosophy of Law, Oxford, OUP, 969-989.

Lengauer, Erwin (2004): „Literaturbericht: The Animal Ethics Reader - Drei Jahrzehnte interdisziplinäre Animal Liberation und Animal Rights Debatte“ ALTEX, 260-262.

Lengauer, Erwin (2008): Tierethik. In: S. Gosepath, W. Hinsch & B. Rössler (Hg.): Handbuch der politischen Philosophie und Sozialphilosophie (HPPS). Berlin, De Gruyter: 1334-1338.

Lengauer, Erwin (2009): Besprechung: Palmer, Clare (Hg.) 2008. Animal Rights. Series: The International Library of Essays on Rights. ALTEX ethik 1(1): 46-47.

Lengauer, Erwin (2010): Besprechung: Rowlands, Mark 2009. Animal Rights. Moral Theory and Practice (2. edition). ALTEX ethik 2(1): 38-39.

Lengauer, Erwin & Luy, Jörg (2010): Tierethik. In. Sandkühler, Hans-Jörg (Hg.). Enzyklopädie Philosophie (2.Auflage). Hamburg, Meiner Verlag: 2742-2746.

Lewis, David (1975): Konventionen. Eine sprachphilosophische Abhandlung. (Vorwort W. V. Quine). Berlin, De Gruyter.

Lockwood, Michael (1990): Der Warnock-Bericht: eine philosophische Kritik. In. Leist, Anton (Hg.). Um Leben und Tod. Frankfurt a. M., Suhrkamp: 255-265.

Luhmann, Niklas (2004, 1989): Gesellschaftsstruktur und Semantik. Studien zur Wissenssoziologie der modernen Gesellschaft: Band 3. Frankfurt a. M., Suhrkamp Taschenbuch Verlag.

Lüke, Ulrich (2006): Das Säugetier von Gottes Gnaden. Evolution, Bewusstsein, Freiheit. Freiburg, Herder Verlag.

Lüke, Ulrich (Hg.) (2007): Der Mensch - nichts als Natur? Interdisziplinäre Annäherungen. Darmstadt, WBG.

Lüthe, Rudolf (2005): Peter Singer. Der radikale Utilitarismus und das Problem des Lebensschutzes. In: J. Hennigfeld (Hg.): Philosophen der Gegenwart. Darmstadt, WBG: 254-272.

Mackie, John Leslie (2000, 1981): Ethik. Auf der Suche nach dem Richtigen und Falschen. Stuttgart, Reclam.

Mackie, John Leslie (2002): Das Wunder des Theismus. Argumente für und gegen die Existenz Gottes. Stuttgart, Reclam.

Mahner, Martin (2007): Unverzichtbarkeit und Reichweite des ontologischen Naturalismus. In: L. Klinnert (Hg.): Zufall Mensch? Das Bild des Menschen im Spannungsfeld von Evolution und Schöpfung. Darmstadt, WBG: 77-90.

Martin, Michael, (Hg.) (2007): The Cambridge Companion to Atheism. Cambridge, Cambridge University Press.

Martinich, Aloysius (Hg.) (2001): A Companion to Analytic Philosophy, Oxford, Blackwell.

Mayer, Helmut (2005.03.01): Naturalismus - eine einfach auf alles anwendbare Idee. Neue Zürcher Zeitung.

Moser, Paul (Hg.) (1995): Contemporary Materialism: A Reader. London, Routledge.

Naucke, Wolfgang (2005): Rechtsphilosophische Grundbegriffe, München, Luchterhand.

Ott, Konrad 1999. Das Tötungsproblem in der Tierethik der Gegenwart. In. Engels, Eve-Marie (Hg.). Biologie und Ethik. Stuttgart, Reclam: 127-160.

Ott, Konrad (^{2}2005): Moralbegründungen zur Einführung, Hamburg, Junius.

Özmen, Elif (1999): Der Begriff des Interesses als Grundbegriff der Zeitgenössischen Ethik. In: J. Mittelstraß (Hg.): Die Zukunft des Wissens, Konstanz, UVK, 393-398.

Parfit, Derek (1984) Reasons and Persons. Oxford, Oxford University Press.

Pennock, Robert (Hg.) (2001): Intelligent Design Creationism and Its Critics: Philosophical, Theological, and Scientific Perspectives. Cambridge, MA, MIT Press.

Pfordten, Dietmar (1993): Deskription, Evaluation, Präskription. Berlin, Duncker & Humblot

Pieper, Annemarie (1991): Wertebegründung, In: W. Pöldinger (Hg.). Ethik in der Psychiatrie, Berlin, Springer: 11-21.

Die Presse (2008.09.29): Diskussion: Rechte für Affen, Tierschützer in U-Haft?

Putnam, Hilary (1997): Für eine Erneuerung der Philosophie. Stuttgart, Reclam

Quine, W. van Orman (1985): Theorien und Dinge. Frankfurt a. M., Suhrkamp.

Quine, W. van Orman (1995): Unterwegs zur Wahrheit, Paderborn, Schöningh.

Quitterer, Josef (Hrsg.) (1999): Der neue Naturalismus - eine Herausforderung an das christliche Menschenbild, Stuttgart, Kohlhammer.

Rachels, James (1993): Why Darwinians Should Support Equal Treatment for Other Great Apes. In: P. Cavalieri & P. Singer (Hg.): The Great Ape Project. New York, St Martin's Press, 152-157.

Rachels, James (^{2}1999, 1991): Created from Animals: The Moral Implications of Darwinism. Oxford, Oxford University Press.

Rachels, James (2000): Metaethics: What grounds ethical claims? Naturalism. In: H. La Follette (Hg.). Ethical Theory. Oxford, Blackwell, 74-91.

Regan, Tom (1983): The Case for Animal Rights. Berkeley, University of California Press.

Regan, Tom & Singer, Peter (Hg.) (^{2}1989, 1976): Animal Rights and Human Obligations. Englewood Cliffs, Prentice-Hall.

Reuters.com (2008.06.25): Spanish parliament to extend rights to apes. http://www.reuters.com/article/scienceNews/idUSL256586320080625 By Martin Roberts.

Repchek, Jack (2007): Der Mann, der die Zeit fand. James Hutton und die Entdeckung der Erdgeschichte. Stuttgart, Klett-Cotta Verlag.

Rhonheimer, Martin (2003): Abtreibung und Lebensschutz, Paderborn, Schöningh.

Ricken, Friedo (2003, 1983): Allgemeine Ethik (4. Auflage), Stuttgart, Kohlhammer.

Ricken, Friedo, (2005): Warum Moral nicht naturalisiert werden kann. In: H. Schmidinger & C. Sedmak (Hg.): Der Mensch - ein freies Wesen? Autonomie - Personalität - Verantwortung. Darmstadt, Wissenschaftliche Buchgesellschaft, 249-258.

Rowlands, Mark 2009. Animal Rights. Moral Theory and Practice (2. edition). Basingstoke, Palgrave Macmillan.

Runggaldier, Edmund & Kanzian, Christian (1998): Grundprobleme der Analytischen Ontologie, Paderborn, Schöningh / UTB.

Ruse, Michael (^{2}1998): Taking Darwin Seriously, Amherst, Prometheus.

Ruß, Hans Günther (2000): Lebenswertes und weniger lebenswertes Leben. Über eine weitere irreführende Attacke gegen den australischen Bioethiker Peter Singer. Aufklärung und Kritik 7(2): 62-67.

Ruß, Hans (2002): Empirisches Wissen und Moralkonstruktion, Frankfurt a. M., Hänsel-Hohenhausen

Ryder, John (Hg.) (1994): American Philosophic Naturalism in the Twentieth Century. Amherst, MA, Prometheus.

Ryle, Gilbert (1986): Der Begriff des Geistes. (Original: 1949. The Concept of Mind). Stuttgart, Reclam.

Sapontzis, Steve (1990): Groundwork for a Subjective Theory of Ethics, American Philosophical Quarterly, 27-38.

Sass, Hans-Martin (^{2}2004): Wann beginnt das Leben?, In: U. Wiesing (Hg.). Ethik in der Medizin. Ein Studienbuch, Stuttgart, Reclam, 179-181.

Schmidt-Salomon, Michael (2005): Manifest des evolutionären Humanismus. Plädoyer für eine zeitgemäße Leitkultur, Aschaffenburg, Alibri.

Schönborn, Christoph (2007): Ziel oder Zufall? Schöpfung und Evolution aus der Sicht eines vernünftigen Glaubens, Freiburg, Herder.

Schrattenholz, Andre & Klemm, Martina (2007): Neuronal cell culture from human embryonic stem cells as in vitro model for neuroprotection. ALTEX. 24(1): 9-15.

Schweitzer, Albert (1996): Kultur und Ethik (Original:. 1923), München, Beck.

Seifert, Josef (2003): Dimensionen und Quellen der Menschenwürde. In: W. Schweidler (Hg.). Menschenleben - Menschenwürde. Münster, LIT 51-92.

Sellars, Roy Wood (1969, 1922): Evolutionary Naturalism, New York, Russel & Russel.

Singer, Peter (1975, ^{2}1990): Animal Liberation. New York, New York Review of Book.

Singer, Peter (1978): Life: Value of Life. In: W.T. Reich (Hg.): The Encyclopedia of Bioethics, Macmillan, New York, 822-829.

Singer, Peter (1979): Killing Humans and Killing Animals. Inquiry 22: 145-156. Reprinted: 2002

Singer, Peter (1982): Contemporary Theories of Morality: A Secularist Perspective. In. Connolly, Thomas (Hg.). Health Care in Crisis. Sydney, Laurdel: 101-115.

Singer, Peter (1987): Animal Liberation or Animal Rights. Monist 70(1): 3-14. Reprinted in: Palmer, Clare (ed.) 2008.

Singer, Peter (1994): Praktische Ethik. Stuttgart, Reclam.

Singer, Peter (1997): Alle Tiere sind gleich. (Original: 1974. All Animals Are Equal). In: A. Krebs (Hg.): Naturethik, Frankfurt a. M., Suhrkamp Taschenbuch Verlag: 13-32.

Singer, Peter (1998): Leben und Tod. Der Zusammenbruch der traditionellen Ethik; Erlangen, Harald Fischer Verlag.

Singer, Peter (1999): A Darwinian Left: Politics, Evolution, and Cooperation. New Haven, CT, Yale University Press.

Singer, Peter (2002): Unsanctifying Human Life. Singer on Ethics. (Edited by Helga Kuhse). Oxford, Blackwell.

Singer, Peter (2006.05): The Great Ape Debate http://www.project-syndicate.org/commentary/singer11.

Singer, Peter (2009): Speciesism and Moral Status. Metaphilosophy 40(3/4): 567-581.

Singer, Peter 2011. Expanding Circle: Ethics, Evolution, and Moral Progress. (Original 1981). Princeton, Princeton University Press.

Sinnott-Armstrong, Walter (2009) Morality without God? Oxford, Oxford University Press.

Slurink, Pouwel (1996): Back to Roy Wood Sellars: Why His Evolutionary Naturalism Is Still Worthwhile. Journal of the History of Philosophy 34(3): 425-449.

Smart, J.J.C. (2004): Atheism and Agnosticism. The Stanford Encyclopedia of Philosophy.

Smith, Wesley J. (2010): A Rat Is a Pig Is a Dog Is a Boy: The Human Cost of the Animal Rights Movement. New York, Encounter Books.

Sober, Elliott (1998): Evolution and ethics. In: E. Craig (Hg.): Routledge Encyclopedia of Philosophy, London, Routledge.

Sommer, Volker (1999) Menschen und andere Tiere. Essays zur Evolutionsbiologie. Stuttgart, Hirzel.

Sommer, Volker (2003): Bruder Affe. Affen gehören in die Familie der Menschen oder Menschen in die Familie der Affen. Was bedeutet das für uns - und was für sie? Neue Zürcher Zeitung.

Spaemann, Robert (Hg.) (1986): Evolutionismus und Christentum. (Geleitwort: Kardinal Josef Ratzinger). Weinheim, VCH.

Spaemann, Robert (2002): Grenzen. Zur ethischen Dimension des Handelns, Stuttgart, Klett-Cotta.

Stegmüller, Wolfgang (1989): Hauptströmungen der Gegenwartsphilosophie. Eine kritische Einführung: Band 4. Stuttgart, Kröner.

Sturgeon, Nicholas (1998): Naturalism in ethics, In: E. Craig (Hg.): Routledge Encyclopedia of Philosophy, London, Routledge.

Sukopp, Thomas (2004): Was ist und was leistet Menschenwürde? Naturalistische Argumente und ihre Folgen. Philosophia Naturalis (2): 315-351.

Sunstein, Cass R. & Nussbaum, Martha C. (Hg.) (2004): Animal Rights. Current Debates, New Directions. Oxford, Oxford University Press.

Tooley, Michael (1972): Abortion and Infanticide. Philosophy and Public Affairs 2: 37-65.

Tooley, Michael (1998a): Personhood. In: P. Singer & H. Kuhse (Hg.): A Companion to Bioethics. Oxford, Blackwell: 117-26.

Tooley, Michael (1998b): Speciesism and Basic Moral Principles. In: P. Cavalieri (Hg.): Special Issue - Etica & Animali: Nonhuman Animals. Milano, Italy: 5-36.

Topitsch, Ernst (1992): Die Voraussetzungen der Transzendentalphilosophie, Tübingen, Mohr. Topitsch, Ernst (^{2}1981, 1967): Die Sozialphilosophie Hegels als Heilslehre und Herrschaftsideologie. Hans Albert zum 60. Geburtstag. München, Piper.

Theuer, Eberhart & Lengauer, Erwin (2011): Forschungsprojekt zur Frage der Einschränkung zivilgesellschaftlichen Engagements durch Organisationsstraftatbestände am Beispiel des Tierschützer-Prozesses in Wiener Neustadt. http://ethik.univie.ac.at

Tugendhat, Ernst (^{2}2002): Probleme der Ethik, Stuttgart, Reclam.

Tugendhat, Ernst, (2005): Aufsätze 1992-2000. Frankfurt a. M., Suhrkamp.

Trapp, Rainer (2003): Vom Wert des (Er)lebens in: W. Lenzen (Hg.): Wie bestimmt man den „moralischen Status“ von Embryonen? Paderborn, Mentis, 250-292.

Vollmer, Gerhard (1995): Auf der Suche nach der Ordnung. Beiträge zu einem naturalistischen Welt- und Menschenbild. Stuttgart, Hirzel.

Vollmer, Gerhard (2002): Evolutionäre Erkenntnistheorie. (8.Aufl. - Original 1975). Stuttgart, Hirzel.

Vollmer, Gerhard (Hg.) (2004): Fakten statt Normen? Zur Rolle einzelwissenschaftlicher Argumente in einer naturalistischen Ethik. Baden-Baden, Nomos.

Warren, Mary Anne (1986): Difficulties with the strong Animal Rights Position. Between the Species 2: 163-173.

Warren, Mary Anne (^{2}1999): Moral Status: Obligations to Persons and Other Living Things. Oxford, OUP.

Wagner-Westerhausen, Katja (2008): Die Statusfrage in der Bioethik. Münster, LIT.

Weber, Thomas P. (2002): Darwinismus. Frankfurt a. M., Fischer.

Weinberger, Ota (1981): Normentheorie als Grundlage der Jurisprudenz und Ethik. Berlin, Duncker & Humblot.

Weinberger, Ota (1996): Alternative Handlungstheorie. Wien, Böhlau.

Wetz, Franz Josef (2005): Illusion Menschenwürde. Stuttgart, Klett.

Wise, Steve M. (2011): Animal rights. *Encyclopaedia Britannica*: Retrieved from http://www.britannica.com/EBchecked/topic/25760/animal-rights

Woytila, Karol (1996): Christliches Menschenbild und moderne Evolutionstheorien. L'Osservatore Romano, 44, 1f.

Wright, Georg Henrik von (1994): Normen, Werte und Handlungen. Frankfurt a. M., Suhrkamp.

Wolf, Jean-Claude (2008): Argumente pro und contra Tierrechte. Information Philosophie 36(3): 17-29.

Wolf, Ursula, (Hg.) (2008): Texte zur Tierethik. Stuttgart, Reclam.

Wuketits, Franz M. (2002, 2000): Der Affe in uns. Warum die Kultur an unserer Natur zu scheitern droht. Stuttgart, Hirzel.

Wuketits, Franz M. (2005a): Darwin und der Darwinismus. München, Beck.

Wuketits, Franz M. (^{2}2005b): Evolution. Die Entwicklung des Lebens. München, Beck.

Wuketits, Franz M. (2007.11.19): Naturalismus-Debatte: Viel Natur, wenig Geist? Die Presse.

Zaborowski, Holger, (2000.08.04): Evolution von Marx zu Darwin. Das Missing Link der Philosophie: Peter Singer baut die Linke auf. FAZ: S. 47

Teil IV

Die Mensch-Tier-Beziehung in Psychologie und Verhaltensforschung

Ethische Aspekte der Psychologie in der Mensch-Tier-Beziehung

Birgit U. Stetina

Einleitung

Ethische Überlegungen zur Mensch-Tier-Beziehung sind kein Randgebiet der Ethik, sondern ein aussagekräftiger Parameter zur Einschätzung von Individuen und Gruppen in Bezug auf zahlreiche Grundhaltungen, Einstellungen und sogar Psychopathologien. Aus diesem Grund sind derartige Überlegungen für die Psychologie essentiell. Nicht nur der weltweit bekannte Ausspruch von Mahatma Gandhi „The greatness of a nation and its moral progress can be judged by the way its animals are treated." ist ein Zeugnis dafür, sondern auch zahlreiche aktuelle Positionierungen. Die Mensch-Tier-Beziehung der heutigen Zeit ist durch mehrerlei Phänomene gekennzeichnet.

(1) Ein zunehmendes Forschungsinteresse und (2) eine zunehmende Auseinandersetzung mit der Ambivalenz und Vielschichtigkeit der Mensch-Tier-Beziehung. Aus der interdisziplinären Befassung mit verschiedenen Themen der Mensch-Tier-Interaktion hat sich der Forschungsbereich Anthrozoologie entwickelt. Eine Zuordnung des Themas zu einer speziellen Disziplin ist nicht vorgesehen, trotzdem gibt es weltweit eine steigende Anzahl an universitären Ausbildungen. Insgesamt spiegelt diese Entwicklung ein enormes Interesse der Wissenschaft an der Ausgestaltung und der entsprechenden Zunahme an Studien aus Psychologie, Biologie, Philosophie, Veterinärmedizin und zahlreichen anderen Fächern wider. Kennzeichnend für das Feld sind vor allem die unterschiedlichen Sichtweisen der verschiedenen Forscher (*Herzog 2010*). Insbesondere im angloamerikanischen Raum ist das Forschungsgebiet anerkannt (wie auch an den Fördersummen der Forschungsförderung erkennbar wird). Die Anzahl der Kongresse und internationalen Veranstaltungen aus dem Bereich Anthrozoologie nimmt zu. Es gibt bereits seit mehreren Jahrzehnten die entsprechenden impaktierten und

peer reviewten Journals, die in ihrer Bedeutung steigen. Ebenso internationale Organisationen wie die International Society of Anthrozoology (ISAZ) und der weltweite Dachverband aller Institutionen, die sich mit Mensch-Tier-Interaktion befassen, die International Association of Human Animal Interaction Organizations (IAHAIO).

Die Auseinandersetzung mit der Ambivalenz der Mensch-Tier-Beziehung ist durch eine größer werdende öffentliche Diskussion gekennzeichnet, die auch in der Psychologie eine immer größer werdende Rolle spielt. Besonders das Thema Gleichheit, das bereits von George Orwell in „Animal Farm" diskutiert wird (All animals are equal but some animals are more equal than others) ist dabei einer der zentralen Aspekte. In der Tierethik waren Überlegungen zur Gleichheit der Ausgangspunkt der heutigen Diskussion. Daher ist es besonders interessant, dass die Gleichheit im täglichen Umgang mit Tieren nicht vorhanden ist. Grundlage der Unterscheidung durch den Menschen ist dabei keineswegs die Leidensfähigkeit, Intelligenz oder Persönlichkeit der jeweiligen Spezies. Die in Indien verehrte und geheiligte Kuh wird in der westlichen Welt als Fleischlieferant auf vier Beinen gesehen und dementsprechend behandelt. Hingegen wird der hier als treuer Gefährte und emotionaler Unterstützer betrachtete Hund im asiatischen Raum gerne als besondere Mahlzeit zubereitet und gegessen, während im Nahen Osten der Hund häufig als Symbol für alles, was schmutzig und abstoßend ist, gesehen wird (z.B. *Serpell 1986*). Immer häufiger wird das Thema Carnismus auch in populärwissenschaftlicher Literatur abgehandelt. Besonders bekannt ist dabei sicher Jonathan *Safran Foer*s Buch „Eating Animals" *(2009)*. Etwas breiter und auch speziell auf den ethisch relevanten Aspekt der Gleichheit bezogen wird die Diskussion von der Psychologin *Melanie Joy* in ihrem Werk „Why we love Dogs, eat Pigs and wear Cows" *(2010)* geführt, das den bezeichnenden Untertitel trägt: „An Introduction to Carnism. The Belief System that Enables us to Eat Some Animals and not Others". Das aktuellste Werk, das einen besonders guten Überblick zu einigen Themen der Anthrozoologie aus psychologischer Sicht gibt, ist *Hal Herzog*s Werk „Some We Love, Some We Hate, Some We Eat", der sich angefangen mit dem bereits angeführten Carnismus mit Ex-Vegetariern befasst, die Mensch-Hund-Beziehung beleuchtet und neben anderen Themen auch auf Tierversuche und die Sinnhaftigkeit der Verwendung tierischer Modelle zur Übertragung auf den Menschen diskutiert.

Sichtweisen der Tierethik und deren Anwendung in der Psychologie

Die heutigen Ansätze der Tierethik haben ihre Wurzeln in den 70er Jahren des vergangenen Jahrhunderts. Eine Gruppe von Forschern begann damals die bis dahin gültige Sichtweise in Frage zu stellen. Nach *Ryder (1970)* hat *Singer (1975)* mit einem Ansatz - dem Utilitarismus, der bereits zuvor formuliert worden war (*Bentham 1789*) - die Tierethikdiskussion der letzten Jahrzehnte ausgelöst. Der Anstoß für die Tierethikdebatte kam von *Peter Singer (1975)* mit seinem Werk „Animal Liberation", das den utilitaristischen Ansätzen in der Ethik folgt.

Positive Äußerungen von Peter Singer in Bezug auf einzelne Studien mit Tierversuchen in den letzten Jahren, die öffentlich recht heftig diskutiert wurden, sind daher nicht weiter verwunderlich (z.B. *Walsh 11/2006*). Der Autor wurde später hauptsächlich durch seine Äußerungen in Bezug auf Euthanasie bekannt. Obwohl er oft als Auslöser der Tierrechtsbewegung gesehen wird, ist seine positive Einstellung zur Euthanasie bei Betrachtung der utilitaristischen Sichtweise vollkommen verständlich. Bei der Unterteilung in bewusste und selbstbewusste Lebewesen wird nur Letzteren ein Interesse, am Leben zu bleiben, zugeschrieben und zuerkannt, daher stellt Euthanasie für Singer kein ethisches Problem dar.

Die wichtigste Gegenstimme kann *Tom Regan (1983)* zugeordnet werden, der mit seinem Werk „The Case for Animal Rights" eine eher individuell basierte Philosophie, eine Ethik moralischer Rechte, Tierrechte, befürwortet. Nach einer relativ zögerlichen öffentlichen Diskussion der Thematik in den 70er Jahren, trotz provokanter Publikationen und diverser Auseinandersetzungen unter Fachleuten, boomte das Thema in den 80er Jahren geradezu und es kam zur so genannten zweiten Welle in der Tierethikdebatte. Mittlerweile wird bereits seit mehr als zwanzig Jahren betont (z.B. *Regan 1985*), dass anstatt eine Rechtfertigung der moralischen Prärequisitenstellung des Menschen in den Unterschieden zwischen Mensch und Tier zu suchen, es sinnvoll wäre, doch den Fokus auf die Gemeinsamkeiten zu legen, die eine Begründung dieser Sonderrolle nicht zulassen. Dimensionen des Lebens, inklusive Freude und Leid, Befriedigung und Frustration, Existenz oder Tod haben unweigerlich Folgen für das menschliche und nichtmenschliche Individuum (*Regan 1985*). Ansätze der Tierrechte in der Tierethik nehmen auch in der Euthanasiefrage eine andere Position ein als der Utilitarismus. Einem ontologischen Ansatz folgend wird allen Lebewesen mit Bewusstsein ein Recht auf Leben zugesprochen.

Tiere in der psychologischen Forschung

Der Einsatz von Tieren in der vergleichenden Verhaltensforschung (Psychologie, Biologie und andere Bereiche) hat eine lange Tradition. Zahlreiche Erkenntnisse, die heute die Basis des Verständnisses menschlichen Erlebens und Verhaltens ausmachen, wurden in Tierexperimenten gewonnen (man denke beispielsweise an klassische Konditionierung und vielfältige darauf folgende Entdeckungen von Grundlagen lerntheoretischer Prinzipien). Gegenwärtig beträgt der Anteil der Forschung mit Tieren in der Psychologie unter 10 Prozent entsprechend den Angaben der APA (American Psychological Association) und einer Studie aus den 80er

Jahren des vergangenen Jahrhunderts (*Gallup & Suarez 1980*). Andere und/oder aktuellere Zahlen sind kaum vorhanden.

Die Anzahl der Tierexperimente in der Psychologie kann kaum geschätzt werden. Es gibt zwar in den meisten Ländern Zahlen über die verwendeten Tiere in der Forschung, aber keine Darstellung in Bezug auf unterschiedliche Fachrichtungen. Die Anzahl der jährlich durchgeführten Prozeduren und eingesetzten und getöteten Tiere ist ebenfalls schwer erfassbar. In den USA beispielsweise fallen mehr als 90 Prozent der eingesetzten Tiere nicht unter den so genannten Animal Welfare Act (AWA), müssen also gar nicht berichtet werden, dabei handelt es sich um Mäuse, Ratten, Vögel, Amphibien und Reptilien. Im Jahresbericht des US Departments of Agriculture, Animal and Plant Health Inspection Service, wird von 1.13 Millionen verwendeter Hunde, Katzen, Primaten und anderer Tiere berichtet, zusätzlich wird von 100 Millionen (!) benutzter Ratten und Mäuse ausgegangen. Die meisten Tiere werden während der Experimente oder anschließend getötet. In Großbritannien als weiteres Beispiel wurden im Jahr 2009 insgesamt 3.6 Millionen Prozeduren durchgeführt. Die Züchtung genetisch modifizierter Tiere nahm um 10 Prozent zu. Zum ersten Mal wurden im Jahr 2009 weniger Prozeduren an genetisch „normalen" Tieren durchgeführt.

In Österreich wurden 2009 laut Tierversuchsstatistik 207.738 Tiere für einen tierexperimentellen Versuch herangezogen. Mäuse nahmen in der prozentualen Verteilung (81,5 %) den größten Anteil ein, gefolgt von Kaninchen, Ratten, Schweinen, Meerschweinchen und Fischen. Art und Anzahl der verwendeten Versuchstiere sind gemäß § 16 Abs. 1 Tierversuchsgesetz vermerkt und nach Verwendung (z.B. Versuche im Zusammenhang mit Krankheiten von Mensch und Tier, toxikologische und sonstigen Unbedenklichkeitsprüfungen) weiter aufgegliedert (*BMWF 2009*). Eine Aufgliederung nach Fachbereichen ist ebenfalls nicht ersichtlich oder erhältlich.

Die ethischen Probleme, die im Zusammenhang mit der experimentellen Arbeit mit Tieren stehen, sind bereits seit längerem Thema in der Psychologie als Wissenschaft und Anwendungsbereich. Beispielsweise gibt es von der britischen psychologischen Gesellschaft ein so genanntes Standing Advisory Committee on the Welfare of Animals in Psychology, das auch eine beratende Funktion in wissenschaftlichen Gremien einnimmt. Allerdings ist es bei allen offiziellen Einrichtungen in der Psychologie deutlich sichtbar, dass hauptsächlich utilitaristische Überlegungen angestellt werden (zumindest wenn man offizielle Richtlinien betrachtet) und die äußerst relevanten Ansätze aus der Tierrechtsbewegung fast nicht präsent sind.

Wenn es um Tiere in der psychologischen Forschung und Praxis geht, müssen zuerst elementare Entscheidungen getroffen werden, die sich nicht grundlegend von Überlegungen zum Einsatz von Tieren und Tierversuchen in anderen Disziplinen unterscheiden. Für Tierversuche gelten die rechtlichen Rahmenbedingungen des Bundesgesetzes vom 27. September 1989 über Versuche an lebenden Tieren (Tierversuchsgesetz - TVG).

Eine EU-Richtlinie stuft das Leid, das den Tieren während eines wissenschaftlichen Experiments potenziell zugefügt wird, in die Kategorien „keine Wiederherstellung der Lebensfunktion", „gering", „mittel" oder „schwer" ein. Die Definitionen der einzelnen Kategorien sind äußerst undurchsichtig. Um ein wiederholtes Leid der Tiere zu vermeiden, hat die Kommission vorgeschlagen, dass nur solche Tiere für weitere Versuche eingesetzt werden dürfen, die zuvor in der Kategorie „gering" eingesetzt wurden. Bei psychologischen Experimenten ist die vorhergehende Prüfung durch einen Tierarzt unbedingt erforderlich, anders stellt sich dies bei anderen Disziplinen (z.B. Veterinärmedizin, Biologie) dar. Jedenfalls sind fünf Punkte im Laufe der Versuchsplanung abzuklären. (1) Wahl der Spezies und Anzahl der Tiere, (2) Verwendete Prozeduren und Methodik - bei denen spezielle psychologische Verfahren relevant werden, (3) Beschaffung von Tieren, (4) Tierhaltung und (5) Beseitigung und Abgabe von Tieren. Die aus psychologischer Sicht relevanten Punkte betreffen die Wahl der Spezies und Anzahl der Tiere, sowie die verwendeten Prozeduren, bei denen psychologiespezifische Fragestellungen zugrunde liegen. Ein weiterer aufgrund psychologischer Theorien und Erkenntnisse zu beeinflussender Punkt wäre die Tierhaltung. Nachdem dieses Thema bereits zahlreiche Bücher füllt, wird hier von einer genaueren Darstellung Abstand genommen.

Bei der Wahl der Spezies soll die für die Experimente am besten geeignete Art herangezogen werden. Das betrifft aus psychologischer Sicht das optimale Modell, um einen Rückschluss auf den Menschen zuzulassen. Zusätzlich ist die Anzahl der verwendeten Tiere von höchster Bedeutung. Wie bereits 1996 von der Task Force on Statistical Inference der American Psychological Association (APA) betont, ist die Einbeziehung der statistischen Relevanz in das Design einer Studie unerlässlich. Auf diese Weise kann eine ideale Stichprobengröße berechnet werden, die auch die Möglichkeit zur Reduktion der Anzahl der Tiere beinhalten kann. Jedenfalls ist dadurch gesichert, dass die geplanten Rückschlüsse aus den Ergebnissen einer Studie gezogen werden können (*APA 1996*).

Jedes Verfahren, das dem Tier Schmerz, Leid, Stress oder anhaltende Schädigung zufügt, ist durch rechtliche Rahmenbedingungen geregelt. Die angeführten Bereiche beinhalten Tod, Erkrankung, Verletzung, physiologischen oder psychologischen Stress, wesentliches Unwohlsein und jegliche Störung des normalen Gesundheitszustandes. Im Rahmen der Prozeduren sind beispielsweise laut British Psychological Society (BPS) Untersuchungsdesigns zu verwenden, die möglichst dem natürlichen Lebensraum entsprechend vorkommende Bedingungen verwenden. Die Forderung nach Ethikvoten vor der Publikation von Erkenntnissen aus der Arbeit mit Tieren ist in diesem Bereich üblich. Gerade im Bereich der Psychologie beschreibt die BPS fünf Prozeduren, die in der Psychologie von besonderer Relevanz sind, denen besondere Aufmerksamkeit im Rahmen der Planung geschenkt werden sollte:

1. Belohnung, Deprivation und aversive Reize: Nahrungsdeprivation kann bei allen Tieren zu Stress führen (z.B. Claasen, 1994). Bei der Verwendung von aversiven Reizen wird einstimmig vorgeschlagen, zuerst andere Motivationsstrategien zu überlegen und die Konsistenz der Vorgehensweise mit der Zielsetzung zu analysieren. Häufig genannte alternative Strategien zu Deprivation und auch aversiven Reizen beinhalten die Gabe von speziellem Futter und anderen Belohnungen, was selbst bei gesättigten Tieren eine sinnvolle Möglichkeit darstellt.
2. Einsatz von Isolation und Überbevölkerung: Überlegungen zur Käfighaltung sollten das Sozialverhalten der Spezies berücksichtigen. Einzelhaltung kann ebenso wie Überfüllung einen enormen Stressfaktor für soziale Tiere darstellen und auch eine Gefahr durch aggressive Verhaltensweisen beinhalten.
3. Experimente mit Aggression und Angriff: Zur Untersuchung von Aggressions- und Angriffverhalten wird von fast allen Autoren die Durchführung einer Feldstudie, also die Untersuchung unter natürlichen Bedingungen (siehe unten) empfohlen. Wenn ein Versuchstier ein anderes verletzt, befreit dies keinesfalls den Forscher von seinen ethischen Verpflichtungen. Vielmehr muss er stets das Wohl des Tieres im Auge behalten. Schützende Barrieren und Fluchtmöglichkeiten sollten in diesen Designs obligat sein. Die Dauer der Versuchsanwendung sollte so kurz wie möglich sein.
4. Feldstudien: Obwohl es sich bei Feldstudien oberflächlich betrachtet um einen geringen Eingriff in ein natürliches System handelt, kann dieser Anschein bei genauerer Betrachtung nicht aufrechterhalten werden. Der Eingriff in ein natürliches System beinhaltet häufig eine andauernde Änderung von bestehenden Strukturen und sollte daher möglichst gering gehalten werden.
5. Anästhesie, Analgesie und Euthanasie (zur Erforschung psychologischer Aspekte in diesem Zusammenhang): Chirurgische Eingriffe dürfen nur mit entsprechender prä- und postoperativer Betreuung und Kontrolle durchgeführt werden. Ein Tier muss dabei ausreichend anästhesiert werden. Bei daraus resultierenden irreparablen Verletzungen oder Beeinträchtigungen bzw. Schmerzen ist eine schmerzfreie Tötung anzudenken.

Tiere zu Hause

Die Verbindung zwischen Mensch und Tier, speziell zwischen Mensch und Hund, wurde erst seit dem Ende des letzten Jahrtausends beforscht. Einigkeit besteht, dass es sich um eine Beziehung handelt, von der Mensch und Tier profitieren. Überlegungen zur Ursache dieser einzigartigen Wirkung hat unter anderem *Wilson (1984, 1985)* in seiner Biophilie-Hypothese formuliert. Diese Hypothese besagt, dass sich Menschen zu lebenden Organismen allgemein hingezogen fühlen und diese Neigung angeboren ist. Diese spezielle Bindung kann als Mutualismus bezeichnet werden, denn auch Tiere schätzen die Bindung und Zugehörigkeit zu den Menschen. Aus diesem Grund kann von einer wechselseitigen Beziehung oder auch Symbiose zwischen Mensch und Tier ausgegangen werden (*Baeninnger 1995*; *Olbrich & Otterstedt 2003*). Mittlerweile konnten, ganz im Sinne des bio-psycho-sozialen Gesundheitsmodells der WHO, biologische, psychologische und soziale Wirkungen von Tieren auf den Menschen beforscht werden.

Eine der ersten und spektakulärsten Entdeckungen gelang der amerikanischen Forscherin Erika Friedmann Ende der 1970er Jahre per Zufall bei einer Untersuchung an Herzinfarktpatienten. Beim Monitoring der Krankheitsverläufe von 92 Patienten nach Herzinfarkt stellte sich heraus, dass neben dem Grad der sozialen Integration für die Überlebenschancen und den Genesungsprozess bedeutsam war, ob ein Patient ein Haustier besaß oder nicht. *Friedmann (2000)* führt in „The Animal-Human Bond: Health and Wellness" an, dass in der oben angesprochenen Studie nur 5,7% der 53 Tierhalter verglichen mit 28,2% der 39 Nicht-Tierhalter innerhalb des ersten Jahres nach Entlassung aus der stationären kardiologischen Spitalsbetreuung starben. Dabei kam es nicht auf die Schwere der kardiovaskulären Erkrankung an. In der Personengruppe mit gleichschweren Krankheitsbildern war die Sterbewahrscheinlichkeit bei den Tierhaltern geringer als bei den Nicht-Tierhaltern. Diese rein zufällig entdeckte Wirkung von Tieren auf den Menschen regte in weiterer Folge umfangreichere Forschung auf diesem Gebiet an. Im Laufe der folgenden vier Jahrzehnte zeigten mehr und mehr Wissenschaftler, aber auch die breite Öffentlichkeit, gesteigertes Interesse an der Mensch-Tier-Beziehung und trugen dazu bei, dass sich dieses bis heute stetig wachsende Forschungsgebiet weiter etablierte.

Die Interaktion mit Tieren begünstigt zahlreiche gesundheitsförderliche Faktoren, weshalb auch häufig im Laufe der Entwicklung der Kontakt von Kindern zu einem Tier empfohlen wird. Insgesamt kann bei Kindern die in der Stadt leben, mehr Verbundenheit zu ihren Tieren festgestellt werden als bei den auf dem Land aufwachsenden Kindern (*Albert & Bulcroft 1987*; *Stevens 1990*; *Wells & Hepper 1995*). Die Anzahl der Heimtiere ist allerdings auf dem Land (naturgemäß) größer. (*Paul & Serpell 1992*). Über die Mensch-Tier-Beziehung lässt sich weiters sagen, dass Kinder aus Familien mit nur einem Elternteil eine stärkere Bindung zum Hund haben als Kinder aus Familien mit beiden Elternteilen (*Bodsworth & Coleman 2001*). Interessante Unterschiede zeigen sich auch zwischen den Geschlechtern. Studien zeigen, dass Mädchen offenbar häufiger eigene Heimtiere haben als Buben (*Herzog 2007*; *Paul & Serpell 1992*; *Rost & Hartmann 1994*) und Mädchen besonders an Fürsorge und Pflege interessiert sind (*Herzog, Betchart & Pittman 1991*; *Robertson, Gallivan & Maclntyre 2004*) Buben hingegen eher am gemeinsamen Spiel (*Morrow 1998*). Nachdem in fast 50% der europäischen Haushalte Tiere leben, kann davon ausgegangen werden, dass zumindest ebenso viele Kinder mit Tieren aufwachsen (z.B. *Bercovitch 2001*).

Tiere sind also ein wichtiger Bestandteil der Kindheit und wesentlich für die Entwicklung eines Kindes (z.B. *Bossard 1944*; *Myers 2007*; *Pagani et al. 2007*). Das Tier wird als Mitglied und fester Bestandteil der Familie angesehen und es zeigte sich, dass Personen, die Interesse an Tieren haben, auch ein höheres Interesse an Menschen zeigen (z.B. *Morrow 1998*). Die Einstellung zu Tieren, hängt wiederum von der Ausprägung der Empathie ab (*Taylor & Signal 2005*). Denn empathische Personen gehen eher davon aus, dass Tiere einen Verstand haben, als weniger empathische. Sie zeigen zudem mehr Respekt gegenüber Tieren (*Hills 1995*; *Pagani 2000*). Tiere haben wiederum einen positiven Einfluss auf die Entwicklung der Empathie (*Daly & Morton 2009*). Zusätzlich wird berichtet, dass die Interaktion mit Tieren jene Prozesse anspricht, die für die Entwicklung von sozialen Kompetenzen relevant sind (z.B. *Myers 2007*). Ganz konkret wird speziell von positiven Auswirkungen auf den Selbstwert gesprochen (z.B. *Beck & Katcher 2003*), wenn ein Kind die Gelegenheit hat, mit einem Hund aufzuwachsen. Begründungen dafür sind vielfältigst vorhanden. Eine Idee ist, dass sich Aufgaben, die Kinder mit einem Heimtier für diese erledigen, auch auf andere Bereiche generalisieren (*Stevens 1990*). Kinder lernen Verantwortung zu übernehmen und zusätzlich wird ein Hund häufig als Beschützer angesehen (z.B. *Morrow 1998*). Allerdings gilt es da jedenfalls, an die Empathieentwicklung zu denken. Im Rahmen ethischer Überlegungen muss daher unbedingt angeführt werden, dass Kinder erst etwa ab dem Schulalter (mit ca. sieben Jahren) mit einem Hund alleine gelassen werden können, egal wie kurz die Zeitspanne ist. Jüngere Kinder können sich schwer in andere Wesen hineinversetzen und es kommt unweigerlich zu Kommunikationsproblemen, die tragisch enden können. Daran sind dann weder das kleine Kind noch der Hund schuld - beide haben zumeist verzweifelt versucht, sich dem Anderen verständlich zu machen -, sondern ausschließlich die Personen, die zugelassen haben, dass eine unbeaufsichtigte Interaktion stattfinden kann.

Doch wieder zurück zu weiteren positiven Wirkungen: Tiere gelten als emotionale Unterstützung und meist als wahre Freunde (*Davis & Juhasz 1995*). Ein weiterer Ansatz ist, dass dies zu einer Steigerung des Selbstwerts des Kindes führen kann (*Morrow 1998*; *Myers 2007*). *Stern (1985)* geht davon aus, dass für ein starkes inneres Selbst und jegliche Interaktionen (1) Kohärenz, (2) Emotionen, (3) Handlungsfähigkeit und (4) Kontinuität Voraussetzungen sind. Diese Aspekte können durch die Interaktion mit Tieren optimal trainiert werden. Tiere sind der Inbegriff für Kohärenz, da sie zum Beispiel keine doppeldeutigen Aussagen machen. Tiere senden und empfangen Emotionen, auch ohne Sprache und Mimik, sie vermitteln Handlungsfähigkeit und regen Interaktionen an. Tiere sind weiters der Inbegriff von Kontinuität und Ganzheitlichkeit durch ihre Eigenständigkeit (*Myers 2007*).

Tiere in Unterricht, Ausbildung und Lehre

Ethische Überlegungen zum Einsatz von Tieren im (Psychologie)Unterricht sind im deutschsprachigen Raum nicht direkt vorhanden. Im angloamerikanischen Raum stellt das Thema ein kontrovers betrachtetes Diskussionsthema dar, da erst seit wenigen Jahren ethische Aspekte auch ganz offiziell diskutiert werden. Grundlegende Überlegungen zu Tieren im Unterricht wurden von *Jonathan Balcombe (2008)* in Form von 28 Empfehlungen dargelegt, die eine Verminderung der in Schulen „verwendeten" Tiere und eine Reduktion des Tierleids vorschlägt. Interessierten LeserInnen wird in diesem Zusammenhang besonders jener Beitrag des Autors empfohlen. Insgesamt ist das Thema äußerst vielschichtig und es sind zahlreiche Fragen bezüglich zugrundeliegender ethischer Ansätze zu stellen. Am Beispiel Tiere in Bildungseinrichtungen wird deutlich, dass viele Entscheidungen nach wie vor ohne ausreichende ethische Überlegungen getroffen werden.

Tiere in der psychologischen Behandlung und Therapie

Die Arbeit mit Tieren in der so genannten tiergestützten Therapie, international als animal assisted therapy (AAT) bezeichnet, erlebt derzeit einen unglaublichen Boom. Daher ist es nicht verwunderlich, dass es diesbezüglich sowohl ethische Überlegungen von der APA, als auch von der British Psychological Society gibt, sowie von diversen interdisziplinären Organisationen (z.B. IAHAIO oder Delta Society).

Neben den vorhandenen Richtlinien ist es wichtig zu erwähnen, dass auch in dem Bereich der tiergestützten Arbeit verschiedene Strömungen der Tierethik deutlich vertreten sind. Während bei manchen Ansätzen der Einsatz des Tieres als Instrument zum Wohle des Menschen im Vordergrund steht, geht es bei anderen Arbeitsmethoden um die Tierrechte und die Gleichbehandlung; das Tier arbeitet gleichberechtigt als Partner und Co-Professionist. In zweiten Ansätzen stehen Tierrechte, das Wohl des Tieres und dessen Selbstbestimmung im Vordergrund.

Nehmen wir beispielsweise das heftig diskutierte Thema Delfintherapie. Abgesehen davon, dass Therapie mit Delfinen entsprechend gängiger Definitionen von tiergestützter Therapie ausgeschlossen wird - Voraussetzung ist die Arbeit mit Heim- oder domestizierten Tieren, Delfine hingegen sind Wildtiere -, gilt es zu überlegen, inwieweit der Mensch das Recht hat, Tiere zu benutzen. Delfine werden zumeist in einer künstlichen Umgebung gehalten, die nachgewiesenermaßen schädlich für deren Kommunikationsorgane ist, und die natürliche Neugier und Intelligenz der Spezies wird benutzt, um die Arbeit durchzuführen, unabhängig davon, ob das für die Tiere einen gesundheitlichen Nachteil (aus biopsychosozialer Sicht) hat. Derartige Überlegungen sind natürlich bei jeder Spezies höchst relevant. Wie weit darf der Mensch für das eigene Wohlbefinden gehen?

Wenn als weiteres Beispiel die häufige Arbeit mit Hunden herangezogen wird, können unter anderem folgende Aspekte betrachtet werden: Unterschiede werden deutlich (1) in der grundlegenden Erziehung der Hunde, (2) in der durchgeführten Arbeit, (3) in der Vorbereitung des Hundes auf diese Arbeit und (4) in der Beurteilung der Qualität der Arbeit (des Hundes).

Die auf dem Einsatz des Tieres als Instrument beruhende Arbeit beinhaltet in der grundlegenden Erziehung neben der selbstverständlich verlangten Sozialisierung beispielsweise eine Desensibilisierung in Bezug auf artuntypische Verhaltensweisen wie Festhalten, Darüberbeugen und ähnliches. Bei der Arbeit mit dem Hund geht es von Seiten des Tieres vor allem um das für manche Personen scheinbar reaktionslose Zulassen inadäquater Interaktionsformen (siehe artuntypische Verhaltensweisen) ohne jegliche (arttypische) Reaktion. Nachdem der dementsprechende Einsatz der Hunde dies verlangt, müssen arttypische Reaktionen daher in der Vorbereitung des Hundes selbstverständlich abtrainiert werden. Dies führt neben anderen gesundheitsbezogenen Nachteilen zu zahlreichen körperlichen Problemen, vor allem einer sehr eingeschränkten Kommunikationsfähigkeit des Hundes gegenüber Mensch und Tier. (Chronischer) Stress beispielsweise, der ja somit auch nicht gezeigt werden darf, verursacht vielfach körperliche Reaktionen und Probleme. Die detailreiche Darstellung der potentiellen Folgen würde den Rahmen des Beitrags sprengen. Die gesteigerte Gefahr scheinbar nicht nachvollziehbarer, plötzlicher, ohne sichtbare Vorwarnung stattfindender Angriffe des Hundes, wird den LeserInnen auch ohne weitere ausführliche Analysen ins Auge springen. Bei der Beurteilung der Qualität tiergestützter Interventionen/ Arbeit dieser Art wird vor allem die „Nicht-Reaktion" und das Aushalten sämtlicher aversiver Reize als positiv gewertet.

Tiergestützte Arbeit beruhend auf den Theorien der Tierrechte unterscheidet sich von der grundlegenden Erziehung nicht, wenn es um die dringend notwendige Sozialisierung geht. Allerdings findet zusätzlich eine Förderung arttypischer Interaktionsformen statt, um die Kommunikationsfähigkeit des Tieres zu erhöhen. Im Rahmen der tiergestützten Arbeit stehen die Freiwilligkeit aller Beteiligten (selbstverständlich inklusive Hund) und die hundetypische Kommunikation im Vordergrund. Bei der Vorbereitung auf die Arbeit wird sichergestellt, dass die natürlichen Verhaltensweisen gefördert wurden und werden. Vor allem der Umgang mit Stress und dabei das Ausschöpfen sämtlicher der Minimierung dienlichen Möglichkeiten (beispielsweise die Rückzugsmöglichkeit des Hundes und die damit zusammenhängende Vermeidung) sind ein bedeutender Bestandteil der Vorbereitung. Die Qualitätsbeurteilung des Hundes bei einer auf diesem Ansatz, also den Tierrechten basierenden tiergestützten Arbeit, hingegen bewertet die deutliche Kommunikation des Hundes gegenüber dem Menschen sowie eine möglichst stressfreie Interaktion als positiv.

Trotz zahlreicher Unterschiede ist die Eignung des Tieres immer eine unabdingbare Voraussetzung für jegliche Art der tiergestützten Arbeit. Bei Überlegungen in Bezug auf moralische Rechte spielt allerdings die Emotionalität des Tieres eine relevante Rolle. Neben der prinzipiell positiven Einstellung des Hundes zum Menschen geht es unter anderem zentral um die Freude an der Interaktion mit Menschen. Bei Betrachtung der unterschiedlichen Herangehensweisen würden Aussagen über die Sichtweisen in Bezug auf die Stellung des Tieres in der Mensch-Tier-Beziehung an dieser Stelle eindeutig zu weit führen. Zweifelsfrei hingegen ist die positive Wirkung des Tieres auf den Menschen in biopsychosozialer Weise anzuführen.

Ähnlich wie bei den Überlegungen zu Alternativen bei Tierexperimenten spielen bei dieser Frage und den entsprechenden Forschungen die neueren Technologien eine große Rolle. Bereits vor einiger Zeit konnte gezeigt werden, dass ein kleiner Roboterhund in einem Pflegeheim ähnliche Aktivierung bei den Einwohnern auslöst wie ein echter Hund (*Turner et al.*). Es gibt allerdings noch Möglichkeiten, die weit darüber hinausgehen. Der Einsatz virtueller Realität verspricht in naher Zukunft Kontakt mit Tieren zu ermöglichen wo es bis dato nicht möglich ist (Intensivstation etc.). Weiters soll besonders der artgerechte Einsatz von Tieren damit gefördert werden. Falls ein adäquater Umgang nicht gesichert ist oder das betreffende Umfeld unpassend ist, wird es in wenigen Jahren möglich sein, auf die Interaktion in der virtuellen Realität zurückzugreifen. Erste Untersuchungen zur psychophysiologischen Wirkung eines virtuellen Hundes zeigen verblüffend ähnliche Ergebnisse mit realen Hunden (*Stetina et al. 2010, 2011*).

Überlegungen zum Einsatz von Tieren

Nicht immer macht es Sinn, Tiere in der Lehre, Praxis oder zur Beantwortung von wissenschaftlichen Fragestellungen einzusetzen. Neben ethischen Überlegungen spricht manchmal einfach die wissenschaftliche Erfahrung dagegen, weil beispielsweise bekannt ist, dass die Erkenntnisse aus Tierversuchen in bestimmten Bereichen eben doch nicht auf den Menschen übertragbar sind. Die anstehenden Entscheidungen sollen für ForscherInnen neben den angeführten Punkten durch verschiedene Theorien und Überlegungen erleichtert werden. Allerdings ist es hier so, dass in den Theorien die alternativen Verfahren meistens zu kurz kommen. Wichtig ist es daher, vorhandene Alternativen und die beiden prominentesten Ansätze zur Abwägung, nämlich die so genannten 3Rs und den Entscheidungswürfel von Bateson (*Bateson 2005*) durchzudenken. Trotzdem soll kurz auf die Alternativen zum Einsatz von Tieren eingegangen werden. Die heutigen Möglichkeiten umfassen neben den unglaublichen Entwicklungen durch die neuen Medien und die dadurch entstandenen Möglichkeiten zur Simulation und Modellierung einer Mensch-Tier-Interaktion, die Optionen zur Verwendung von Zellkulturen, die vielversprechende Ergebnisse zeigen, ebenso wie der Einsatz freiwilliger Personen bei bestimmten Thematiken. Die Verwendung des Tieres als Modell für den

Menschen, im Sinne einer Übertragbarkeit der Erkenntnisse, hat sich schließlich in einigen Fällen als nicht haltbar erwiesen (siehe eine Übersicht bei *Shapiro 1998* und ein Beispiel von *Langley et al. 2008*). Zusätzlich lässt die immer weiter fortschreitende Entwicklung neuer statistischer Designs und Methoden hoffen, dass in Zukunft die Zahl der verwendeten Tiere reduziert werden kann. Es gibt diverse Einrichtungen wie beispielweise das John Hopkins Center for Alternatives to Animal Testing (CAAT), das seit 1981 an Alternativen zum Einsatz von Tieren arbeitet, wie beispielsweise Toxizitätsstudien in vitro mit speziell entwickelten Zellkulturen.

Psychopathologische Formen der Mensch-Tier Interaktion

Die psychologischen Aspekte der Mensch-Tier-Beziehung sind einerseits durch die nahezu unglaublichen Wirkungen des Tieres auf den Menschen geprägt, andererseits auch durch den Eingriff des Menschen in den Lebensraum, das Verhalten und weitere Aspekte des Lebens. Die besonders hervorzuhebenden Formen sind Tierquälerei, Animal Hoarding und Zoophilie. Alle drei Bereiche sind durch enorme Graubereiche gekennzeichnet, in denen schwer einteilbar ist, worum es sich jetzt handelt und warum die ethischen Überlegungen zur Verantwortung gegenüber den Tieren scheinbar vollkommen unwichtig werden - siehe Diskussionen zum Thema Qualzucht. Von diesen drei Formen der Mensch-Tier-Interaktion ist dabei Tierquälerei in Relation zu den anderen beiden Interaktionsformen noch am einfachsten fest zu stellen. Bei Animal Hoarding handelt es sich um einen schleichenden Prozess, bei dem es keine ausreichenden Richtlinien gibt (z.B. *Arluke 2009*). Zusätzlich sind verschiedene Typen von Animal Hoardern zu unterscheiden, bei denen sich einige als besonders fürsorglich oder sogar als Tierretter erleben. Damit wird natürlich nicht nur das Erkennen der Problematik (schließlich gibt es tatsächlich Personen, die Tiere retten und auch kurzfristig eine Überpopulation haben), sondern auch die Intervention enorm erschwert (Einsicht). Die komplizierteste Form der Mensch-Tier-Beziehung aus ethischer Sicht findet sich in Fällen von Zoophilie.

Tierquälerei umfasst den beabsichtigten, wissentlichen Missbrauch von Tieren, sowie das gewaltsame Zufügen von physischem oder psychischem Leid (*Stupperich 2006*). Gemäß TschG § 5 (1) ist das Verbot der Tierquälerei gesetzlich verankert. Die verschiedenen Ausprägungen der Gewalt gegenüber Tieren resultieren aus diversen Motiven und dem situativen Kontext, sowie der Verfügbarkeit eines Tieres (z.B. die Katze des Nachbarn). Bereits Mitte der 80er Jahre des vergangenen Jahrhunderts konnten verschiedene Motive für Tierquälerei von den bekannten Forschern Kellert und Felthous empirisch untersucht werden. Diese reichen von Kontrolle über Rache (direkt am Tier oder durchaus auch stellvertretend an einem Menschen, über das Tier ausgedrückt) bis zu Aggressionstransfer von einer Person auf ein Tier. Von nicht zu vernachlässigender Relevanz ist auch der schockierende Effekt der Tierquälerei und ein etwaiges Imponiergehabe. Weiters können Rassenvorurteile eine Rolle spielen und auch Tierkämpfe, die mit Aggressionssteigerung einher gehen. In der klinischen Psychologie ist die Wichtigkeit dieses psychopathologischen Umgangs mit Tieren noch relativ unbeachtet, allerdings gibt es bei der Bestimmung psychischer Störungen auch ein Diagnosekriterium „tierquälerisches Verhalten". Erfüllt ein Patient dieses und weitere relevante Kriterien in Bezug auf die Interaktion mit seiner Umwelt wird von einer antisozialen Persönlichkeitsstörung gesprochen (Diagnose nach DSM-IV und DSM-IV-TR).

Die psychologische Relevanz von Tierquälerei kann zusätzlich aufgrund der so genannten Progressionshypothese hervorgehoben werden: Tierquälende Kinder wenden mit größerer Wahrscheinlichkeit später auch zwischenmenschliche Gewalt an. Es gilt auch der Umkehrschluss: Interpersonelle Gewalt und Aggression lassen auf eine erhöhte Wahrscheinlichkeit auf tierquälerische Aktivitäten in der Kindheit und frühen Jugend schließen (z.B. *Beirne 2003*). Zusätzlich konnte bei einem Viertel (!) verhaltensauffälliger Kinder tierquälerisches Verhalten festgestellt werden (*Arluke, Levin, Luke & Ascione 1999*; *Luk, Staiger, Wong & Mathai 1999*). Häufig werden bei tierquälenden Personen Erlebnisse mit Beobachtungen von Tierquälerei gefunden, wobei das Alter bei der Beobachtung einen Einfluss auf die Häufigkeit von selbst verübter Tierquälerei hat (*Henry 2004*; *Hensley & Tallichet 2005*; *Tallichet & Hensley 2005*). Es kann sogar schon eine Aussage über die Bandbreite von Gewalttaten gemacht werden, wenn wir die Zusammenhänge zwischen Tierquälerei in der Kindheit bei Straftätern analysieren (*Stetina et al. 2010*).

Hinter dem Animal Hoarding stecken häufig soziale Isolierung und eine Bandbreite an bisher relativ unklar definierten Störungen. Das außer Kontrolle geratene Horten und Sammeln von Tieren führt zu sukzessiver Vernachlässigung der gehaltenen Tiere bis hin zu Verwahrlosung und Tod. Die gesetzlichen Anforderungen an die Tierhaltung können zumeist nicht mehr eingehalten werden, die Tierhalter können artgerechter Fütterung, Hygiene, medizinischer Betreuung und Vermehrung der Tiere nicht mehr nachkommen. Die Animal Hoarder werden je nach zugrundeliegender Motivation (Helfersyndrom, Zucht, Einsamkeit, Ausbeutung) und Ausmaß der Sorgevernachlässigung verschiedenen Subtypen des Animal Hoarding zugeordnet. Am häufigsten betroffene Tierarten sind Hunde (46,4 %) und Katzen (33,9 %), 73,2% der Animal Hoarder sind Frauen, von denen 54,4% zwischen 50 und 59 Jahre alt sind (*Patronek et al. 2005*).

Zoophilie als emotionale Verbindung zu Tieren, die in einer Bevorzugung von Tieren als Sexualpartner resultiert, umfasst sämtliche Formen der sexuellen Interaktion zwischen Mensch und Tier (*Miletski 2002*). Tiere als Ersatz für einen menschlichen Sexualpartner werden aus sexueller Not, mangelnder Verfügbarkeit eines menschlichen Partners und/oder Verlegenheit erwählt. Wird ein Tier als frei gewählter Sexualpartner bevorzugt, sind erste Erfahrungen zumeist auf Neugier zurückzuführen. In Österreich und Deutschland sind der Vertrieb, An- und Verkauf tierpornographischer Materialien gesetzlich verboten (*Massen 1994*).

Ausblick

Die Tierethik hat auch aus psychologischer Sicht eine spannende Geschichte und viele der Veränderungen geschehen gerade jetzt. Die rechtlichen Rahmenbedingungen und die Richtlinien der Berufsverbände beruhen beispielsweise ausschließlich auf einer utilitaristischen Sichtweise. Eine diesbezügliche Veränderung wird von vielen Seiten angestrebt. Auch das interdiszplinäre wissenschaftliche Feld der Anthrozoologie, das sich mit all diesen Themen befasst, steckt mit wenigen Jahrzehnten noch in den Kinderschuhen. Die Psychologie spielt in diesem Bereich eine sehr große Rolle und wird in weiterer Zukunft wertvolle Beiträge liefern und vielleicht die offenen Fragen zu psychologischen Mechanismen unserer inkonsistenten und ambivalenten Beziehung zu Tieren klären.

Literatur

American Psychological Association. (1996). Task Force on Statistical Inference Report. Washington, DC: American Psychological Association.

American Psychological Association. (2001). Publication Manual of the American Psychological Association (5th ed.). Washington, DC: American Psychological Association. Bateson, P. (1986).

Anderson, D.B. (2007). Standards of accommodation and care for animals used in scientific procedures in Europe. AATEX 14, Special Issue, 51-55, Proc. 6th World Congress on Alternatives & Animal Use in the Life Sciences, August 21-25, 2007, Tokyo, Japan.

Bateson, P. (2005). Ethics and Behavioural Biology. Advances in the Study of Behavior, 35, 211-233.

Beirne, P. (2003). From animal abuse to interhuman violence? A critical review of the progression hypothesis. Society and Animals, 12(1), 1-17.

Benecke, N. (1994). Der Mensch und seine Haustiere: die Geschichte einer jahrtausendealten Beziehung. Stuttgart: Konrad Theiss Verlag GmbH & Co. 11-39

Bentham, J. (1948 [1789]). A fragment on government and an introduction to the principles of morals and legislation (Ed. with an introduction by Wilfrid Harrison). Oxford: Blackwell

Berry, C., Patronek, G. P., Lockwood, R. (2005). Long term outcomes in animal hoarding cases. Animal law. 11, 167-193. Oregon: Lewis & Clark Law School.

Eibl-Eibesfeld, I. (1999). Grundriß der vergleichenden Verhaltensforschung (8., überarbeitete Auflage). München: Piper.

European Convention for the Protection of Vertebrate Animals used for Experimental and Other Scientific Purposes, Strasbourg, 18.III.1986

Gahr, M. (2001). Motivation und Emotion. In J. Dudel, R. Menzel & R. F. Schmidt (Hrsg.), *Neurowissenschaft. Vom Molekül zur Kognition* (S. 465-486). Berlin: Springer.

Gallup, G. G. & Suarez, S. D. (1985). Animal research versus the care and maintenance of pets: The names have been changed but the results remain the same. American Psychologist, 40(8), 968.

Herzog, H. (2010). Some We Love, Some We Hate, Some We Eat: Why It's So Hard to Think Straight about Animals. New York: HarperCollins.

Jütte, D. (2002). Die Entstehung und die Auswirkungen des nationalsozialistischen Reichstierschutzgesetzes von 1933. Ber. Inst. Didaktik Biologie [Münster], Suppl. 2, 167-184

Kac, E. (2003). GFP Bunny. Leonardo. Volume 36, Number 2, 97-102

Kaplan, A. (2006). Die Mensch-Tier-Beziehung - Eine irrationale Angelegenheit. VDM Verlag, Saarbrücken.

Kellert, S. R. & Felthous, A. R. (1985). Childhood cruelty to animals among criminals and noncriminals. Human Relations, 38, 1113-1129.

Langley, C.K., Aziz, Q., Bountra, C., Gordon, N., Hawkins, P., Jones, A., Langley, G., Nurmikko, T. & Tracey, I. (2008). Volunteer studies in pain research - Opportunities and challenges to replace animal experiments: The report and recommendations of a Focus on Alternatives workshop, NeuroImage, 42 (2), 467-473.

Massen, J. (1994). Zoophilie : die sexuelle Liebe zu Tieren ; Informationen zu einem sexuellen Tabu. Köln: Pinto-Press

Miletski, H. (2002). Understanding Bestiality and Zoophilia. Bethesda: MD: Author.

Olbrich, E.; Otterstedt, C. (2003). Menschen brauchen Tiere, Grundlagen und Praxis der Tiergestützten Pädagogik & Therapie, Stuttgart.

Puppe, B. (1996). Wohlbefinden bei Nutztieren: Eine verhaltensbiologische Übersicht. Biol. Zbl. 115 (1996), 3-15

Regan, T. (1985). „The case for animal rights", in Peter Singer (ed), In. Defense of Animals, Basil. Blackwell, Oxford.

Reichholf, J.H. (2009). Die Bedeutung der Tiere in der kulturellen Evolution des Menschen. In C. Otterstedt/ M. Rosenberger (Hrsg.): Gefährten - Konkurrenten - Verwandte. Die Mensch-Tier-Beziehung im wissenschaftlichen Diskurs (S. 11-25). Göttingen: Vandenhoeck & Ruprecht

Remele, K. (2007). Zwischen Apathie und Mitgefühl. In: Interdisziplinäre Arbeitsgemeinschaft Tierethik (Hrsg.): Tierrechte - Eine interdisziplinäre Herausforderung (S. 255-270). Erlangen: Harald Fischer Verlag

Roth, G., Menzel, R. (1996). Neuronale Grundlagen kognitiver Leistungen, in: Dudel, Menzel, Schmidt (Hrsg.), Neurowissenschaft, Berlin, S. 539-560.

Russell, W.M.S. & Burch, R.L. (1959). Principles of Humane Experimental Technique.

Serpell, J. (1986). In the Company of Animals. A study of Human-Animal Relationships. Cambridge: Cambridge University Press.

Singer, P. (2008). Rassismus und Speziesismus. In U. Wolf (Hrsg.) Texte zur Tierethik (S. 25-32). Stuttgart: Reclam

Shapiro, K. (1998). Animal Models of Human Psychology. Critique of Science, Ethics and Policy. Seattle: Hogrefe & Huber.

Stetina, B.U., Helms, E. & Kothgassner, O.D. (2010). Psychologische Aspekte der Tierquälerei, Zoophilie und Animal Hoarding. Vortrag auf der Inatura Vortragsreihe 3.-4. Februar, Österreich, Dornbirn

Stupperich, A. (2006). Wege in den Schatten? Tierquälerei und Gewaltstraftäter. In B. Schröder (Hrsg.), Verschweigenes Tierleid sexueller Missbrauch an Tieren (S. 84-95).

US Departments of Agriculture, Animal and Plant Health Inspection Service „Annual Report Animal Usage by Fiscal Year", 6 Jul. 2010.

Walsh, G. (2006). Father of animal activism backs monkey testing. *The Sunday Times*, November 26.

Walsh, G. (November 26, 2006). Father of animal activism backs monkey testing. The Sunday Times.

Wilmut, I., Schnieke, A.E., McWhir, J., Kind, A.J. & Campbell, K.H. (1997). Viable offspring derived from fetal and adult mammalian cells. *Nature, 385 (6619).* 810-813.

Wolf, U. (Hrsg.) (2008). *Texte zur Tierethik*. Stuttgart: Reclam.

Würbel, H. (2007). Environmental enrichment does not disrupt standardisation of animal experiments. *ALTEX, 24*, 70-72.

Weiterführende Literatur

Armstrong, S. J. & Botzler, R. G. (2008). *The Animal Ethics Reader*. Oxon: Routledge.

Bekoff, M. (2007). The Emotional Lives of Animals: A Leading Scientist Explores Animal Joy, Sorrow, and Empathy - and Why They Matter. Novato, CA: New World Library.

Bekoff, M & Pierce, J. (2009). Wild Justice: The Moral Lives of Animals. Chicago: The University of Chicago Press.

Bekoff, M. (2007). Animals Matter: A Biologist Explains Why We Should Treat Animals with Compassion and Respect. Shambala.

Bekoff, M. (2002). Minding Animals: Awareness, Emotions, and Heart. New York: Oxford University Press.

Bekoff, M. (2010). The Animal Manifesto. Six Reasons for Expanding Our Compassion Footprint. Novato, CA: New World Library.

Bekoff, M. (2006). Animal Passions and Beastly Virtues. Reflections on Redecorating Nature. Philadelphia: Temple University Press.

Gruen, L. (2011). Ethics and Animals. An Introduction. New York: Cambridge University Press.

Goodall, J. & Bekoff, M. (2002). The Ten Trusts. What We Must Do To Care For The Animals We Love. San Francisco: Harper.

Lorenz, K. (1949). Er redete mit dem Vieh, den Vögeln und den Fischen. dtv.

Lorenz, K. (1950). So kam der Mensch auf den Hund. dtv.

Irvina, L. (2004). If You Tame Me. Philadelphia: Temple University Press.

Schwein und Mensch - eine ambivalente Beziehung

Franz M. Wuketits

„Sein Leben mag's im Dreck vertrödeln,
Man liebt das Schwein mit Kraut und Knödeln
Und Schinken etwa in Burgunder
Verehren wir als wahres Wunder."
(Eugen Roth)

„Das Schwein hat kein Schwein."
(Franco Bonera)

Einleitung

Für die einen sind sie wertvolle Nahrungslieferanten und Glücksbringer, den anderen gelten sie als „unreine" Tiere, wirklich kalt lassen sie aber anscheinend niemanden: *Schweine.* Diese Paarhufer spielen in der Kulturgeschichte der Menschheit eine sehr vielfältige, aber auch widersprüchliche Rolle. (Siehe dazu die umfassende Darstellung von *Wuketits 2011.*) Abgesehen davon, dass sie uns als Nutztiere dienen, haben sie ihre Bedeutung in Mythen, Märchen und Legenden erlangt (gelegentlich haben sie sogar den Status von Gottheiten eingenommen), sind Sinnbilder der Fruchtbarkeit, der Wollust und des Wohlbefindens, wurden zum Symbol der Sparsamkeit, inspirieren manchen Maler, Zeichner und Karikaturisten und bereichern nicht zuletzt den Fundus von Schimpfwörtern. Wir projizieren in Schweine Eigenschaften, die wir an uns selbst - vor allem aber an unseren Mitmenschen - nicht schätzen und unterstellen ihnen daher manche Untugenden, vor allem Völlerei und Unzucht.

Winston Churchill bemerkte, dass Hunde zu uns auf- und Katzen auf uns herabblicken, während uns Schweine in Augenhöhe begegnen, uns gleichsam als Gleichgestellte behandeln. Zweifelsohne sind Schweine sehr intelligente Tiere, und sie sind uns Menschen in physiologischer Hinsicht ähnlich. Sie sind ausgesprochen soziale Lebewesen mit ausgeprägten Kommunikationsformen, die sich in verschiedenen Nuancen ihres Grunzens äußern. Dass sie „dreckig" sind, ist eines der vielen Missverständnisse, die sich um sie ranken. In Wahrheit betreiben Schweine eine intensive Körperpflege. Da sie nicht schwitzen können, wälzen sie sich gern im Schlamm, was ihnen zur Abkühlung dient. (Die Redewendung, dass jemand „wie ein Schwein schwitzt" ist mithin grundverkehrt.) Doch das Vorurteil, Schweine seien schmutzige Kreaturen, konnte den Menschen nicht davon abbringen, sie als Nahrungslieferanten zu züchten. Weltweit gibt es heute etwa eine Milliarde Hausschweine, und sie werden in den meisten Ländern gegessen. Neben Rindern sind Schweine die wichtigsten Nutzhaustiere.

Der vorliegende Beitrag gibt eine knappe Übersicht über die ambivalente Haltung, die der Mensch Schweinen gegenüber hegt und beleuchtet exemplarisch die lange und reichhaltige Geschichte der Mensch-Schwein-Beziehung. Dabei werden auch einige tierethisch relevante Aspekte angesprochen.

Vom Wildtier zum Haustier

Die „echten" Schweine (Suidae) repräsentieren eine Familie der Ordnung Paarhufer (Artiodactyla) und sind rezent mit zwölf Arten vertreten. Eine davon ist das Wildschwein (*Sus scrofa*), dessen heutiges weites Verbreitungsgebiet von den Pyrenäen bis Russland reicht; es kommt in verschiedenen (regionalen) Unterarten vor. Als Jagdwild dienten Schweine dem Menschen schon im Paläolithikum und lieferten unseren (altsteinzeitlichen) Ahnen willkommene und umfassende Mahlzeiten, wenngleich sich die Jagd auf diese imposanten und wehrhaften Tiere als durchaus gefährlich gestaltet haben muss. Das Hausschwein ist keine eigene Art, sondern ein domestizierter Abkömmling von Wildschweinen (und in freier Wildbahn mit diesen kreuzbar). Seine Domestikation begann im Neolithikum, vor etwa zehntausend Jahren. Wie wurde aus Wildschweinen ein Haustier?

Die Domestikation von Wildtieren im Allgemeinen kann nur als sehr komplexer Prozess begriffen werden. Ohne hier auf Details dazu eingehen zu können, erscheint es in Bezug auf Schweine (und Rinder) plausibel, dass diese den sesshaft gewordenen neolithischen Ackerbauern als „Ernteräuber" in die Quere kamen - zumal ihnen menschliche Siedlungen sicher einen gewissen Anreiz als Futterquelle boten - und gerade deshalb von den Feldern ins Haus geholt wurden (vgl. *Zeuner 1967*). Schweine sind sehr anpassungsfähig, so dass ihre Domestikation nicht allzu schwer gewesen sein dürfte. Aufgrund seiner sozialen Veranlagung, genetischen Vielfalt, großen Fruchtbarkeit und nicht zuletzt Flexibilität hinsichtlich der

Ernährung war das Wildschwein für den Übergang vom Wild- zum Haustier sehr gut geeignet (vgl. *Herre und Röhrs 1990*). Die Schweinedomestikation erfolgte in verschiedenen Regionen der Alten Welt (Ägypten, Vorderer Orient, Ostasien, Europa) nicht zeitgleich, und Hausschweine entstanden in diesen Regionen weitgehend unabhängig voneinander. Ursprünglich wurden sie in mehr oder weniger großen Herden auf Waldweiden gehalten; das „Weideschwein" war auch noch in viel späteren Zeiten (auch in unseren Breitegraden) vielfach anzutreffen. Sie wurden von Schweine- oder Sauhirten gehütet, denen - wie dem Schwein selbst - keine große Ehre entgegengebracht wurde.

Mittlerweile werden Hausschweine auf allen Kontinenten als Nutztiere gehalten. Im 15. Jahrhundert wurde das Hausschwein aus seinen heimatlichen Gebieten der Alten Welt nach Lateinamerika exportiert. Christoph Kolumbus nahm auf seine zweite Reise in die Neue Welt (die er freilich mit Indien verwechselte) unter anderem auch acht erlesene Schweine mit, die den Grundstock für die amerikanische Schweinezucht bildeten. Allerdings dürften Schweine auf Hawaii schon anderthalb tausend Jahre früher von den Polynesiern mitgebracht und dort heimisch geworden sein.

Wie die Haustierzucht im Allgemeinen führt uns die Schweinezucht nicht nur die „Kunstfertigkeit" von Züchtern vor - die in relativ sehr kurzer Zeit, durch künstliche Selektion, neue Rassen hervorzubringen vermögen -, sondern auch manche fragwürdigen Resultate von Züchtungsexperimenten. Viele Haustierrassen sind von *Degeneration* betroffen. Schon *Darwin (1868 [1910: 281])* bemerkte folgendes dazu: „Der Mensch wählt Modifikationen allein für seinen eigenen Nutzen oder nach seiner Liebhaberei und nicht für das eigene Beste des Wesens zur Nachzucht aus und pflanzt sie fort ... Wenn er z. B. die Knochen und den sog. Abfall reduziert oder die Eingeweide mit Fett ladet ..., so ist die Aussicht stark, dass er zur selben Zeit die Konstitution schwächt." Im Vergleich zu seinen wild lebenden Verwandten ist das Hausschwein denn auch fetter und von gedrungener Körpergestalt, es trägt einen kurzen Kopf und zeigt einen gestauchten Rüssel. Welch skurrile Blüten die Schweinezucht schon trieb, demonstriert ein Yorkshire-Schwein aus dem frühen 19. Jahrhundert, das ein Gewicht von über sechshundert Kilogramm erreichte (und von seinem Besitzer, einem Parlamentsabgeordneten, gegen Entgelt herumgezeigt wurde). Und doch war dies noch gar nicht der Höhepunkt der „Schweinereien", denn ins „Guinness Buch der Rekorde" schaffte es erst ein Eber, der über tausendundeinhundert Kilogramm auf die Waage brachte. „Big Bill", wie er genannt wurde, soll beinahe drei Meter lang gewesen sein; sein Bauch schleifte über den Boden. Er wurde 1933 eingeschläfert, ausgestopft und ausgestellt.

Auf die Schweinehaltung heute werde ich - auch aus tierethischer Perspektive - noch zu sprechen kommen. Zuvor empfiehlt sich aber ein kleiner Ausflug in die „Schweine-Mythologie".

Mythos Schwein

Kaum ein anderes Tier hat Stoff für so viele Mythen und Legenden geliefert wie das Schwein. (Für Details und weitere Literaturangaben siehe *Wuketits 2011*.) Das betrifft zunächst das Wildschwein. Wie gesagt, waren Wildschweine bereits im Paläolithikum ein begehrtes Jagdwild - und sind es bis heute geblieben. Diesen eindrucksvollen Tieren hat der Mensch aber früh allerlei Eigenschaften angedichtet, die sie als mythologische Figuren geeignet erscheinen ließen und ihren Kultstatus begründeten. Freilich spielten dabei reale Merkmale - ihre Fruchtbarkeit, ihre omnivore Lebensweise und ihre Gefährlichkeit für jeden Angreifer - eine wichtige Rolle.

Beispielsweise war in der Mythologie der alten Ägypter die „Gefräßigkeit" der Schweine - Wild- und Hausschweine - wegweisend. In praktisch allen Legenden, in denen Schweine auftreten, fressen diese etwas. Man glaubte, dass der Mond allmonatlich von einem großen schwarzen Schwein verschlungen wird. Die Sterne am Himmelsgewölbe deutete man als Ferkel, die allmorgendlich im Rachen der Himmelssau verschwinden und allabendlich von dieser wieder geboren werden. Man fertigte daher auch Amulette an, die eine Sau mit ihren Ferkeln darstellen; dabei handelte es sich um die Himmelsgöttin Nut mit ihren Kindern (den Sternen).

In der griechischen Mythologie erlangten Wildschweine große Bedeutung. Die gewaltige Wildsau Phaia terrorisierte die Umgebung von Korinth. Ihre Abkömmlinge waren der erymanthische und der kalydonische Eber. Ersterer war der Göttin Artemis geweiht und verwüstete die Gegend um den Berg Erymanthos. Ihn lebendig zu fangen, wurde Herakles (Herkules) aufgetragen. Dem gelang dies auch mit einiger List; er konnte die Bestie schließlich seinem Auftraggeber Erystheus (dem sagenhaften König von Mykene) übergeben. Die Jagd auf den kalydonischen Eber spielte sich noch viel dramatischer ab. Der König von Kalydon hatte es verabsäumt, Artemis seine Opfergaben darzureichen, so dass diese einen gewaltigen Keiler aussandte, der die Arbeiter und das Vieh des Königs töten und dessen Ernte zerstören sollte. Die größten griechischen Helden (unter ihnen Meleagros, Nestor und Iphikles) wurden aufgerufen, den Keiler zu jagen und zu erlegen. Das gelang ihnen schließlich mit erheblichen Verlusten ihrerseits. Man sieht, welche (mythologische) Bedeutung Wildschweinen beigemessen wurde: Sie verkörperten das Böse und waren ein Sinnbild für Verwüstung, so dass sie von erzürnten Göttern auf Menschen und deren Hab und Gut losgelassen werden konnten.

Auch im deutschen Sprachraum und in noch späteren Zeiten (im Mittelalter bis weit in die Neuzeit hinein) sind Schweine, vor allem Hausschweine, in Mythen, Sagen und Legenden in sehr vielfältigen Gestalten vertreten. So zum Beispiel diente die grunzende, die Erde aufwühlende Sau als Symbol für eine (Un-)Wetterwolke, die in Bayern etwa als „Sauwedel", „Windsau" oder „Sauarsch" bezeichnet wurde. Schweine symbolisierten auch Nachgespenster, Teufels- und Hexentiere, und der Leibhaftige selbst erschien häufig in der Gestalt eines schwarzen Schweins mit glühendem Kopf und feurigen Augen. Im süddeutschen Raum (einschließlich der Schweiz) hielt sich lange der Glaube, dass insbesondere zur Weihnachtszeit gespenstische Schweine umherziehen. In Siebenbürgen kannte man die Adventsau und in Schwaben das von einer Frau gerittene weiße Schwein sowie die auf einem Misthaufen herumschleichende Sau mit ihren Ferkeln. In der Symbolwelt des Mittelalters entstand die Judensau als Bildmotiv und später als antisemitische Karikatur und bedeutete eine besondere Beleidigung der Juden, denen Schweine als unreine Tiere gelten. Die Judensau ist auf Steinreliefs an vielen Kirchen und anderen Gebäuden noch erhalten, zum Beispiel in Erfurt, Köln, Nürnberg und Wittenberg. Die Skulpturen stellen Menschen und Schweine in sehr enger körperlicher Beziehung zueinander dar. Menschen, recht deutlich als Juden erkennbar, saugen an den Zitzen einer Sau oder reiten auf dieser verkehrt herum, das Gesicht ihrem After zugewandt. Damit erlangten Schweine schließlich eine höchst negative politische Bedeutung. Es kommt nicht von ungefähr, dass sie auch in George Orwells *Animal Farm* die Führung übernehmen und die „Schweinereien" des Stalinismus verkörpern.

Diese Beispiele lassen Schweine insgesamt in einem sehr negativen Licht erscheinen. In manchen Kulturen, vor allem in verschiedenen Regionen Asiens, wurden und werden Schweine aber verehrt. Beispielsweise tritt in der indischen Mythologie Vishnu (Wischnu), einer der Hauptgötter der Hindus, auch als Eber auf. Und die nordgermanische Göttin Freya, „zuständig" für Liebe und Familie, trägt den Beinamen „Sau". (Das Schwein war dabei also als Symbol der Fruchtbarkeit positiv besetzt.) Die negativen Aspekte der „Schweinegeschichte" werden dadurch allerdings nicht neutralisiert. Denn nicht nur in der Mythologie, sondern auch in wissenschaftlichen Beschreibungen früherer Zeiten schneiden Schweine - vor allem Hausschweine - schlecht ab. Noch Alfred Edmund Brehm, der Klassiker moderner populärer Tierbeschreibung beschuldigte Schweine ihrer „Gefräßigkeit" und „der beispiellosen Unreinlichkeit, die ihnen die Mißachtung des Menschen eingetragen hat" (*Brehm 1926: 255*). Und weil es „nackt" ist, dient das Hausschwein oft als Symbol für Schamlosigkeit - wobei seine „Nacktheit" selbstverständlich nicht von ihm angestrebt, sondern dem Paarhufer vom Menschen angezüchtet wurde. „Dem europäischen Schwein sind die Haare ausgegangen, als Rassen gezüchtet wurden, die möglichst früh Fleisch ansetzen sollten" (*Unterberger 2005: 165*).

Aber natürlich wollen wir nicht übersehen, dass Schweinen heutzutage auch eine positive symbolische Kraft innewohnt. Hierbei ist vor allem an Glücksschweine zu denken. Ein Jahreswechsel in unseren Breiten ist ohne die Omnipräsenz von Schweinefiguren unterschiedlicher Größe und verschiedenster Form kaum denkbar. Und wünschen wir jemandem Glück, dann wünschen wir ihm „viel Schwein". Auf einer Postkarte ist der kurze Text zu lesen: „Ein wenig Glück, ein bisschen Schwein, mehr braucht man nicht zum Fröhlich sein.“ (Das Bild dazu zeigt ein Schwein, das allem Anschein nach mit sich und der Welt zufrieden vor sich hin schlummert.) Auch als Sparschwein - wörtlich genommen oder als Metapher - dient das Schwein im positiven Sinn. Es versinnbildlicht Geduld und Genügsamkeit und vermittelt, wenn es entsprechend gefüllt ist, seinem Besitzer ein Gefühl der wirtschaftlichen Sicherheit. Schließlich empfinden wir Ferkel als niedliche Geschöpfe und verbinden mit ihnen Wohlbefinden, Freude und Zufriedenheit. Daher werden sie auch in der Werbung eingesetzt, wo sie positive Signale - etwa im Sinne gesunder Ernährung - vermitteln sollen. „Rund und rosig wie ein Ferkel“ - jemand, auf den diese Beschreibung zutrifft, erfreut sich bester Gesundheit (und kann obendrein kein schlechter Mensch sein, weil er mit sich selbst zufrieden ist und andere in Ruhe lässt).

Alles in allem jedoch ist die Haltung des Menschen zu Schweinen seit jeher ambivalent. Das zeigt sich in der Kunst verschiedener Zeitalter. „Für die christliche Kunst des Mittelalters waren Schweine gleichzeitig heilig und verdammt. Die Maler der Renaissance verewigten sowohl den Kampf zwischen mythischen Helden und wilden Ebern als auch die anhaltende Leidenschaft der Adligen für die Jagd. Genremaler fingen die Würde fetter Schweine auf dem Bauernhof und die zärtliche Zuneigung zwischen Sauen und ihren Jungen ein. Sie hielten preisgekrönte Schweine und ihre Züchter auf Gemälden fest. Kunsthandwerker übertrugen die Rundlichkeit und schiere Massigkeit von Schweinen auf heimelige Haushaltsgegenstände wie Wetterfahnen, Krüge und Spardosen“ (*Nissenson und Jonas 1997: 27*). Heutzutage findet man Schweine als Motive auf unzähligen Post- und Grußkarten, wo sie alles das repräsentieren, was der Mensch mit ihnen verbindet oder ihnen angedichtet hat: Wollust und Wohlbefinden, Gefräßigkeit und Gier, Hinterlist und Glück ...

Wie aber sind Schweine wirklich? Zumindest ein paar Bemerkungen zu ihrer Lebensweise und ihrem Verhalten sind an dieser Stelle angebracht.

Zum Verhalten der Schweine

Welche Bedeutung Schweinen in Mythen, Märchen und Legenden auch immer zugeschrieben wurde und wird - sie sind vor allem eins: *reale Lebewesen*. Es bleibt zu befürchten, dass viele Kinder und Heranwachsende in unseren Großstädten Schweine nur aus Cartoons und Postkarten, als Plüschtiere und aus der Werbung kennen und mit dem Schweinefleisch, das sie essen, keine „echten“ Tiere mehr verbinden. (Dass es den Rindern heutzutage ebenso ergeht, kann den Schweinen nicht zum Trost gereichen.)

Die vielen Missverständnisse, die Menschen den Schweinen oft entgegengebracht haben, sind darauf zurückzuführen, dass Tiere und ihr Verhalten im Allgemeinen lange Zeit falsch verstanden wurden. So hielt sich bis ins 20. Jahrhundert vielerorts die Annahme, dass ein Tier (wie auch ein Mensch!) als unbeschriebenes Blatt, als *tabula rasa*, zur Welt kommt. Die Frage, ob Verhalten ausschließlich (individuell) erlernt oder zumindest teilweise angeboren sei, bestimmte eine der großen Kontroversen in der Geschichte der Verhaltensforschung (vgl. *Wuketits 2010*). Inzwischen ist die Frage entschieden: Es gibt arteigene - von der Evolution durch natürliche Auslese entwickelte - *Verhaltensdispositionen*, die jedem Individuum der fraglichen Art sozusagen in die Wiege gelegt werden. Aber kein Verhaltensforscher heute leugnet das *Lernvermögen* von Tieren. Tiere mit entsprechender nervöser Leistungsfähigkeit vollbringen oft erstaunliche individuelle Lernleistungen. Das gilt nicht zuletzt für Schweine. „Sauen gehören zu den intelligentesten und lernfähigsten Säugetieren überhaupt. Sie lassen sich fast ebenso leicht ‚abrichten' wie Hunde. Dass dies so wenig geschieht, liegt einzig an dem Umstand, dass Schweine eher als dumm und als schmutzig gelten und dass sie mit ihren Schalen im menschlichen Nahbereich ‚unpraktischer' sind als Pfotentiere" (*Hespeler 2004: 49*). Zu denken ist dabei nicht zuletzt an die sogenannten Minischweine, die, ursprünglich zu Versuchszwecken gezüchtet, als Heimtiere sehr wohl gehalten werden können, wenngleich natürlich nur unter bestimmten Bedingungen (vgl. *Striowksy 2006*).

Unter dem Einfluss des französischen Philosophen und Mathematikers René Descartes verbreitete sich seit dem 17. Jahrhundert die Auffassung, dass Tiere „seelenlose Maschinen" seien und nach mathematischen Prinzipien erklärt werden können (vgl. z. B. *Hays 1973, Kromka 2000*). Den Menschen hob Descartes als Verstandeswesen hervor, in Tieren jedoch sah er bloß Automaten ohne „Innenleben", das heißt ohne Emotionen und Affekte. Seine Anhänger führten diese Theorie noch radikaler aus als er selbst. Der cartesianische Ansatz lebte lange auch in der „Praxis" fort. Man sah in Tieren Objekte, über die der Mensch nach Belieben verfügen, die er nach Belieben beherrschen darf. Auch juristisch wurden sie als bloße *Sachen* behandelt, was sich in unserer Rechtsordnung erst in jüngster Zeit geändert hat (vgl. *Binder und Lengauer 2006*). Womit freilich noch nicht gesagt ist, dass die „Automatentheorie des Lebens" grundsätzlich verschwunden sei. Aber jedem, der einen Hund oder eine Katze zu Hause hat, muss klar sein, dass diese Tiere über ein reichhaltiges Gefühlsleben verfügen und eben keine Automaten sind. Dasselbe gilt für viele andere Tiergattungen, nicht zuletzt Schweine. Als empfindende Lebewesen werden Schweine von Freude beseelt, können aber ebenso von Angst und Wut ergriffen werden. Sie können eine ausgeprägte Individualität entwickeln und eignen sich daher bestens für tierpsychologische Beobachtungen.

Vom Verhalten der Schweine nicht wegzudenken ist die *Suhle*. Wie schon einleitend bemerkt wurde, wälzen sich Schweine gern im Schlamm, um sich Abkühlung zu verschaffen. Aber sie halten sich dadurch auch lästige Parasiten vom Leib und schützen sich vor Insektenstichen. Das Suhlen der Schweine beschränkt sich nicht auf die warme Jahreszeit. Das Vorhandensein einer Suhle ist untrennbar mit dem Wohlbefinden der Schweine verbunden, wo sie fehlt, lassen sie sich erst gar nicht nieder. „Gesuhlt wird hauptsächlich am Morgen und am Abend und zwar ziemlich unabhängig von Wetter und Jahreszeit, also auch im Winter“ (*Hespeler 2004: 32*). Oder, wie bereits Otto Schmeil - Biologe, Lehrbuchautor und Reformer des Biologieunterrichts - lapidar bemerkte: „Wasser gehört zu des Tieres Lebensbedingungen. Im Sumpfe wälzt es sich mit sichtlichen Behagen“ (*Schmeil 1905: 111*). Die Dauer des Suhlens beträgt jeweils bis zu dreißig Minuten (vgl. *Schrader et al. 2006*). Die Rede ist hier allerdings nur von Wildschweinen. Hausschweinen bleibt unter den Bedingungen der modernen Massentierhaltung das Suhlen verwehrt (siehe unten). Und noch ein Wort zur Reinlichkeit der Schweine. Sie vermeiden es, in der Nähe ihres Liege- beziehungsweise Schlafbereichs (oder gar in diesem Bereich) zu harnen und zu koten und verrichten die entsprechenden Geschäfte im Freiland fünf bis fünfzehn Meter davon entfernt (vgl. *Schrader et al. 2006*). Das „dreckige Schwein“ entspricht also weniger der Realität als falschen Vorstellungen.

Schweine sind, kurz gesagt, nicht die stupiden und plumpen Grunzer, für die sie oft gehalten werden, sondern sehr intelligente Tiere mit einem Gefühlsleben und sehr ausgeprägten sozialen Beziehungen. (Nur die männlichen Tiere des Wildschweins verlassen im Alter von fünfzehn bis achtzehn Monaten ihre Rotten, leben dann zuerst in kleinen Gruppen und später als Einzelgänger, um sich bloß zum Zwecke der Paarung Sauen zu nähern.) Sie bemühen sich intensiv um die Aufzucht ihrer Jungen und können sich durchaus auch mit Menschen anfreunden. Abermals ist hier an die Minischweine zu erinnern. Jedoch sind Schweine dem Menschen bei weitem nicht so treu ergeben wie Hunde und können sich sehr widerspenstig verhalten, also widerborstig in buchstäblicher Wortbedeutung.

Dass der Mensch Schweine sozusagen an sich gezogen hat, hatte von Anfang an einen für ihn sehr praktischen Grund: sie liefern ihm wertvolle Nahrung. Im Gegensatz zu Rindern geben sie zwar keine Milch und können auch nicht als Zugtiere verwendet werden, doch zeichnen sie sich gegenüber den Wiederkäuern durch wesentlich höhere Fortpflanzungsraten aus. (Eine Kuh bringt jeweils nur ein Junges zur Welt, ein Schwein dagegen wirft auf einmal bis zu zwölf Nachkommen. Außerdem ist die Tragzeit bei Rindern mehr als doppelt so lang wie bei Schweinen.) Nebenbei sei aber noch bemerkt, dass Schweine auch bei der Trüffelsuche eingesetzt werden und auch schon als Jagdhelfer und beim Zoll im Einsatz waren, ganz zu schweigen davon, dass sie als Versuchstiere dem Menschen seine (oft sehr zweifelhaften) Dienste leisten und für ihn prinzipiell sogar als Organspender in Frage kommen.

Schweinehaltung - einst und jetzt

Mag der Mensch das Schwein auch noch so verachten - auf Schweinefleisch und Schweinefleischprodukte verzichten jedenfalls zwei Drittel der Menschheit nicht. Es gilt, was Eugen Roth in folgenden poetischen Zeilen zum Ausdruck brachte:

> *„Die ganze schweinische Unmoral,*
> *Vergessen, daß es schmatzt und grunzt,*
> *Daß es in Literatur und Kunst*
> *Sich wälzt und Nuditäten schnüffelt.*
> *Der Schweinskopf, wenn er, gar getrüffelt,*
> *Zitronen im geschabten Rüssel,*
> *Schön sauber liegt auf einer Schüssel,*
> *Freut nicht nur seinen rohen Henker,*
> *Nein, sogar Dichter oft und Denker."*

In der Tat sind Schweinefleischgerichte von unseren Speisezetteln nicht wegzudenken; darauf hier näher einzugehen erübrigt sich. Aber wie behandeln wir Schweine, diese den meisten von uns so wertvollen Nahrungslieferanten zeit ihres Lebens?

Wie bereits bemerkt, wurden Schweine ursprünglich in Herden im Freien gehalten, und es ist wohl richtig, dass Wild- und Hausschweine hinsichtlich ihrer Gestalt zunächst kaum voneinander unterschieden werden konnten, dass das Schwein in den neolithischen Pfahlbauten „dem europäischen Wildschwein so genau glich, daß seine Herkunft von jenem nie angezweifelt ist" (*Hilzheimer 1905: 77 f.*). In der Tat steht die Abstammung des Hausschweins von Wildschweinen längst außer Zweifel, allerdings hat sich jenes, was seinen Habitus betrifft, von diesen im Lauf der Zeit recht weit entfernt. Konrad Lorenz sprach gelegentlich von der „Verhausschweinung", was häufig missverstanden wurde, zumal er diese Metapher auch auf den Menschen übertrug. Dabei wollte er weder den Menschen, noch das Schwein damit beleidigen, sondern bloß darauf hinweisen, dass im Zustande der Domestikation Lebewesen Merkmale verlieren, die ihren „wilden" Vorfahren zum Überleben dienten und zugleich Eigenschaften entwickeln, die dem Überleben nicht förderlich sind (Bewegungsmangel, Fettleibigkeit). Natürlich lag es nicht in der Absicht des Schweins, domestiziert und eingesperrt zu werden und Fettleibigkeit zu entwickeln. Es bedarf keiner besonders tiefschürfenden Reflexion, um einzusehen, dass sich - trotz ihrer Anpassungsfähigkeit - „freie" Schweine wohler fühlen als eingesperrte. Im Hinblick auf das Pferd stellt *Oeser (2007: 183)* fest: „Nach allem, was ihm vom Menschen angetan wurde und noch heute angetan wird, stellt sich die Frage, ob es für das Pferd nicht besser gewesen wäre, wenn es dem Menschen nie begegnet wäre." Dasselbe gilt natürlich ebenso für das Schwein. Mag es auch ursprünglich menschliche Siedlungen aufgesucht haben, um sich an den Ernteerträgen und Abfällen des Menschen gütlich zu tun, war es doch der Mensch, der letztlich seinen Nutzen daraus gezogen hat und nach wie vor (in immer stärkerem Maße) zieht.

Auf vielen kleinen Bauernhöfen geht es den Schweinen noch verhältnismäßig gut. Sie finden in ihren Ställen Platz und etwas Auslauf und können sich ihrer Art gemäß verhalten. Das war in unseren Breiten noch vor einigen Jahrzehnten die allgemeine Situation der Schweine. (Da ich mit diesen - und anderen - Tieren aufgewachsen bin, kann ich das noch aus meiner Erinnerung bestätigen.) Mit der modernen *Massentierhaltung* hat sich die Lage der Schweine jedoch massiv verschlechtert. Sie werden in Stahlkäfige eingepfercht, es wird ihnen jede Bewegungsfreiheit genommen, und sie finden keine Gelegenheit mehr, sich ihrer Art gemäß regelmäßig zu suhlen. Wenn sich in einem Stall ein Schwein in den eigenen Kot legt, dann ist das ein Hinweis auf nicht ausreichende Abkühlungsmöglichkeiten (vgl. *Schrader et al. 2006*). In den heutigen Schweinefabriken freilich, in denen jedes Einzeltier nur zwei oder drei Quadratmeter Platz findet, bleibt ihm ohnehin nichts anderes übrig. (Von den Rinder- und Hühnerfabriken ist hier nicht zu sprechen, doch findet sich im Falle der Wiederkäuer und des Geflügels dieselbe problematische Situation.) Damit kommen wir zu einigen tierethischen Aspekten rund ums Schwein.

Die moderne Tierethik bedeutet eine Ausweitung der philosophischen Disziplin der Ethik oder Moralphilosophie auf nichtmenschliche Lebewesen. (Siehe zur Einführung z. B. *Wolf 2005*; ferner sei auf die entsprechenden Beiträge im vorliegenden Band verwiesen.) Sie fußt auf der Einsicht, dass Tiere - zumal viele Säugetiere und Vögel - über Affekte und Emotionen verfügen und *nicht* seelenlose Automaten verkörpern. Die Grundfrage im Hinblick auf Haustiere, aber auch Labortiere, lautet: Was *wollen* Tiere? (vgl. *Carbone 2004*). Dass sie nicht vom Menschen unterjocht werden wollen, ist klar. Allerdings ist der Prozess der Domestikation, der im Neolithikum begann, irreversibel. Wohl mögen der eine oder andere Haushund, die eine oder andere Hauskatze oder eben das eine oder andere Hausschwein „verwildern" und sich in „freier Natur" (sofern von dieser in unseren Breitegraden noch gesprochen werden kann) zu versorgen imstande sein; aber das Hausschwein als solches wird sich genauso wenig in ein Wildschwein zurückverwandeln wie sich der Haushund in den Wolf oder die Hauskatze in die Wildkatze zurückverwandeln werden. Die Frage besteht also darin, wie wir die Tiere, die sich in unserer Obhut befinden, behandeln sollen, um ihrer jeweiligen Art gerecht zu werden.

Dass Schweine in den heutigen Schweinezuchtanstalten *nicht* ihrer Art gemäß gehalten werden, bedarf nach dem Gesagten keiner weiteren Begründung. Klarerweise wollen Tierzüchter aus ihren Nutztieren das Optimum herausholen, doch sollte selbst der „herzloseste", ausschließlich auf Effizienz und Profit bedachte Züchter einsehen, dass seine Bemühungen letztlich ins Leere gehen werden, wenn er übertreibt, wenn er vom Haustier eine permanente Leistungssteigerung erwartet, ohne auf dessen Bedürfnisse irgendeine Rücksicht zu nehmen. Auf die mit der Haustierzucht einhergehende Degeneration der Tiere wurde bereits hingewiesen. Wird ein Haustier so gehalten, dass die seiner Art gemäßen Verhaltensdispositionen gänzlich unterdrückt werden, dann ist ihm keine große Zukunft beschieden - und der Züchter wird den kalkulierten Profit mittel- bis langfristig nicht einstreifen können. So wie es aussieht, wird der Bedarf an Schweinefleisch in nächster Zeit noch steigen. Völlig degenerierte Tiere werden ihn jedoch nicht befriedigen können. Ich meine also, dass auch bar jeder „Schweineromantik" den Borstentieren viel bessere Haltungsbedingungen zu wünschen sind als sie sie derzeit in den Schweinefabriken vorfinden. Schweinezüchtern und Schweinehaltern ist dringend zu empfehlen, sich mit den Verhaltensweisen ihrer Nutztiere zu beschäftigen und auf deren Bedürfnisse größtmögliche Rücksicht zu nehmen. Denn auch strikt wirtschaftlich betrachtet gilt, dass Schweine für uns zu den wertvollsten Tieren zählen, die es gibt.

Im Idealfall müsste die Schweinezucht (und natürlich auch die Rinder- und Geflügelzucht) nur in kleinen Wirtschaften betrieben werden, wo das einzelne Tier, bevor es im Kochtopf oder in der Bratpfanne landet, optimale - seiner jeweiligen Art gemäße - Lebensbedingungen vorfindet. Auch hier gilt: *small is beautiful*. Das aber bedarf einer grundsätzlichen Änderung unserer heutigen ökonomischen Strukturen und wäre ein eigenes Thema.

Schlussbemerkung

In meinem „Schweinebuch", worauf ich bereits hingewiesen habe (*Wuketits 2011*), beschäftige ich mich anhand zahlreicher Beispiele mit der ambivalenten Beziehung des Menschen zu Schweinen in der Geschichte, von der Steinzeit bis in unsere Tage. Diese Ambivalenz kommt - wie ich auch im vorliegenden Beitrag deutlich gemacht zu haben hoffe - vor allem dadurch zum Ausdruck, dass der Mensch das Schwein braucht, es aber gleichzeitig verachtet. Das Schwein muss ihm für alles herhalten, was er an ihm selbst verabscheut. Selbstverständlich wirft das mehr Licht auf den Menschen als auf das Schwein. Eine Geschichte der Beziehungen des Menschen zu Schweinen ist mithin und letzten Endes eine „Geistesgeschichte" des Menschen: Sie zeigt auf, mit welchem „Geist" der Mensch diesen Paarhufern begegnet, wie er ihr Verhalten deutet (und missdeutet), was er von ihnen für sich selbst erwartet und wie er sie behandelt. Es wäre ein wahrer Glücksfall für das Schwein, das ja bislang mit dem Menschen wenig Glück hatte, wenn der einsehen würde, dass es seine eigenen „Erwartungen" hegt und befriedigt haben möchte. Wie sich in diesem, für das Schwein günstigen Fall die weitere Entwicklung der Mensch-Schwein-Beziehung vollziehen würde, ist natürlich auch nicht genau vorauszusagen. Aber noch sind wir davon ohnehin weit entfernt. Die Millionen und Abermillionen von Schweinen in den heutigen

Tierfabriken können von einer positiven Veränderung ihrer Situation noch nicht einmal träumen.

Die Beziehung des Menschen zum (Haus-)Schwein entspricht vielfach nach wie vor jener Einstellung, die der englische Amateurzoologe und Tierbuchillustrator Thomas Bewick im 18. Jahrhundert bekannte: „Das gemeine Schwein ist von allen Vierfüßlern in Haus und Hof das unsauberste und unreinste: Seine unbeholfene Gestalt wirkt abstoßend und sein Appetit ist gewaltig und unmäßig. An keinem Beispiel hat die Natur ihre Sparsamkeit so augenfällig gezeigt wie an dieser Rasse von Tieren ... [Das Schwein ist] ohne Nutzen in seinem Leben und nur von Wert, wenn man ihm dieses nimmt" (zit. in *Nissenson und Jonas 1997: 20*). Dass das Hausschwein seine „unbeholfene Gestalt" dem Menschen verdankt, hat der liebe Mann natürlich ebenso übersehen wie er nicht begriffen hat, dass der Wert dieses Tieres nach seinem Tod sich letztlich danach bemisst, wie gut zu leben ihm gegönnt war. Heute endlich wäre es an der Zeit, unsere Einstellung zum Schwein gründlich zu überdenken.

Literatur

Binder, R. und Lengauer, E. (2006): Ethische Grundlagen des Tierschutzgesetzes. Bioskop 9 (1), S. 16-19.

Brehm, A. E. (1926): Brehms Tierleben. (Bearbeitet von Meyer, A.) Band 10. Gutenberg, Wien.

Carbone, L. (2004): What Animals Want. Expertise and Advocacy in Laboratory Animal Welfare. Oxford University Press, New York.

Darwin, Ch. (1868 [1910]): Das Variieren der Tiere und Pflanzen im Zustande der Domestikation. Band 2. Schweizerbart, Stuttgart.

Hays, H. R. (1973): Birds, Beasts, and Men. A Humanist History of Zoology. Penguin Books, Baltimore.

Hespeler, B. (2004): Schwarzwild heute. BLV Verlagsgesellschaft, München.

Herre, W. und Röhrs, M. (1990): Haustiere - zoologisch gesehen. 2. Aufl. G. Fischer, Stuttgart.

Hilzheimer, M. (1905): Geschichte unserer Haustiere. Thomas, Leipzig.

Kromka, F. (2000): Mensch und Tier. BLT (Verlagsgruppe Lübbe), Bergisch Gladbach.

Nissenson, M. und Jonas, S. (1997): Das allgegenwärtige Schwein. Könemann, Köln.

Oeser, E. (2007): Pferd und Mensch. Die Geschichte einer Beziehung. Wissenschaftliche Buchgesellschaft, Darmstadt.

Schmeil, O. (1905): Lehrbuch der Zoologie für höhere Lehranstalten und die Hand des Lehrers sowie für alle Freunde der Natur. Nägele, Stuttgart.

Schrader, L., Bünger, B., Marahrens, M., Müller-Arnke, I., Otto, Ch., Schäfer, D. und Zerbe, F. (2006): Anforderungen an eine tiergerechte Nutztierhaltung. KTBL-Schrift 446. Darmstadt, S. 19-25.

Striowsky, E. (2006): Minischweine. Haltung, Pflege, Erziehung. Franckh-Kosmos, Stuttgart.

Unterberger, W. (2005): Warum sind Schweine nackt? In: Grolle, J. (Hrsg.): Evolution. Wege des Lebens. Deutsche Verlags-Anstalt, München, S. 157-165.

Wolf, J.-C. (2005): Tierethik. Neue Perspektiven für Menschen und Tiere. H. Fischer, Erlangen.

Wuketits, F. M. (2010): Die Entdeckung des Verhaltens. Eine Geschichte der Verhaltensforschung. 2. Aufl. Wissenschaftliche Buchgesellschaft, Darmstadt.

Wuketits, F. M. (2011): Schwein und Mensch. Die Geschichte einer Beziehung. Westarp Wissenschaften, Hohenwarsleben.

Zeuner, F. E. (1967): Geschichte der Haustiere. Bayerischer Landwirtschaftsverlag, München.

Teil V

Die Mensch-Tier-Beziehung in den Weltreligionen

Tierethik im Hinduismus

Bimal Kundu

Die heiligen Schriften der Hindus sind voll mit Beispielen über die Bedeutung von Tieren sowie über den Umgang mit ihnen und ebenso gibt es unzählige Geschichten zu diesem Thema in Mythologie und Glaubenspraxis. Verschiedene grundsätzliche Betrachtungsweisen bestimmen die Haltung nicht nur gegenüber Menschen sondern auch gegenüber Tieren. Generell betrachtet man alle als göttlich, denn der Kern eines jeden ist *Atman*, die Seele, das individuelle Selbst. Dieses Selbst ist in der hinduistischen Philosophie identisch mit dem Höchsten, dem *Brahman*, und darum haben Tiere ebenso am Göttlichen teil wie Menschen. Diese Einstellung der prinzipiellen Gleichheit erlaubt den Gebrauch von Vieh sowie die Nutzung aller Produkte. Sie erlaubt jedoch nicht eine Ausbeutung der Geschöpfe.

Göttlichkeit der Tiere

Die Göttlichkeit der Tiere wird im Glaubensleben an zahlreichen Beispielen deutlich: Zu den wichtigsten Wesensmerkmalen des Hinduismus gehört die Anbetung des Göttlichen in unterschiedlichen Gestalten, auch in tierischen Formen. So verkörpert z. B. jeder Elefant den elefantenköpfigen *Ganesha*, Gott der Weisheit und des Glücks, der an jedem Anfang steht. Für manche Gläubige stellt er sogar eine Manifestation des Höchsten dar. *Hanuman*, Helfer des göttlichen *Rama* im Epos *Ramayana*, ist eine Affengestalt, und darum betrachtet man jeden lebendigen Affen als *Hanuman*.

Die Mythologie zeigt alle Götter in Begleitung von Tieren, den *Vahanas*, die oft selbst im Zentrum der Anbetung stehen. Löwe oder Tiger begleiten die Göttin *Durga*, ein Stier dagegen ist der treueste Anhänger von *Shiva*. Die Wertschätzung schließt selbst Ratten nicht aus, denn diese oder eine Maus begleiten *Ganesha*. Im Extremfall kann diese Achtung so weit führen, dass man in manchen Gebieten Indiens die schädlichen Nager selbst bei einer Rattenplage nicht tötet. Man versucht sie zu vertreiben oder fängt sie ein, um sie im freien Gebiet wieder auszusetzen. Allgemein hat sich jedoch heute das Bewusstsein durchgesetzt, dass die Tiere Überträger von Krankheiten und damit extrem schädlich sind. Jedenfalls blüht das Geschäft mit Ratten-Vernichtungsmitteln. Trotzdem führt der Respekt zu weiteren, für westliches Denken kuriosen Erscheinungen: In Deshnok, einer Stadt im indischen Bundesstaat Rajasthan, steht ein Tempel zu Ehren von *Karni-Mata*, einer Inkarnation der Göttin *Durga*. Tausende von Ratten, die „Kinder" von *Karni-Mata*, laufen frei herum und Besucher füttern sie, was man als Opfergabe versteht.

Aber auch Schlangen, die *Nagas*, haben ihren Platz in der Verehrung. Repräsentieren sie im westlichen Kulturkreis die Inkarnation des Bösen, verkörpern sie im Hinduismus himmlische Wesen. In der gesamten Mythologie kommt ihnen ein wichtiger Platz zu. Besonders die Kobra spielt eine herausragende Rolle, ihre „Haube", d.h. ihre gespreizte Nackenhaut, ist ein bekanntes Symbol des Schutzes. Schlangen sind Attribute von verschiedenen Gottheiten, so ruht etwa *Vishnu* zwischen zwei Weltenzeiten auf der Schlange *Shesha* und *Shiva* trägt Schlangen als Girlande um den Hals. *Patanjali*, der auch im Westen bekannte Autor der wichtigsten Yoga-Regeln, gilt als Inkarnation von *Shesha*, dem Schlangenkönig. Das heilige Buch *Bhagavata-Purana* (5.25.1) sieht in diesem Schlangenkönig sogar eine Verkörperung Shivas. Im indischen Volksglauben, besonders im Osten des Subkontinentes, wird noch heute die Schlangengöttin *Manasa* verehrt, die Menschen vor Giftschlangen schützen soll. Im Hindu-Monat *Shravan* (meist Juli), feiert man in vielen Gegenden das Fest *Nag Panchami*. Gläubige gehen in einen Tempel oder zu einer Schlangengrube, um die Tiere zu verehren, sie geben ihnen Milch und Silberstücke als Opfergabe. Besonders dieses Fest zum Höhepunkt der Regenzeit, macht deutlich, wie sehr die Verehrung mit Furcht verbunden ist. Um diese Zeit kommen die meisten Schlangen, und in jedem Jahr sterben viele Menschen durch ihren Biss. Trotzdem gilt es noch heute im Alltagsleben Indiens als sehr Unheil bringend, eine Schlange zu töten. Geschieht es im Notfall, dann versucht man, mit Gebeten die Situation zu bereinigen.

Bekannt und anscheinend typisch für Indien sind die Bilder mit Schlangenbeschwörern, die ihre Tiere nach der Flöte „tanzen" lassen. Diese Tradition der Zur-Schau-Stellung hat seit alten Zeiten auch einen Schutzmechanismus zu Gunsten der Tiere: *Shiva* selbst soll denjenigen bestrafen, der seine Schlangen nicht gut behandelt. Es wird erzählt, er würde in einem späteren Leben eine Frau bekommen, die wiederum ihn nach ihrer Flöte tanzen lässt. Inzwischen werden die Shows immer seltener, sie sind offiziell nach dem indischen Tierschutzgesetz *Wildlife Protection Act* von 1972 verboten.

Tiere kommen nicht nur als die treuen Begleiter der Götter vor, gläubige Hindus gehen auch davon aus, dass Gott (*Vishnu*) in Urzeiten selbst als Fisch, Schildkröte und Eber erschienen ist. Als Fisch zog er während der großen Flut die Arche, wobei er seine Lehre verkündete; in Form einer Schildkröte sowie als Eber rettete er die Welt immer wieder vor ihrem Untergang.

Die Kuh

Besondere Bedeutung kommt im Hinduismus den Rindern zu. Die Gründe dafür sind nicht eindeutig - jedoch schon die ältesten und wichtigsten Schriften der Hindus, die *Veden* (wahrscheinlich ab ca. 1200 v. Chr.), betrachten diese Tiere als Inbegriff des Göttlichen, als Leben spendende Kraft und mütterliches Symbol. Sie kennen die Kuh als die Göttin *Prithivi Mata*, Verkörperung der Erde, die alles gibt und von der alles kommt. Aber auch viele der späteren Schriften setzen sich mit der besonderen Stellung von Kühen auseinander. So heißt es etwa im *Mahabharata*, einem noch heute wichtigen Epos (*Anusasana Parva, Sections LXXXIII - LXXVII - LXXVI.*):

> *Kühe sind heilig und gesegnet und heiligen alles.*
> *Man sollte niemals, nicht einmal im Geiste, Kühen eine Verletzung zufügen.*
> *Man sollte ihnen jedoch stets Freude bereiten.*

Trotz der hohen Bedeutung als Göttin gibt es keinen Kuhtempel, immer steht das lebende Tier im Mittelpunkt. Besonders auf dem Lande feiert man es zu bestimmten Feiertagen: So gilt der dritte Tag des Festes *Pongal* (14. Januar) im Bundesstaat Tamil Nadu den Kühen. Nachdem sie gewaschen, geölt und geschmückt wurden, erhalten sie ebenso wie die Menschen den rituellen *Pongal*-Brei aus Reis, Zucker und Butter. In manchen Orten sind spektakuläre Stierkämpfe populär, bei denen aber der Kämpfer nicht bewaffnet ist und den Stier nicht tötet. In nördlicheren Landstrichen verehrt man Kühe besonders zu *Gobardhan*, dem Tag nach dem Lichterfest *Diwali* (Ende Oktober / Anfang November).

Bauern nutzen ihre Kühe wirtschaftlich, damit sie mit ihren Produkten zur menschlichen Ernährung beitragen. Butter, Milch und Joghurt sind unverzichtbare Bestandteile hinduistischer Gottesdienste, Dung spielt selbst in modernen Zeiten als Energielieferant eine wichtige Rolle. Hindu-Bauern züchten Kühe jedoch niemals für die Gewinnung von Fleisch, Rindfleisch ist für Hindus ein absolutes Nahrungstabu.

Aber jedes Tier wird einmal alt, gibt keine Milch mehr und gebiert keine Kälber. Im Normalfall wird es zusammen mit den jungen, Milch produzierenden Kühen bis zum natürlichen Tod ernährt. Für Bauern bedeutet das oft eine enorme Belastung, aber man schlachtet die Tiere nicht. Gelegentlich kommt es jedoch vor, dass man sie bei einem inszenierten angeblichen „Unfall“ sterben lässt. Aber auch ein anderes Schlupfloch gibt es nicht selten: Manchmal kommen „Vermittler“, die versprechen, die Kuh zu den Marwaris (eine in Indien als wohlhabend und tierliebend bekannte Gesellschaftsgruppe) zu bringen und zahlen eine für den armen Bauern beträchtliche Summe. Da dieser oft Mühe hat, seine Familie zu ernähren, will er vielleicht gar nicht so genau wissen, wohin das Tier in vielen Fällen tatsächlich kommt, nämlich ins Schlachthaus (indische Christen und Moslems essen das Fleisch).

In Indien gibt es Hunderte von großen Gaushalas, Kuhställe, in denen neben produktiven Rindern auch unproduktive stehen. Die Mittel sind Spenden von wohlhabenden Marwaris ebenso wie von anderen religiösen Organisationen. Kritiker meinen jedoch, dass der Zweck wegen knapper Finanzen nicht wirklich erfüllt sei, die Tiere werden nicht ausreichend gepflegt und die Ernährung ist oft dürftig.

In Indien kontrolliert der *Cowslaughter Act* das Schlachten von Rindern gesetzlich, jedoch sind die Regelungen nicht überall einheitlich. Während Schlachtungen in einigen Bundesländern völlig verboten sind, sind sie in anderen z.B. während islamischer Feiertage erlaubt. In anderen darf man unter besonderen, genau vorgegebenen Bedingungen schlachten, etwa in Westbengalen wegen der Lederindustrie. [1]

Der Vegetarismus

Beim Thema „Tierschutz im Hinduismus" geht es ganz besonders auch um die Frage „Fleisch essen" oder „vegetarisch leben". Sehr viele Hindus lehnen nicht nur Rindfleisch ab, sondern folgen generell einer rein vegetarischen Lebensweise. Meist handelt es sich um Familientraditionen, die seit Generationen gelten, aber auch um persönliche Entscheidungen aus ethischen, gesundheitlichen und religiösen Gründen. Ein wichtiger Aspekt ist ferner der prinzipielle Respekt vor Tieren, die man zum Teil als göttlich ansieht. Und noch ein weiterer Gesichtspunkt bestimmt das generelle Verhalten gegenüber allen Geschöpfen: Hindus gehen von einem Kreislauf von Wiedergeburten aus, wonach ein Individuum auf tierischer ebenso wie auf menschlicher Ebene ins Dasein kommen kann. Einige Schriften drohen sogar als Konsequenz für verschiedene Vergehen ein Leben als Ameise, Wurm oder Hund etc. an. Dagegen erklären andere diese Drohungen als metaphorisch, nicht als wörtlich zu nehmende Angaben, ein Mensch könne nie als Tier wiedergeboren werden.

Konkret jedoch bedeutet dieser Gedanke von Wiedergeburt, dass zwischen Mensch und Tier kein prinzipieller Unterschied bestehe. Beide leben jedoch auf verschiedenen Stufen der Entwicklung des Lebens.

---

1 Cowslaughter Act unter http://www.dahd.nic.in/ch2/an2.8.htm. Einzelne Punkte aus diesem Abschnitt stammen aus einem persönlichen Interview mit Dr. Pandit, einem Veterinär des Bundesstaates Westbengalen, der sich beruflich mit Rindern beschäftigt.

Häufig sind für den Verzicht auf Fleisch ethische Motive ausschlaggebend. Fleisch ist nur durch den oft grausamen Tod eines Lebewesens zu erhalten, ein Thema, das besonders im Epos *Mahabharata* an vielen Stellen auftaucht. Damit kommt ein sehr wesentlicher Aspekt hinzu: Der Gedanke der Gewaltlosigkeit, *Ahimsa*, ist eine der wichtigsten Forderungen hinduistischer Ethik. Jegliche Gewalt gegenüber jedem Lebewesen soll vermieden werden. *Ahimsa* beinhaltet nicht nur ein Tötungsverbot, es bedeutet auch, kein Lebewesen zu verletzen oder leiden zu lassen, fordert Güte und Rücksicht gegenüber dem gesamten Leben. Da zwischen Mensch und Tier nur ein gradueller Unterschied besteht - alle sind *Atman* - schützt dieses Prinzip als Verhaltensregel Mensch und Tier gleichermaßen. Wie weit aber dieser Schutz geht, ist nicht eindeutig festgelegt. Für die einen bedeutet *Ahimsa* konsequent ein Tötungsverbot, auch das Bereiten von Schmerz ist nicht erlaubt. Für andere dagegen bedeutet es, Lebewesen nicht unnötig leiden zu lassen oder unnötig zu töten. Danach kann es also notwendig sein, ein Tier etwa für Nahrungszwecke zu töten, oder ihm Schmerzen zu bereiten, wenn es für bestimmte Zwecke notwendig ist. Das *Ahimsa*-Verständnis hat einen weiten Spielraum.

Die Frage, ob Hindus vegetarisch leben müssen, bleibt offen. Einerseits gibt es kein absolutes, für alle verbindliches Fleischverbot. Andererseits vertreten viele Schriften und Traditionen vehement den Verzicht darauf. So weist die *Manusmriti* (ca. 200 v. Chr. - 200 n. Chr.), das bekannteste der alten Rechtsbücher, darauf hin:

> *Kein Fleisch bekommt man, ohne Lebewesen zu verletzen; die Tötung von Lebewesen aber führt nicht in den Himmel, darum soll man das Fleisch meiden.*

Der Gesetzgeber *Manu* betrachtet nicht nur denjenigen als Täter, der ein Tier selbst tötet. Alle sind Täter, auch indirekt Beteiligte:

> *Der (die Tötung) Billigende, der Zerschneider, Schlächter, Käufer, Verkäufer, Koch, Servierer und Verzehrer - sie alle sind Töter.*

Trotzdem lehnen nicht alle Stellen das Essen von Fleisch eindeutig ab. Schon in den *Veden* ist erkennbar, dass in frühen Zeiten Opfertiere wahrscheinlich gegessen wurden. Sogar heute noch kommen gelegentlich Tieropfer vor, also das rituelle Schlachten - und das Fleisch wird auch gegessen. Zum Beispiel schlachtet man im Kali-Tempel in Kalkutta ausgesuchte Ziegen als Opfer für die Göttin - während man das Blut opfert, dient das Fleisch als gesegnete Opferspeise für die Gläubigen. Auch in Nepal kommt es zum hinduistischen Herbstfest *Dasein (Durga-Puja)* traditionell zu rituellen Schlachtungen von Büffeln. Die meisten Hindus allerdings verabscheuen diese Tier-Opfer.

Der Umgang mit Tieren im Hinduismus beinhaltet keine absolut gültigen Ver- oder Gebote und hat sich in der Geschichte ständig verändert. Kamen in den grundlegenden Büchern, den *Veden*, rituelle Tieropfer vor, setzte sich später der

Gedanke des *Ahimsa* immer weiter durch. Es war bei vielen Bevölkerungsgruppen verpönt, Tiere für den Fleischgenuss zu töten.

Neben den bisher aufgezählten Gesichtspunkten beeinflusst eine weitere Betrachtungsweise die Haltung gegenüber Tieren wesentlich, das Gesetz des *Karma*. Nach dem spirituellen Konzept des Hinduismus zieht jede Handlung im Leben unweigerlich eine Konsequenz nach sich. Auch das Verhalten Tieren gegenüber, sei es in grausamer Weise oder respektvoll, hat in jedem Fall entsprechende Folgen. Auch Tiere erwerben *Karma*, bei Opfertieren geht man davon aus, dass sie durch ihren Tod ein gutes Karma, und damit bessere Voraussetzungen im nächsten Leben erwerben würden.

Die Jains

Eine wichtige Rolle in der Frage des Tierschutzes spielt die Glaubensgruppe der Jains. Obwohl diese oft als eigene Religion angesehen wird, machen die Menschen im Zusammenleben in Indien kaum einen Unterschied zwischen Hinduismus und Jainismus. Trotz ihrer eher geringen Anzahl beeinflussen sie das Leben in Indien erheblich. *Ahimsa* ist auch bei ihnen eines der wichtigsten ethischen Grundprinzipien. Während hinduistische Traditionen jedoch diese Gewaltlosigkeit diskutieren, vertreten Jains das Gebot überaus konsequent. Aus diesem Denken ergibt sich das Ideal einer Ernährung, für die nicht das kleinste Lebewesen leidet. Jains akzeptieren darum keine Berufe, bei denen Tiere getötet werden - selbst das zufällige Töten muss vermieden werden, auch jenes von Insekten, seien sie noch so klein. Mönche und Nonnen tragen als Ausdruck dieser Haltung einen kleinen Besen, mit dem der Weg vor jedem Schritt gekehrt werden soll, damit man nicht versehentlich ein Insekt zertritt. Ein Mundschutz verhindert das Einatmen von Insekten.

Wegen der strengen Lebensführung war diese Gemeinschaft nie sehr groß. Selbst Laien können wegen des Gebotes der Gewaltlosigkeit nicht in der Landwirtschaft arbeiten, denn z.B. beim Pflügen könnten Lebewesen verletzt werden. Selbstverständlich ist auch das Kriegshandwerk tabu. Jains haben viele Tierheime gegründet und in Delhi gibt es sogar eine Vogelklinik.

Mahatma Gandhi

Ein wichtiger Vertreter des *Ahimsa*-Gedankens war Mahatma Gandhi, der ohne Anwendung von Gewalt für die Unabhängigkeit Indiens kämpfte. Als Hindu war sein Denken stark religiös geprägt. Neben seiner politischen Arbeit schrieb er Bücher über ethische Ernährung (Gandhi 1997). Auch in einer Rede bei der *London Vegetarian Society* im Jahr 1931 vertrat er seine Ethik in Bezug auf Vegetarismus:

> *A vegetarian is made of sterner stuff. Why? Because it is for the building of the spirit and not of the body. Man is more than meat. It is the spirit in man for which we are concerned. Therefore vegetarians should have that moral basis - that a man was not born a carnivorous animal, but born to live on the fruits and herbs that the earth grows. [...] But the basis of my vegetarianism is not physical, but moral. If anybody said that I should die if I did not take beef tea or mutton, even on medical advice, I would prefer death. That is the basis of my vegetarianism.* [2]

Modernes Leben

In der Praxis des täglichen Lebens in einer profitorientierten Welt findet man diese hinduistischen Ideale nicht immer verwirklicht. Darum kümmern sich verschiedene Tierschutzvereinigungen in Indien um das Wohl von Tieren und versuchen, ein respektvolles Bewusstsein zu schaffen. Sogar die indische Verfassung (Indien ist ein Säkularstaat mit über 80% Hindu-Bevölkerung) bezeichnet Tierschutz als wesentliche Pflicht eines jeden Bürgers (*Article 51-A(g)*):

> *It shall be the fundamental duty of every citizen of India to protect and improve the Natural Environment including forests, lakes, rivers and wildlife, and to have compassion for all living creatures.*

Die indische Regierung gründete 1962 das *Animal Welfare Board of India* mit dem Bestreben, unnötiges Zufügen von Schmerz und Leid bei Tieren zu verhindern. Zu den Aufgaben gehört es unter anderem, traditionelle Straßenunterhaltung mit Tieren abzuschaffen, etwa Schlangenbeschwörer, Shows mit Elefanten, mit Affen und anderen Tieren oder den Kampf Schlange gegen Mungo. Auch die gelegentlich noch vorkommende Opferung von Tieren soll verhindert werden und die Tötung von streunenden Straßenhunden will man durch Kastrations- und Impfprogramme ersetzen. [3]

Literatur

M.K. Gandhi (1997): The Moral Basis of Vegetarianism. Ahmedabad: Navajivan Publishing House.

---

2 Siehe http://www.ivu.org/news/evu/other/gandhi2.html

3 Siehe http://www.awbi.org/

Lehre des Buddha: „Ethik für alle fühlenden Wesen“

Gerhard Weissgrab

Nachdem ein Grundwissen über den Buddhismus im Westen und daher auch in Österreich noch nicht allgemein vorausgesetzt werden kann, erlauben Sie mir bitte, dass ich eingangs einiges Grundlegendes anmerke. Es ist meiner Meinung nach ein Basisverständnis nötig, um auch die Grundlagen einer buddhistischen Ethik verstehen zu können.

Der Buddhismus ist in Österreich seit dem Jahre 1983 eine staatlich anerkannte Religionsgemeinschaft und damit allen anerkannten Religionen, so auch der katholischen Kirche, in Rechten und Pflichten aus staatlicher Perspektive völlig gleich gestellt.

Grundsätzliches zum Buddhismus

Der Buddhismus hat seine Wurzeln in der Lehre des historischen Buddha, der vor rund 2550 Jahren gelebt hat. Seine Lehre hat sich in diesen letzten 2 1/2 Jahrtausenden vor allem erst einmal in Asien entfaltet und dabei ein sehr unterschiedliches Erscheinungsbild auf der gleichen Grundessenz - nämlich den Vier Edlen Wahrheiten - entwickelt. Dieses sehr unterschiedliche Erscheinungsbild ist vor allem Ausdruck der Toleranz dieser Religion, die von sich nicht behauptet, der einzig richtige Heilsweg zu sein, sondern sich als ein Weg von vielen unterschiedlichen Wegen zur Befreiung des Menschen versteht. Alle diese in Asien entstandenen unterschiedlichen buddhistischen Traditionen bestehen heute auch in Europa. Ein europäischer, oder ein westlicher Buddhismus in diesem Sinne hat sich bis jetzt noch nicht entwickelt. Ähnliches wird aber in Zukunft sicher geschehen, da die Lehre des Buddha in Bezug zu anderen Kulturen sehr aufgeschlossen ist und aufgrund ihrer Freiheit von Dogmen sehr leicht bestehende kulturelle Eigenheiten - sofern sie nicht buddhistischen Grundlagen zuwiderlaufen - integrieren kann.

Daher begegnet uns diese Lehre auch heute in vielen unterschiedlichen äußeren Erscheinungsformen, wie z.B. dem tibetischen Buddhismus, dem Zen-Buddhismus oder dem Theravada-Buddhismus, in den unterschiedlichen asiatischen Regionen.

Die buddhistische Religion kennt nicht nur keine Glaubensdogmen, sondern formuliert auch keinen Schöpfergott. Im Zentrum steht das Erkennen aufgrund der persönlichen Praxis jedes einzelnen Menschen, der diesen Weg geht. Sie ist eine Erkenntnisreligion und keine Glaubensreligion. Buddha selbst war ein Mensch, kein Gott und kein Prophet. Die Lehre des Buddha beruht ausschließlich auf eigener Erkenntnis des Menschen Siddharta Gautama, des späteren Buddha, des Erwachten. Und das, was er uns in seiner Lehre anleitet, ist der Weg, ebenfalls zu Einsicht und Erkenntnis zu kommen. Er formuliert keine letztgültigen Wahrheiten, er formuliert den Weg zu diesen letzten Wahrheiten. Und die Lehre des Buddha dient nur einem Zweck: Dem Auflösen von bestehenden Leiden und dem Verhindern des Entstehens von neuem Leiden.

Basis der Buddhalehre

Die 3 wesentlichen Erkenntnisse des Buddha, auf denen seine Lehre gründet sind:

1. Alles bedingt Entstandene ist dem Wandel und der Veränderung unterworfen und daher vergänglich (anicca).
2. Alles bedingt Entstandene ist a´priori unbefriedigend und unvollkommen und daher leidhaft (dukkha).
3. Alles bedingt Entstandene ist a´priori ohne festen und unveränderlichen Kern und daher ohne feste Substanz (leer oder shunya).

Aus diesen Einsichten formulierte der Buddha die Vier Edlen Wahrheiten, welche die Basis aller buddhistischen Wege darstellen:

1. Jede Existenz ist unvollkommen und daher leidhaft.
2. Die Ursachen dafür liegen in unserer falschen Sicht auf das Leben. Wir sind meist geleitet von Gier, Hass und Verblendung - das Festhalten ist unser Bestreben.
3. Wenn es uns gelingt, diese Ursachen aufzuheben, dann sind wir in der Lage, uns vom Leid zu befreien.
4. Der Weg, der diese in der 2. Wahrheit genannten Ursachen aufheben kann, ist der Edle Achtfache Pfad. Diese acht Glieder des Pfades können in drei Hauptgruppen zusammen gefasst werden: Wissen - ethisches Verhalten - und Weisheit durch Innenschau.

Zusammenfassung

Die buddhistische Religion ist ein Erkenntnisweg und keine dogmatische Glaubensreligion. Sie basiert auf der Erkenntnisfähigkeit des einzelnen Menschen und baut dabei auf die Eigenverantwortung jedes einzelnen Menschen. Sie geht von einer Form des holistischen Weltbildes aus. Niemand und nichts existiert aus sich allein bedingt oder für sich allein bestehend. Alles besteht und entsteht nur in bedingter Abhängigkeit voneinander und zueinander. Daher besteht eine gegenseitige Bedingtheit für alle unsere Handlungen - sie haben Folgen für andere, aber gleichzeitig auch wieder für uns selbst.

In diesem Kontext leitet sich eine buddhistische Ethik als eine universelle Ethik ab. Es gibt keine „Gebotsethik“, die auf fixen und klaren Handlungsanweisungen basiert, sondern eine „Einsichtsethik“, die aus den Grundlagen des buddhistischen Weltbildes abzuleiten ist. Es sind 5 Ethikregeln formuliert, die als „Leuchten am Weg des Handelns“ zu verstehen sind. Je tiefer die Einsicht in die Mechanismen des Lebens (dharmas), desto stärker der Spielraum bei der Umsetzung dieser Ethikregeln und umso stärker die ethische Effizienz unseres Handelns.

Die fünf buddhistischen Ethikregeln lauten:

1. Ich übe mich darin, keine fühlenden Wesen zu schädigen oder zu töten,
2. ich übe mich darin, mir nicht Gegebenes auch nicht zu nehmen,
3. ich übe mich in einem verantwortungsvollen Gebrauch meiner Sinne (der Kraft meiner Sexualität),
4. ich übe mich darin, meine Worte achtsam und in rechter Weise einzusetzen,
5. ich übe mich darin, meinen Geist nicht durch falschen Einsatz von berauschenden Mitteln weiter zu verblenden. Ich versuche meinen Geist klar zu halten.

Es findet sich keine spezifische Ethik in der Lehre des Buddha. Die fünf grundsätzlichen Ethikregeln sind von universeller Gültigkeit. Aus ihnen kann, in Verbindung mit den Grundlagen der Buddhalehre, jede spezifische Form einer Ethik, sei es für Medizin, Technik, Wirtschaft oder den Umgang mit Tieren, hergeleitet werden.

Die kürzeste Form, die Lehre des Buddha zu beschreiben, könnte sein: „Mitgefühl mit allen fühlenden Wesen zu üben und ständiges Streben nach Weisheit“. Wären alle Menschen im Sinne der buddhistischen Lehre bereits weise (erwacht), würde ein entsprechend ethischer und leidfreier Umgang mit Tieren eine Selbstverständlichkeit sein. Leider ist das nicht so. Das beweisen nicht nur Tierfabriken und unglaublich grausame Tiertransporte im Westen, sondern in vielen Fällen auch der Umgang mit Tieren in den asiatischen Ursprungsländern des Buddhismus. Es zeigen viele Beiträge von Ethikern anderer Konfessionen, wie z.B. auch jene von Prof. Dr. Kurt Remele, u.a. Institut für Ethik und christliche Gesellschaftslehre, dass in letzter Konsequenz die Grundlehre, aus der wir unsere Weisheit und unser mitfühlendes Handeln ableiten, eben nur unterschiedliche aber völlig gleichwertige Wege sind, die uns meist zum gleichen Ziel bringen können.

Unabdingbare Voraussetzung ist aber in allen Fällen, dass wir diesen Weg auch wirklich gehen!

Stellung der Tiere im Buddhismus

Wenn wir uns mit der Stellung von Tieren in bestimmten Religionen befassen, dann stoßen wir in unserem Kulturkreis meist auf eine ganz bestimmte Frage - nämlich auf die Frage: „HABEN TIERE EINE SEELE?“

Aus buddhistischer Sicht muss diese Frage mit Nein beantwortet werden, aber man muss sofort dazu ergänzen, dass auch die Frage nach dem Besitz einer Seele beim Menschen ebenfalls mit einem klaren Nein zu beantworten ist. Eine Seele im Verständnis des christlichen Abendlandes kann, entsprechend der oben beschriebenen Grundlagen der Erkenntnisse des Buddha, nicht bestehen, da sie einen ewigen unveränderlichen Kern unterstellt. In der Buddhalehre wird alles als der ständigen Veränderung und dem ständigen Wandel unterworfen angesehen. Menschen und Tiere stehen ebenfalls in diesem ständigen Wandel, ohne dabei eine unveränderliche Substanz zu besitzen. Die Zellen der Körper von Menschen und Tieren sind dem ständigen Werden und Vergehen unterworfen und so ist der Körper zu jeder Zeit einer, der aus Körperzellen besteht, die sich aus den vorigen Zellen entwickelt haben, aber nun nicht mehr die Selben sind. Gleiches gilt für die jeweiligen Geistes- und Bewusstseinszustände aller Wesen - Menschen wie Tieren. Hier kommt es aus buddhistischer Betrachtungsweise zur Bildung eines neuen Begriffes, zum Begriff der „fühlenden Wesen“, der gleichermaßen Tiere und Menschen mit einschließt.

Der wichtige Begriff des „fühlenden Wesens“!

Aus buddhistischer Sicht hat der Mensch auch keine die Stellung der Tiere überragende hierarchische Position in dieser Welt, und auch keinen Auftrag, sich die Erde und damit auch die Tiere <u>untertan</u> zu machen. Der Mensch ist im Buddhismus <u>keine</u> „Krone der Schöpfung“ - sondern ein fühlendes Wesen unter anderen <u>fühlenden Wesen</u>. Herausragend ist nur die Reflexionsfähigkeit des menschlichen Geistes, welche die Reflexionsfähigkeit der meisten anderen Wesen ganz wesentlich übersteigt.

Diese verstärkte Reflexionsfähigkeit des Menschen - sagen wir Einsichtsfähigkeit dazu - begründet aber keinerlei Rechte anderen Wesen gegenüber. Ganz im Gegenteil. Diese verstärkte Einsichtsfähigkeit begründet vor allem die Verpflichtung, sich dieser ausgiebig zu bedienen und aus den dadurch gewonnenen Einsichten heraus sein Tun und Handeln abzuleiten.

Ich vermute aus meiner persönlichen Erfahrung heraus, dass uns nahe stehende Verwandte im Tierreich eine Reflexionsfähigkeit besitzen, die wahrscheinlich die meisten unserer Vorstellungen bei Weitem übertrifft. Ich erinnere mich an viele Erlebnisse mit Tieren, die mich zu diesem Schluss bringen. Eines von vielen Erlebnissen dieser Art hatte ich in Afrika. In einer Lodge in Tansania lebte ein Schimpanse, der ein weitläufiges Gehege sein Eigen nennen durfte. Zu seinem Komfort befand sich darin unter anderem ein an zwei Ketten befestigter großer Holzscheit, der ihm als Schaukel diente. Offensichtlich wurde diese Schaukelmöglichkeit gerade neu errichtet, denn ein Betreuer war gerade dabei, dieses Scheit mit Hammer und Nagel an zwei von der Decke hängenden Ketten zu befestigen. Der Schimpanse beobachtete aufmerksam dieses Tun und als der Betreuer seine Arbeit beendet hatte, war das erste, was der Schimpanse tat, dass er genau prüfte, ob die befestigten Ketten auch fest genug verankert waren. Erst danach nahm er sein neues Spielzeug in Betrieb.

Diese Handlungsweise ist ein klarer Beweis dafür, dass der Schimpanse die Kausalität: „An beiden Enden richtig befestigte Kette erlaubt sicheres Schaukeln“, eindeutig erkannte. Der Ablauf von „Beobachtung - Überprüfung - Verwendung“ beweist reflexives Denken. Aber Intelligenz ist nur eine von zwei Komponenten, auf die wir dabei unser Augenmerk richten müssen. Die zweite Komponente ist die Gefühlsebene. Beginnend bei den Primaten nehmen beide Ebenen sicher ab, je weiter wir am Entwicklungsstammbaum der Tiere „nach unten“ gehen. Ich vermute, dass uns dabei die Gefühlsebene noch viel weiter nach unten begleiten wird, als die Intelligenzebene. Mangels eindeutiger Mittel, diese Zustände klar erforschen zu können, halte ich jedoch hier jede Kategorisierung und Grenzziehung für unzulässig.

Es ist wohl rein kulturell begründbar, dass in unserem Kulturkreis die Intention, einen Hund zu essen, undenkbar scheint, während wir z.B. Schweine ohne Bedenken auf unseren Speiseplan setzen. Eine Beurteilung des Innenlebens dieser beiden Tiergattungen ist dafür sicher nicht ausschlaggebend, wahrscheinlich würde das auch zu massiven Änderungen unserer Haltungen führen. Aus dieser Sicht würde auch das Schweinefleisch von unseren Tellern verschwinden. Für solche Einsichten ist aber Offenheit, Achtsamkeit und Empathie erforderlich. Jede einzelne dieser Eigenschaften ist aber sehr oft kulturgesteuert oder ab- bzw. antrainiert. Nicht selten habe ich passionierte Jäger getroffen, die in zunehmendem Alter plötzlich Mitgefühl mit ihrer früheren Beute entwickelten und massiv ihre Einstellung zu einem ehemals geliebten Hobby zu Gunsten des Schutzes von Leben und der Reduktion von Leiden veränderten.

Aus der buddhistischen Religion begründete Speisevorschriften

Wenn wir von Tierethik sprechen, so müssen wir auch einen Blick auf die im Buddhismus bestehenden Speisevorschriften werfen. Im Gegensatz zu vielen anderen

Religionen sind diese im Buddhismus, mit Ausnahme für die Ordinierten Nonnen und Mönche, nicht sehr umfangreich. Hier, wie in vielen anderen Fällen, spiegelt sich der Buddhismus in seiner pragmatischen Form als „Weg der Mitte“. Es geht in erster Linie darum, beim täglichen Essverhalten Maß zu halten und den Sinn der Nahrung als Mittel zur Lebens- und Gesunderhaltung für Körper und Geist zu verstehen und einzusetzen. Eine besondere Betrachtung verdient hier tierische Nahrung. Es findet sich in der Lehre des Buddha keine klare Anweisung für eine vegetarische oder vegane Lebensweise. Ein Blick aber auf die buddhistischen Ethikregeln, und hier vor allem auf die erste Regel, die besagt, darauf zu achten, keine fühlenden Wesen zu töten oder zu schädigen, impliziert bei ehrlicher und tiefer Betrachtung zumindest eine vegetarische Form der Ernährung. Hier kommt auch klar zum Ausdruck, dass der Handel mit Tieren ebenfalls unheilsam ist. Im Edlen Achtfachen Pfad steht die Anforderung, einen rechten Lebensunterhalt zu pflegen. Unter einem „Rechten Lebensunterhalt“ kann sicher kein Beruf verstanden werden, bei dem Tiere in irgendeiner Form zu Schaden kommen. Bei diesen Überlegungen sollte man sich auch einmal den in unseren Breiten üblichen Begriff der „Nutztiere“ deutlich vor Augen halten und seine Bedeutung analysieren. Die Bedeutung der buddhistischen Lehre als ein Weg der Mitte und ein Weg, der Extreme zu vermeiden sucht, lässt einigen Spielraum und viel Platz für Pragmatismus. Es ist aus heutiger Sicht völlig unrealistisch zu versuchen, die gesamte Tierleidproduktion von heute auf morgen abschaffen zu können. Es gibt aber sehr viele Fakten, die von solcher Unerträglichkeit sind, dass Veränderungen nicht nur möglich scheinen, sondern ganz dringend erforderlich sind. Das beginnt bei Tierfabriken und Tiertransporten und geht bis zur Ausübung von Hobbys, deren Zweck es ist, Tiere zu töten oder zu verletzen. Immer natürlich in einem Mäntelchen von Argumenten künstlich geschaffener Sachzwänge - siehe nur die Jagd als Hobby.

Auf der anderen Seite stehen vermehrt Bauernhöfe, die unter biologischer Produktion vor allem auch eine möglichst empathische Tierhaltung verstehen, selbst wenn diese Tiere letztendlich auf unseren Tellern landen. Wenn wir es schaffen, allen Fleischbedarf in einem ersten Schritt aus solchen Produktionen zu decken, dann ist ganz Wesentliches und Wichtiges geschehen. Mit solchen Veränderungen würde auch ganz automatisch eine breite Bewusstseinsänderung Hand in Hand gehen, sodass eine weitere heilsame Entwicklung, welche Tiere als fühlende Wesen akzeptiert, automatisch ihren Lauf nehmen. Anzusetzen ist hier vor allem bei den ganz Jungen, was uns „Ältere“ aber nicht von unserer Vorbildwirkung befreien kann.

Der Ordnung halber muss hier auch erwähnt werden, dass selbst unter praktizierenden Buddhisten heute die Vegetarier oder Veganer wohl noch keine Mehrheit sind. Das ist nicht statistisch nachgewiesen, sondern nur mein Eindruck von vielen buddhistischen Großveranstaltungen. Das erklärt sich aus vielen Gründen, einer davon ist sicher jener, dass es keine explizite Vorschrift in der Lehre des

Buddha dafür gibt. Es wird erst zu einer selbstverständlichen Konsequenz, wenn man die Forderung nach mitfühlendem Handeln entsprechend vertieft und umgesetzt hat. Wichtig ist mir hier auch zu erwähnen, dass weder der Fleischkonsument noch der -produzent apriori für „schlecht" oder „böse" stigmatisiert werden dürfen. Es gilt den Weg aufzuzeigen, den die Lehre des Buddha in diesem Zusammenhang vorgibt. Eine Bewertung, wer auf diesem Weg an welcher Stelle oder Kreuzung angekommen ist, ist keinesfalls ein Kriterium der buddhistischen Sicht oder Praxis. Wir haben den Blick hier ausschließlich auf unseren persönlichen Weg zu richten und uns dabei nicht durch Vorschrift, sondern durch Einsicht entsprechend auf den Weg zu machen, der allen fühlenden Wesen zum Wohle und nicht zur Mehrung von Leiden reicht. Die Umstellung unserer Gewohnheiten im Zusammenhang mit Fisch- und Fleischkonsum aus reiner Einsicht und nicht als Folge von Verbot und Vorschrift, ist die richtige Voraussetzung für nachhaltige Veränderung und Umsetzung.

Haustierhaltung

Gerade im Umgang mit Tieren, in der sogenannten Haustierhaltung, finden wir eine sehr spannende Bandbreite in Bezug auf Tierethik. Einerseits finden sich in diesem Bereich viele Verbindungen zwischen Mensch und Tier, die eine Partnerschaft darstellen, in der sehr viel Empathie entsteht und die Anerkenntnis des Tieres als fühlendes Wesen perfekt erfüllt wird. Andererseits geschieht in diesem Bereich sehr vieles, was den Grundbedürfnissen der Tiere zuwider läuft und sich durch falsch verstandene Tierliebe (Liebe bedeutet vor allem auch den Fokus auf den Bedürfnissen des anderen - des Tieres - und nicht auf der Befriedigung der eigenen zu haben) auch leicht zum Martyrium für diese entwickeln kann. Im Gegensatz zur Nutztierhaltung, wo im Regelfall das Motiv auf Steigerung der Produktion und des Ertrages vorherrschend ist, wird in der Haustierhaltung sehr oft falsche Sicht und Unwissenheit zur Quelle mangelnder Ethik in der Mensch-Tier-Beziehung. Es zählt leider nicht zur selbstverständlichen Voraussetzung, bei der Anschaffung eines Haustieres, sich über dessen Bedürfnisse und Anforderungen entsprechend zu informieren und danach ehrlich zu prüfen, ob diese auch erfüllt werden können.

Hier könnte man eine Parallele zur Hauptanforderung des buddhistischen Weges ziehen, welche lautet: Mitgefühl mit allen fühlenden Wesen und Weisheit zu entwickeln. Fehlt hier eine der beiden Komponenten, so kommt es oft zu Fehlentwicklungen. Fehlt dem mitfühlenden Handeln die Weisheit, so entstehen sehr oft, trotz bester Absicht und Motivation, große Fehler und in der Folge Leid. Der Umkehrschluss, dass der Weisheit das Mitgefühl fehlt, bedeutet in meinem Verständnis, dass es sich noch nicht wirklich um Weisheit handelt. Entzieht man der

Weisheit das Mitgefühl, so bleibt nur mehr umfassendes Wissen, dessen Einsatz sehr oft nicht zum Heil, sondern zum Leid führen kann.

Zusammenfassung des Gesagten und Schlussfolgerung

Der Buddhismus ist eine holistische Lehre und in einem der großen Sutren des Mahayana-Buddhismus, dem Avatamsaka-Sutra, ist vom *Netz des Indra* die Rede, um die gegenseitige Abhängigkeit und Bedingtheit zu veranschaulichen:

> *„Man stelle sich das Universum als ein unendlich großes Netz vor, wo an jedem der vier Knotenpunkte der einzelnen unzähligen Löcher ein kleiner, in 24 Facetten geschliffener, Diamant geknüpft ist. Es spiegelt sich nun in jeder einzelner Facette die unendliche Vielzahl aller anderen Diamanten vielfach und jede Veränderung oder Bewegung an irgendeinem Ort dieses Netzes zieht eine Veränderung dieser Spiegelung an jedem anderen Platz nach sich.*
>
> *Dieses Bild der sich all-widerspiegelnden Handlungen ist die Anleitung für eine universale Ethik. Aus dieser Erkenntnis heraus, dass wir keine Handlungen setzten können, die sich nicht letztendlich auf alles und jedes andere auswirken, sind wir gefordert, unsere Entscheidungen fürs Handeln zu treffen".*

So wie die buddhistische Religion keine Glaubensreligion darstellt, sondern eine Erkenntnisreligion, ist auch eine buddhistische Ethik keine Ethik von klaren Vorschriften, sondern eine Ethik der klaren Einsicht und sich daraus ableitender einsichtsvoller und achtsamer Handlungsweisen.

Daraus abgeleitet gibt es keine klar ausformulierten Handlungsanweisungen für bestimmte Ethiken, sei es z.B. für eine Ethik der Medizin, der Wirtschaft oder, wie in unserem Falle, einer Ethik der Mensch-Tierbeziehung. Was es gibt, sind die Grundlagen zur Einsichtsgewinnung, aus der dann die Konsequenzen für ethisches Handeln, jeweils in genauem Bezug auf den einzelnen Anlass, erkannt und abgeleitet werden können.

Eine Ethik, die rein auf Ge- und Verboten und gesetzlichen Regelungen aufbaut, deren Einhaltung mit entsprechenden Sanktionen erreicht werden soll, wird kaum eine Chance haben, sich durchzusetzen.

Aus heutiger Sicht werden zwar Gesetze noch lange als Basis für eine Ethik benötigt werden, aber nur wenn wir es schaffen, ein Bewusstsein zu entwickeln, das von der Einsicht getragen ist, dass ethisches Handeln Grundvoraussetzung ist für - im Großen gesehen: Eine lebenswerte Zukunft der Menschheit insgesamt und - im Kleinen gesehen: Für das persönliche Glück und die persönliche Zufriedenheit jedes Einzelnen heute, morgen und in aller Zukunft - dann wird es auch zu einem umfassenden und nachhaltigen ethischen Handeln aller kommen. Dann entsteht nämlich folgendes Paradoxon, dass scheinbar „egoistisches“ Handeln automatisch auch ethisches Handeln ist.

Neben den beiden Grundpfeilern des abhängigen Entstehens und des Edlen Achtfachen Pfades sowie der daraus logisch abgeleiteten Konsequenz nach Mitgefühl mit allen fühlenden Wesen, möchte ich aus der Lehre des Buddha noch folgende 5 Grundlagen für eine universale Ethik formulieren, die selbstverständlich unseren Umgang mit Tieren voll integriert:

1. *Der Weg der Mitte:* Aus seiner Entstehungsgeschichte heraus, nach der Buddha in Luxus geboren wurde und lebte - dann sich in die Askese begab und letztendlich beides - den Luxus und die Askese - als nicht heilsam erkannt hat, wird der Buddhismus auch als der Weg der Mitte bezeichnet. Das Vermeiden von Extremen kann auch als ethische Anweisung für unsere Lebensgestaltung verstanden werden.
2. *Die 5 Ethikregeln:* Diese beginnen alle mit den Worten: „Ich übe mich darin ...“ Die erste und gleichzeitig wichtigste dieser Regeln, die als Wegweiser für ethisches Handeln zu verstehen sind, lautet: Ich übe mich darin, keine lebenden Wesen zu töten und zu verletzen! Hier umspannt der Begriff „Wesen“ ganz selbstverständlich und ausnahmslos Menschen und Tiere!
3. *Die unteilbare Eigenverantwortung:* Da es im Buddhismus keine „höhere Instanz“ im Sinne eines höheren Wesens gibt, bleibt letztendlich jede Verantwortung beim einzelnen handelnden Menschen. Es entfällt jede Möglichkeit, Verantwortung für ethisches oder nicht-ethisches Handeln delegieren zu können. Als Quelle dient die Lehre des Buddha sowie weise Menschen, die bereits ein höheres Verständnis am Übungsweg des Lebens (dharmas) entwickelt haben.
4. *Das Prinzip der Toleranz:* Der Buddhismus versteht sich selbst nicht als den einzigen richtigen Weg (richtige Religion), sondern als einen Weg unter vielen unterschiedlichen, aber gleichwertigen Wegen. Dies ist ein hoher Anspruch an gegenseitigen Respekt und Toleranz. Es entfällt damit das Überlegenheitsprinzip als Wurzel für Unterdrückung, Missachtung, Knechtung und letztendlich Krieg. Auch das Überlegenheitsprinzip des Menschen über die Natur (und Tiere) relativiert sich vor allem auf eine höhere Eigenverantwortung.
5. *Einsicht statt Glauben (Vermuten):* Die Aufforderung des nicht „blinden Glaubens“, sondern des ständigen Suchens nach Einsicht, Erkenntnis und wahrem Verstehen. Diese Aufforderung behält auch dann ihre Gültigkeit, wenn wir uns bereits am Ziel der wahren Erkenntnis wähnen.

Es gibt im Zen den für den westlichen Geist leicht missverständlichen Spruch: „Wenn du den Buddha triffst, töte ihn“. Was hier für den christlich-abendländischen Geist wie Blasphemie klingt, ist unter anderem die weise Aufforderung, immer wenn man sich im Besitz der Wahrheit wähnt, diese im nächsten Schritt wieder in Frage zu stellen. Ähnlich wie Sir Karl Popper die Forderung nach „der Falsifikation von Ergebnissen“ wissenschaftlicher Erkenntnisse als Voraussetzung für die Anerkennung als solcher stellt. Oder ähnlich wie Konrad Lorenz im Rahmen der evolutionären Erkenntnistheorie vom Leben als von einem ständigen „Erkenntnis gewinnendem Prozess" spricht.

Betrachten wir es also als wichtigen Teil unserer Lebensaufgabe, Erkenntnis zu gewinnen - und sind wir uns dabei bewusst, dass wir allein es sind, die die Verantwortung dafür tragen, wie wir diese Erkenntnisse einsetzen. Wir können diese Verantwortung weder an menschliche noch an göttliche Instanzen delegieren.

Seien wir uns auch bewusst, dass es unsere Aufgabe und Verantwortung ist, aus gewonnener Einsicht und Erkenntnis unsere bestmögliche Handlungsweise zum Wohle aller fühlenden Wesen abzuleiten und damit letztendlich zum eigenen Wohle. Und seien wir uns vor allem dessen bewusst, dass uns in den Tieren ebenfalls empfindende und fühlende Wesen gegenüberstehen und es schlussendlich einen Zusammenhang gibt zwischen Tierleid und Menschenleid - wofür wir allein die Verantwortung tragen.

Die ethische Dimension der Mensch-Tier-Beziehung im Judentum

Willy Weisz

Die Schöpfungsgeschichte als Ethiklehrbuch

Seit Alters her wurde die Schöpfungsgeschichte der Bibel, wie sie am Beginn des ersten Buches Mose, Genesis, steht, eher als Ethikunterricht denn als Naturgeschichtslehrbuch betrachtet. Komprimiert in wenige Sätze findet man dort die ethischen Grundlagen einer Mensch-Tier-Beziehung, deren Fundament in der Wertschätzung aller Lebewesen, aber auch im Vorrang des Menschenlebens liegt.

Die Kontaktnahme des Menschen mit den Tieren (*Gen 2:19-20*) ist keine Zufallsbekanntschaft, sondern von G'tt herbeigeführt. Daher stehen auch alle folgenden, expliziten wie impliziten biblischen Vorschriften nicht dem Zeitgeist zur Verfügung. Die Kontaktaufnahme ist auch - nach G'ttes Wunsch - mit der Namensgebung für jedes einzelne Tier durch den noch immer einzigen Menschen, Adam, verbunden. Der Name einer Person hat im Judentum eine sehr große Bedeutung. Sowohl bei Buben wie auch bei Mädchen wird er vor der Gemeinde bei einem Gemeinschaftsgebet verkündet. Nach Beendigung des Lebens wird der Name des Verstorbenen, dessen Grab nach jüdischer Vorstellung eine „ewige Wohnung“ darstellt, auf dem Grabstein oder -deckel angebracht und damit dem Vergessen entrissen.

Trotz dieser Kontaktaufnahme und der durch die Namensgebung engen Bindung findet Adam im Tierreich keinen Lebenspartner. Dies ist der erste Hinweis auf das später viermal explizit formulierte kategorische Verbot der körperlich vollzogenen Zoophilie. (*Ex 22:18*, *Lev 18:23* und *20:15-16*, *Dtn 27:21*)

Die „Herrschaft“ des Menschen über die Umwelt

„Seid fruchtbar und vermehrt Euch, bevölkert die Erde und macht sie Euch untertan; und herrscht über die Fische des Meeres, über die Vögel des Himmels und über jedes Lebewesen, das sich auf der Erde bewegt“ (*Gen 1:28*), so lautet der Doppelauftrag an den Menschen: den Fortbestand der Menschheit sicherzustellen und sich seiner Aufgabe als „Beherrscher“ der Natur bewusst zu werden. So wie ein guter Herrscher nicht unterdrückt, sondern den Wohlstand seiner Untertanen zu fördern versucht, so hat der Mensch sorgfältig mit Fauna und Flora umzugehen.

Auf längere Sicht gesehen bringt die selbst moderate Steuerleistung Wohlhabender mehr als exorbitante Abgaben, die Armen abgepresst werden. Ebenso schützt und ernährt eine durch pfleglichen Umgang gehegte Natur den Menschen, während ihre Ausbeutung nur kurzfristigen Nutzen bringt und selbst binnen kurzer Zeit Not und existenzielle Bedrohung nach sich ziehen kann.

Vom Vegetarier zum Fleischfresser und retour

Im Paradies bestand die Nahrung aller landgebundenen und fliegenden Lebewesen, also auch des Menschen, aus erneuerbaren („Samen tragenden“) Pflanzen. (*Gen 1:29-30*) Und der biblische Prophet Jesaja hat die Vision einer zukünftigen Idealgesellschaft, in der kein Lebewesen das andere töten oder ihm ein Leid zufügen wird. (*Jes 11:6-8*)

In der Zeit zwischen diesen beiden Idealvorstellungen ist die Erde jedoch auch von Lebewesen bevölkert, die sich von Fleisch ernähren, so auch der Mensch. Da dabei auch Letzterer als Nahrungslieferant dienen könnte, stellt der Bibeltext klar, dass das Leben des Menschen über das von Tieren zu stellen ist. (*Gen 9:5*) Explizit wird bereits an dieser frühen Textstelle erstmals - und nicht letztmalig - das Verbot, einen Mensch zu ermorden, angesprochen.

Fleischverzehr mit Einschränkungen

Noah, der sich um die Rettung der Tierarten vor der Sintflut verdient gemacht hat, wird die Erlaubnis zuteil, sich von Fleisch zu ernähren. (*Gen 9:3*) Dabei darf jedoch das Tier nicht gequält werden.

Aus dem Satz „Aber Fleisch mit seinem Leben, seinem Blut sollt ihr nicht essen“ (*Gen 9:4*) wird abgeleitet, dass es verboten ist, Fleisch von einem noch lebenden Tier zu verzehren. Dieses Verbot findet sich auch in den 7 Noachidischen Gesetzen [1] wieder, die nach jüdischer Vorstellung ein nicht-jüdischer Mensch einhalten muss, um Heil zu erlangen. Das Verbot, Blut zu essen, das in dieser Text-

[1] Babylonischer Talmud, Sanhedrin Fol. 56a

stelle bereits angedeutet wird, scheint explizit als Vorschrift und Gesetz mehrmals auf. (*Lev 7:26-27, 17:10-14, Dtn 12:16,23, 15:23*)

Ein weiteres Verbot betrifft das gemeinsame Essen von Fleisch und milchigen Speisen entsprechend der biblischen Forderung: „du sollst das Zicklein nicht in der Milch seiner Mutter kochen“. (*Ex 23:19, 34:26, Dtn 14:21*) Der mögliche Ursprung und die ethische Interpretation dieser Aussage werden weiter unten behandelt. Obwohl der Satz sich eindeutig auf das Fleisch von Säugetieren bezieht, wurde er auch auf Vögel ausgedehnt, um auch bei unklarer Herkunft eine Übertretung zu vermeiden. Auch wurde das Verbot auf kalte Speisen ausgedehnt. Das Verbot des gemeinsamen Genusses wurde auf die ganze Mahlzeit und - entsprechend unterschiedlichen Vorstellungen -, auf die Dauer der Verdauung von Fleisch bezogen: Heute gibt es 3 Traditionen, die einen Abstand von jeweils 1, 3 oder 6 Stunden zwischen einer Fleischmahlzeit und der frühesten Aufnahme von Milch und Speisen mit Verwendung von Milchprodukten einhalten.

Auch die Auswahl der dem Menschen zum Verzehr erlaubten Tierarten und teilweise auch der Körperteile ist genauen Vorschriften unterworfen. Der dabei verwendete Begriff „koscher“ bedeutet im Hebräischen „erlaubt, tauglich, geeignet“.

Koschere Tiere

Die zum Verzehr erlaubten bzw. verbotenen Tiere sind teils durch ihre Eigenschaften beschrieben, teils taxativ aufgezählt. (*Lev 11:2-47*)

An Landtieren sind nur Wiederkäuer mit gespaltenen Hufen (z.B. Rind, Schaf, Ziege) erlaubt; verboten sind unter Anderen Schwein, Hase, Biber -, um nur drei der im christlichen Europa oft in Rezepten aufscheinenden Vertreter anzuführen, wobei der Letztere zu den Wassertieren gezählt wurde, um als Fastenspeise zugelassen zu sein.

Alle Insekten sind nicht-koscher, außer einer Heuschreckenart, die so beschrieben wird: „was Gelenke oberhalb der Hinterbeine hat, um damit auf der Erde zu springen“. (*Lev 11:21-22*) Nur die Juden aus dem Jemen haben bis heute die Tradition überliefert, um welche Arten es sich dabei handelt. Daher wird diese Erlaubnis heute nicht mehr genutzt.

Bei den Vögeln gibt es eine Aufzählung von zwanzig verbotenen Arten, von denen einige Namen heute nicht mehr einer besonderen Spezies zugeordnet werden können. Deshalb wurden alle Vogelarten zum Verzehr verboten, außer jenen, für die es eine explizite Tradition gibt, dass sie koscher sind, z.B. Geflügel. Explizit finden wir in der Bibel die Taube als koscheres Tier, das sogar bei Opfern verwendet werden konnte.

Von den im Wasser lebenden Tieren sind nur solche mit Schuppen und Rückenflosse zum Verzehr erlaubt, also nur eine Untermenge der Fische. Insbesondere sind damit alle Formen von Meeresfrüchten und Meeressäugetieren verboten. Bei Fischen, die nur während eines Teils ihres Lebens Schuppen haben, gibt es eine Diskussion im Talmud.[2] Meist wird in diesen Fällen der Fisch als nicht-koscher angesehen.

Koscheres Fleisch und andere Tierprodukte

Aber nicht jedes Fleisch koscherer Tiere ist auch für den Verzehr zugelassen (koscheres Fleisch). Das Fleisch von Tieren, die krank, verendet oder gerissen sind, darf ebenso nicht gegessen werden wie das von Tieren, deren Erkrankung man nach dem Schlachten erkannt hat.

Nicht gegessen wird die Spannader (*Gen 32:32*) und jene Teile (z.B. das Fett um die Eingeweide, das Netz um die Nieren) von Rind, Schaf und Ziege, die zur Zeit, als es noch den Opferdienst im Zentralheiligtum, dem Tempel zu Jerusalem, gab, am Altar verbrannt wurden.

Tierprodukte von nicht-koscheren Tieren sind nicht zum Verzehr zugelassen, ausgenommen Bienenhonig. Da der Stör keine Schuppen im eigentlichen Sinn hat - das entsprechende Speiseverbot ist seit langen Zeiten immer wieder einer Diskussion unterzogen worden -, ist auch der echte Kaviar nicht Bestandteil der jüdischen Küchenkultur.

Koscheres Schlachten - Schächten

Damit das Fleisch koscherer Tiere auch gegessen werden darf, muss das Schlachten zwei Anforderungen erfüllen: Das Blut muss vollständig aus dem Körper abfließen, da der Verzehr von Blut verboten ist (*Lev 7:26, 17:10-14, 19:26, Dtn 12:16,23, 15:23*), und dem Tier sollen so wenig Schmerzen wie möglich bereitet werden. Nach jüdischer Anschauung und durch wissenschaftliche Experimente untermauert, kommt die gewählte Methode der Sch'chita (Schächten) dem angestrebten Ziel sehr nahe: Mit einem scharfen Messer ohne die geringste Scharte wird durch einmaligen Schnitt (maximal Hin-und-Her-Schnitt) ohne Berührung der Wirbelsäule die Halsschlagader durchtrennt, wodurch binnen kürzester Zeit das Gehirn blutleer wird und Bewusstlosigkeit eintritt. Das Messer wird vor und nach dem Schnitt auf seine Schärfe und die Unversehrtheit der Klinge untersucht; nur wenn beide Male keine Scharte feststellbar ist, wird das Fleisch als koscher deklariert.

Um das Ausbluten sicherzustellen, ist jede Form von Betäubung verboten, da durch das Ausschalten des Kleinhirns die davon gesteuerten unwillkürlichen Muskelkontraktionen, die zum vollständigen Ausbluten führen, nicht mehr vorhanden

---

[2] Babylonischer Talmud Chulin III, vii, Fol. 66-67

sind. Dies führt derzeit zu einer Kontroverse um den Einsatz von Schlachtschussapparaten, wie sie das gängige Tierschutz-gesetz vorsieht, - und dabei zum Kollisionskurs mit der verfassungsmäßig garantierten freien Religionsausübung von Judentum und Islam. Die Reduktion der Schusskraft zur Vermeidung des Eintritts von eventuell fehlgefalteten Prionen, die die verschiedenen Formen von „Transmissible Spongioform Encephalopathy" (z.B. BSE, Creutzfeldt-Jacob) hervorrufen, in die Blutbahn, wirft ohnehin die Frage nach der noch verbleibenden Qualität der Betäubung dieser Schlachtmethode auf[3].

Für Fische gibt es keine besonderen Vorschriften, wie sie zu töten sind, um gegessen werden zu können, aber sicher gilt auch hier die Notwendigkeit der geringst möglichen Qual. Ein Ausbluten wird jedoch nicht verlangt.

Die Jagd Ein Tierschutzgesetz, das die Jagd, insbesondere durch Freizeitjäger, gestattet, erlaubt das viel qualvollere Verenden von Tieren durch mehr oder weniger zielgerechte Schüsse, als es jede heute in Österreich eingesetzte Form der Schlachtung verursacht.

Obwohl die Jagd auf koschere Tiere, insbesondere Hirsch und Reh, und der Verzehr dieser Tiere explizit in der Bibel angesprochen wird, (*Gen 27:5, Dtn 14:5*) hat die Verallgemeinerung der Verpflichtung zum rituellen Schächten auch bei wild lebenden Tieren zum Aussetzen der Jagd aus religiösen Gründen geführt.

Tieropfer

Das biblische Tieropfer war von Anfang an nie als Geschenk an G'tt gedacht, sondern war, wie der hebräische Terminus „Korban" - aus der Wurzel *karaw* (sich annähern) - aussagt, als Annähern an den Ewigen zu verstehen, indem sich der Opfernde seiner sozialen Verantwortung bewusst wird. Da bei den meisten Opfern nur ein kleiner Teil am Altar verbrannt wurde, und genau definierte Teile als Abgabe an den amtierenden Priester abgeführt wurden, verblieb je nach Tierart ein sehr bedeutender Rest, der am selben Tag vor Ort - also im Bereich des Tempels zu Jerusalem - aufgegessen werden musste, da sonst das Opfer ungültig wurde. (*Lev 7:15*) Da dies bei den meisten zum Opfer geeigneten Tierarten von einem Einzelnen, meist auch von eventuell anwesenden Familienmitgliedern und Gästen nicht zu schaffen war, musste sich der Opfernde um Teilnehmer am Festmahl bemühen. Diese fand er in den Armen, die sich beim Tempel aufhielten und so sicher waren, auch zu Fleischspeisen zu kommen.

---

[3] In den USA hat das Auftreten von BSE zu einem höheren Konsum koscheren Fleisches durch Nichtjuden geführt.

Der Umgang mit lebenden Tieren

Wie eingangs erwähnt, war es Aufgabe des ersten Menschen, eine Bindung zwischen sich und der Tierwelt aufzubauen, und so sind auch die Vorschriften für den Umgang mit lebenden, nicht zur Schlachtung bestimmten Tieren in ihrer Grundlage bereits im Pentateuch zu finden. Sie sind vom Respekt für das Tier, das dem Menschen als Lebewesen wert sein muss, getragen.

Wie der Mensch hat auch das Tier explizit das Recht, am Schabbat (Samstag) von Arbeit verschont zu werden (*Ex 20:9, 23:12, Dtn 5:14*) -, und sein Besitzer hat die Verpflichtung, dies sicherzustellen.

Wenn ein Lasttier stürzt, darf der, der dies sieht, nicht wegschauen und weiter seines Wegs gehen, sondern muss mithelfen, es wieder auf die Beine zu bringen, (*Dtn 22:4*) selbst wenn es sich dabei um das Eigentum seines Feindes, dem man eigentlich schaden möchte, handelt (*Ex 23:5*). Auf Kosten eines Lebewesens darf dieser Streit nicht ausgetragen werden.

Ethikregeln über den Umgang mit Tieren

Die 12 israelitischen Stämme bildeten ursprünglich eine Agrargesellschaft. Daher ist es nicht verwunderlich, dass Regeln für den Umgang mit Tieren verwendet wurden, um auch zwischenmenschliche Beziehungen ethisch(er) zu gestalten.

Rücksicht

Der Einsatz von Rindern und Eseln als Arbeitstiere wird bereits im Pentateuch angesprochen und ethisch geregelt. So ist es verboten, einem Ochsen beim Dreschen das Maul zu verbinden (*Dtn 25:4*) -, was ihn daran hindern würde, am Ergebnis seiner Arbeit Anteil zu haben.

Die Regel, beim Pflügen nicht einen Ochsen und einen Esel zusammenzuspannen, (*Dtn 22:10*) berücksichtigt den Größen- und Stärkenunterschied zum Nachteil des Schwächeren. Eine weitere sozialethische Interpretation lehrt: Der Esel, der das Wiederkäuen des Ochsen bei der Arbeit hört, könnte der Auffassung sein, dass sein Mitarbeiter bei der Arbeit zu essen bekommt, während er, ohne zu essen, schuften muss. [4]

Mischen von Arten

Das Mischen von Tier- oder Pflanzenarten (Hybridisieren) ist nach jüdischem Verständnis verboten, da es die „Schöpfung“ neuer Arten bezweckt. Das textliche

---

4 Da'at Sekenim miBa'alei Tosfot, ein Bibelkommentar aus dem 12. oder 13. Jahrhundert

Umfeld des Verbots, Esel und Ochs zusammenzuspannen, lässt daher auch die Interpretation zu, dass es sich gegen die Hybridisierung wendet. [5]

Genmanipulationen ohne Hybridisierung unterliegen jedoch keinem religiösen Verbot.

Erhalt der Arten

Der Erhalt der Arten ist ein zentrales Anliegen der jüdischen Religion. Schon in der Bibel (*Dtn 22:6-7*) wird verboten, einen Vogel gemeinsam mit seinen Jungen aus dem Nest zu holen. So wird sichergestellt, dass nicht alle Generationen einer Art ausgelöscht werden. Auch darf das Muttertier nicht getötet werden, da mit ihm auch der Nachwuchs vor Hunger sterben würde.

Milch und Fleisch

Das Verbot: „Du sollst das Zicklein nicht in der Milch seiner Mutter kochen" ist nicht nur die Grundlage einer zentralen Vorschrift der koscheren Küche. Zwei der Textstellen schließen eine Serie von Vorschriften für Tieropfer ab; das deutet darauf hin, dass es sich dabei um das Verbot von Kulthandlungen heidnischen Ursprungs handelt.

Aus dem Zusatz „*seiner Mutter*" wird auch eine ethische Lehre gezogen: Eltern dürfen nicht zur Schädigung ihrer eigenen Kinder instrumentalisiert werden.

Tiere als Metaphern

Der Löwe

Der Löwe steht für Kraft und Herrschaft von Geburt an. Der Stamm Jehuda, dem die Königswürde zugesagt wurde und aus dem auch David stammt, hat als Symbol den Löwen.

Je nach Textstelle und Zusammenhang werden die Eigenschaften des Löwen positiv oder negativ bewertet. Dem Zerstörerischen wird trotz zeitweiliger Erfolge der Untergang prophezeit. In Jesajas Prophezeiung für ein zukünftiges Reich unter einem König aus dem Hause des Vaters von König David - heute als messianische Zeit interpretiert -, wird der Löwe wie das Rind Heu fressen, also kein Lebewesen mehr töten. (*Jes 11:7*)

Bereits dem *jungen Löwen* werden Jagdleidenschaft und Dominanz zugeschrieben, und es ist nicht ratsam, ihn aufzuscheuchen. (*Gen 49:9*) Auch ihm wird prophezeit, dass er neben dem Mastvieh gehend von einem Kind geführt werden wird, (*Jes 11:6*) ohne es zu bedrohen.

[5] Raschi (Rabbi Schlomo ben Jitzchak) Kommentar zum Pentateuch

Der Hund

Am anderen Ende der Hierarchie stand in biblischen und talmudischen Zeiten der Hund. Als Lebewesen steht er jedoch noch immer vor den Toten, gleichgültig, welchen Rang sie während ihres Lebens hatten: „Denn wer irgend noch verbunden mit den Lebendigen hat Hoffnung; ja einem lebenden Hund ist wohler als einem toten Löwen“. (*Pred 9:4*) Diese Aussage spiegelt den unermesslichen Wert wider, der im Judentum dem Leben zugemessen wird.

Der *tote Hund* ist eine häufige Metapher für unfähige Menschen.

Die Hunde, von denen in alten Zeiten die Rede war, waren im Nahen Osten meist wilde oder ausgewilderte Tiere, die jedoch keine Scheu hatten, sich in oder nahe menschlichen Siedlungen aufzuhalten. Den zudringlichen Tieren wurde zwar der Hunger zugute geschrieben, und ihnen wurde Futter zugeworfen, oft wurden sie jedoch mit Prügeln verjagt. [6] Daher stammt ihre niedrige Einstufung. Als Aasfresser waren sie jedoch geschätzt.

Andrerseits wurde das Haustier Hund als treuer Begleiter des Menschen gelobt. Das Halten von Hunden, die Menschen erschrecken und dabei etwa Frühgeburten auslösen, ist jedoch verboten. [7]

Die jüdische Haltung zu Hunden ist sichtlich zwiespältig. Die häufige Ablehnung von Hunden ist auch darauf zurückzuführen, dass sie im Zuge von Pogromen oft auf die Juden gehetzt wurden. In der Nazizeit sind solche Aktionen häufig dokumentiert.

Das Schwein

Das Schwein ist eines von vielen Tieren, die nicht koscher, also nicht zum Verzehr geeignet, sind. Es wird bevorzugt im abwertenden Sinne verwendet. Der Grund für die Ablehnung ist historisch begründet: Die in Judäa stationierte Legio X Fretensis hatte den Eber im Wappen; so wurde das Schwein mit den verhassten römischen Besatzern assoziiert. Mehrere Metaphern des Neuen Testaments nehmen darauf Bezug, so das Zitat „ihr sollt [. . .] eure Perlen nicht vor die Säue werfen“. (*Mt 7:6*) „Perlen“ war und ist ein gebräuchlicher jüdischer Aphorismus für die Worte der Torah, die man nicht im Umgang mit den römischen Besatzern einsetzen sollte.

Das Schwein wurde auch zum Symbol für täuschende Äußerlichkeit: Es hat sichtbare, gespaltene Klauen, wie koschere Tiere, aber sein Inneres qualifiziert es nicht als koscher, da es kein Wiederkäuer ist.

---

6 Babylonischer Talmud, Schabbat Fol. 155b

7 Babylonischer Talmud, Schabbat Fol. 63a-63b und Babba Kamma 79a

Zusammenfassung

Die Mensch-Tier-Beziehung ist in der jüdischen Ethik ein seit jeher bedeutender Topos. Das zentrale Element dabei ist der Respekt, der jedem Lebewesen zu zollen ist. Jede Tierart muss erhalten bleiben, und jedwede Grausamkeit Tieren wie Menschen gegenüber hat zu unterbleiben.

Da andrerseits der Mensch auch Fleisch isst und dessen Genuss in der Bibel explizit erlaubt ist, folgt daraus, dass auch das Schlachten strengen Regeln mit dem Zweck, das Leiden so gering wie möglich zu halten, unterworfen ist.

In einer Auseinandersetzung mit Tieren gilt jedoch der absolute Vorrang des menschlichen Lebens vor dem der anderen Kreaturen. Strenge Tierschutzgesetze bei gleichzeitigem Widerruf des Schutzes von Menschengruppen wie unter der Nazi-Herrschaft sind in der jüdischen Ethik nicht denkbar.

Die Nähe der ursprünglich nicht-städtischen Lebensweise der jüdischen Stämme hat zu einer Nähe zu den gezüchteten wie wilden Tieren des Landes geführt, die sich in zahlreichen Tierparabeln und -metaphern der religiösen Literatur ausdrückt; Tiere stehen dabei für die ihnen zugeordneten menschlichen Eigenschaften.

Von Hermelinen, Menschen und Gott: christliche Tierethik

Kurt Remele

Anerkennen die christlichen Kirchen in ihrer Lehre und ihrer Praxis die Tiere als empfindungsfähige Mitgeschöpfe mit eigenem Wert und eigener Würde? Oder behindern sie einen rücksichtvollen, barmherzigen und gerechten Umgang der Menschen mit den Tieren, indem sie die Vorrangstellung des Menschen überbetonen und konsequenten Tierschutz als ethisch nebensächlich oder sogar sentimental disqualifizieren? Diese beiden grundsätzlichen Fragen und ihre Beantwortung stehen sowohl am Anfang als auch im Zentrum dieses Beitrages.

Für manche ist die Antwort auf diese Fragen eindeutig. Mit der ihm eigenen Schärfe und Polemik prangerte der bekannte deutsche Kirchenkritiker Karl-Heinz Deschner die Haltung der christlichen Kirchen gegenüber den Tieren wie folgt an: „Das Elend der Tiere, dieser permanente Massenmord, der eigentlich jeden auch nur halbwegs Sensiblen sofort um den Verstand bringen müsste ..., resultiert im jüdisch-christlichen Raum aus der ebenso albernen wie anmaßend aufgeblasenen Bibellehre von der Gottebenbildlichkeit des Menschen ..., aus jenem arroganten Anthropozentrismus also, wonach dicht auf Gott der Mensch kommt und dann erst der Rest der Welt. ... Seit zwei Jahrtausenden brüstet sich die Christenheit, das Tieropfer von Anfang an abgeschafft zu haben; stimmt. Und doch hat sie mehr Tiere geopfert als jede andere Religion - nur nicht mehr Gott, sondern dem eigenen Bauch." (*Deschner 1997: 40*)

Deschners Urteil fällt vernichtend aus. Es verdient Kritik, denn es ist einseitig und undifferenziert. Auch im Christentum gibt es tierfreundliche Traditionsstränge und eine oppositionelle Minderheit, die die Sorge um die Tiere vorlebt und gesamtkirchlich einklagt. Doch Deschners Urteil enthält auch ein unabweisbares Wahrheitsmoment: Im Großen und Ganzen ist das Christentum durch eine tendenziell negative Einschätzung der Tiere, ihres Wertes und ihrer Würde, ihres moralischen Status und ihres Lebensrechtes, gekennzeichnet.

Christliche Tiervergessenheit: der Mensch als „Krone der Schöpfung"

Herrschaftsauftrag

Schmerz und Leid der Tiere blieben in der Geschichte des Christentums im Allgemeinen unbeweint [1], ihr Wohlbefinden und ihr Glück meist unbemerkt. Die allermeisten Christinnen und Christen in Geschichte und Gegenwart, Bischöfe und andere Kleriker, Theolog/inn/en und so genannte einfache Gläubige, waren und sind, wie Deschner völlig zu Recht feststellt, unbekümmerte Karnivoren, Fleisch(fr)esser, die das immense tierische Leid in industriellen Tierfabriken ignorieren oder verdrängen. Und was Tieropfer betrifft, so irrt sich Deschner überraschenderweise sogar zugunsten des Christentums, denn Tieropfer sind im Christentum nicht ausnahmslos abgeschafft: In Teilen der orthodoxen Kirche Griechenlands und in der armenisch-apostolischen Kirche hat sich bis heute der Brauch erhalten, an bestimmten christlichen Festen Tiere zu schlachten und sie Gott als Opfer darzubringen. (Vgl. *Grumett/Muers 2010: 107-127*)

Deschner liegt auch nicht ganz falsch, wenn er die verbreitete Tiervergessenheit der jüdisch-christliche Tradition [2] auf den am Beginn der Bibel zu findenden, so genannten Herrschaftsauftrag oder Herrschaftsbefehl zurückführt. In diesem überträgt Gott den ersten Menschen die Herrschaft über die Erde („dominium terrae"), die Fische des Meeres, die Vögel des Himmels und das Vieh auf dem Land. (vgl. *Gen 1,26.28*) Es ist kaum zu leugnen, dass die betreffende Bibelstelle wirkungsgeschichtlich zur Legitimierung menschlicher Willkür gegenüber der übrigen Schöpfung beigetragen hat und dass sie „als Ermächtigung, mit Tieren wie mit Sachen zu verfahren" (*Vorgrimler ²2000: 621*) (miss)verstanden wurde. Bedeutende Theologen, allen voran Thomas von Aquin (Vgl. *Linzey ²1996: 12-19*), waren davon überzeugt, dass Gott die Tiere für die Menschen geschaffen und zu ihrem Gebrauch bestimmt habe. Der Mensch habe das Recht, sie nach seinem Belieben zu verwenden und zu töten. Nach Thomas unterliegen jene einem Irrtum, „die es dem Menschen zur Sünde auslegen, wenn sie die vernunftlosen Tiere töten; denn diese sind von der göttlichen Vorsehung durch die Naturein-

---

1 Zum Ausdruck „unbeweint" vgl. *Bernhart ²1987*. Zu den Begriffen Schmerz und Leid und zur Fähigkeit von Tieren, beides zu empfinden vgl. *DeGrazia 2002: 39-53*.

2 Vgl. dazu die Aussage der Koautoren Andrew Linzey (anglikanischer Geistlicher) und Dan Cohn-Sherbok (Rabbiner): „Es gibt eine lange und anhaltend negative Tradition bezüglich der Tiere sowohl im Judentum als auch im Christentum." (*Linzey/Cohn-Sherbok 1997: 2*). Zu den tierfreundlichen Elementen im Judentum und zu antisemitischen Tendenzen in der Tierrechtsbewegung vgl. *Rheinz 2007*.

richtung zum Gebrauch der Menschen hingeordnet, weshalb sie der Mensch ohne Ungerechtigkeit gebraucht, indem er sie tötet oder sonstwie verwendet.“ (*v. Aquin 1949: cap.112, n. 14*)

Deschner sieht in seiner Polemik allerdings geflissentlich über den geschichtlichen und kulturellen Kontext hinweg, in dem der Herrschaftsauftrag der Bibel steht, denn im alten Israel waren „die Menschen ... gegenüber der Tierwelt in der Minderheit, die Tierwelt stellte eine echte Bedrohung dar. Herrschaft und Kontrolle, die Lebensräume für Menschen schufen, galten in dieser Situation als hoher Wert.“ (*Schroer 2010: 42*) Heutige biblische Exegese und kirchenamtliche Erklärungen machen zudem darauf aufmerksam, dass der Herrschaftsauftrag nicht Unterdrückung, Ausbeutung und Verwüstung rechtfertige, sondern als verantwortungsvolles Leiten, liebende Sorge und fürsorgendes Behüten zu verstehen sei.[3]

Gottebenbildlichkeit

Ein weiterer Grund dafür, dass die christlichen Kirchen Tiere bis heute nicht als intrinsisch wertvolle, empfindungsfähige Subjekte anerkennen, liegt in einer falschen Auslegung der Lehre von der Gottebenbildlichkeit des Menschen (vgl. *Gen 1,27*): Nicht als Auftrag und Verpflichtung zu verantwortlichem Handeln gegenüber der übrigen guten Schöpfung Gottes wurde diese Lehre begriffen, sondern als Rechtfertigung menschlicher Rücksichtslosigkeit und Willkür gegenüber jenen Lebewesen, die die als Vernunftbegabung und Beseelung verstandene Gottebenbildlichkeit nicht teilen. Als kollektive Erinnerung und als tief verankertes institutionelles Gedächtnis prägt dieses falsche Verständnis von der Gottebenbildlichkeit des Menschen und von seiner Stellung als „Krone der Schöpfung“[4] nicht nur die Kirchen bis in die Gegenwart, sondern auch die Sitten jener traditionell christlichen Gesellschaften, in denen sich inzwischen Säkularisierung und religiöser Pluralismus ausgebreitet haben. In den westlichen Wohlstandsgesellschaften sind christliche Feste wie Weihnachten, aber auch Ostern und mancherorts der Martinstag (Martini), Anlässe für einen immens hohen Fleischkonsum und damit auch Ursache für Leid und Tod von Millionen und Abermillionen von Tieren. Vor allem das Weihnachtsfest hat sich zu einem wahren „Schlachtfest zu Ehren des Heilands“ (*Wir fragen Prominente 1998, 15*) entwickelt, wie die Schauspielerin und Umweltaktivistin Barbara Rütting es einmal provokant ausdrückte.

Dass der Konsum von tierischem Fleisch in christlichen Milieus bis heute weitgehend selbstverständlich und unhinterfragt geblieben ist, mag auch mit der

---

3 Vgl. dagegen die Aussage der Bibelwissenschaftlerin Silvia Schroer: „Apologetische Exegese, die die Gewaltaspekte völlig auszuklammern sucht und nur auf die Verantwortlichkeit abhebt, trägt zur Verarbeitung der Wirkungsgeschichte dieses Herrschaftsbefehls nicht bei.“ (*Schroer 2010: 41*)

4 Vgl. *Ps 8,6*: „Du hast ihn [den Menschen] nur wenig geringer gemacht als Gott, hast ihn mit Herrlichkeit und Ehre gekrönt.“

religiösen Ikonographie zu tun haben: Jesus als geopfertes Lamm Gottes - das *Agnus Dei* ist das Berufssymbol der Fleischhauer -, Brot als Fleisch Christi und Wein als sein Blut. Vegetarier/innen sind in einem traditionell katholischen Milieu nicht selten auch heute noch Verdächtigungen ausgesetzt: Man wird sie zwar nicht mehr wie in früheren Jahrhunderten der Ketzerei beschuldigen (Vgl. *Grumett/Muers 2010: 89-106*), aber der Vorwurf einer zu großen Nähe zu New Age oder zur Tierbefreiungsphilosophie eines Peter Singer ist ebenso häufig zu hören wie die Unterstellung, konsequente Tierschützer/innen würden die Not von verhungernden Kindern in den Ländern der so genannten Dritten Welt ignorieren, um sich einer sentimentalen Liebe zu Tieren hinzugeben.

Das Leid der Tiere

Um die Mitte des 19. Jahrhunderts untersagte Papst Pius IX. die Errichtung einer Tierschutzeinrichtung in Rom mit dem Argument, dass Menschen Pflichten gegenüber anderen Menschen hätten, aber keine gegenüber Tieren. (Vgl. *Jones 2009: 97f.*) Anfang 1989 erklärte der damalige Erzbischof der Diözese Udine, Alfredo Battisti: „Einen Hund zu verprügeln oder ihn verhungern zu lassen, ist keine Sünde. Denn ein Hund ist keine Person und hat deshalb keine Seele.“ (*It's not a Sin*) Als die sozialdemokratische Partei Spaniens vor einigen Jahren im Parlament den Gesetzesvorschlag einbrachte, Menschenaffen, also Schimpansen, Gorillas, Orang-Utans und Bonobos, die Grundrechte auf Leben (Schutz der Lebensräume, Tötung nur zur Selbstverteidigung), das Recht auf Freiheit (keine Haltung im Zoo oder im Zirkus) und das Recht auf körperliche Unversehrtheit (keine medizinischen Experimente) zuzusprechen, reagierte die katholische Kirche mit heftiger Kritik. „Zu viel Fortschrittlichkeit führt zur Lächerlichkeit. Die Regierung will den Affen Rechte einräumen, die sie ungeborenen Kindern versagt“ (*Menschenrechte für Affen*), meinte der damalige Erzbischof der Stierkampf-Hochburg Pamplona, Fernando Sebastian. Wesentlich heftiger noch reagierte José Ignacio Munilla Aguirre, der damalige Bischof von Palencia und heutige Bischof von San Sebastián, der die Gesetzesinitiative zugunsten der Menschenaffen als antichristliche Verschwörung brandmarkte und als „Rebellion gegen die kulturellen Wurzeln Europas, gegen die christliche Anthropologie, gegen Vernunft und gegen die Natur“. Er warf ihren Unterstützern vor, die Artgrenzen zu verwischen. Dies sei möglich geworden, „weil man vorher schon den Begriff des Geschlechts in Frage gestellt hat“. Nach Munilla Aguirre würde eine Garantie von Grundrechten für Menschenaffen eine Reihe von schlimmen Folgen nach sich ziehen: „Es ist kaum daran zu zweifeln, dass als Nächstes Euthanasie, Eugenik und ethnische Säuberungen folgen werden.“ (*Spanish Bishop*)

Zu Beginn der Adventzeit 2005 trat Papst Benedikt XVI. mit einem Kleidungsstück auf, das seine beiden Vorgänger nicht mehr getragen hatten: die päpstliche Mozzetta, ein Schulterumhang mit kleiner Kapuze und Hermelinrand. Wenige Tage vor dem Weihnachtsfest trug Benedikt bei der Generalaudienz dann eine für obsolet gehaltene päpstliche Kopfbedeckung: den Camauro, eine aus rotem Samt gefertigte Wintermütze, die mit einem weißem Hermelinpelz verbrämt ist. (Vgl. *Remele 2005: 46*) Der Papst hat dabei offenbar ausgeblendet, dass Hermeline und andere Pelztiere tierquälerisch in engen Käfigen gehalten oder mit monströsen Fallen aus Metall, so genannten Tellereisen, barbarisch gefangen werden. Zur Verteidigung des Papstes ist allerdings darauf hinzuweisen, dass sein Verhalten vom *Katechismus der Katholischen Kirche (1997)* [5] gedeckt ist. In diesem wird nämlich in traditionell anthropozentrischer Manier erklärt, dass Gott alle anderen Kreaturen zum Wohl der Menschen bestimmt (Nr. 353) und unter die Herrschaft des Menschen gestellt habe (Nr. 2417). Der Katechismus folgert daraus: „Somit darf man sich der Tiere zur Ernährung und zur Herstellung von Kleidern bedienen. Man darf sie zähmen, um sie dem Menschen bei der Arbeit und in der Freizeit dienstbar zu machen. Medizinische und wissenschaftliche Tierversuche sind in vernünftigen Grenzen sittlich zulässig, weil sie dazu beitragen, menschliches Leben zu heilen und zu retten." (Nr. 2417)

Christliche Tierfreundlichkeit: nicht nur Franziskus und Albert Schweitzer

Heilige

Im Jahre 1988 erschien ein Buch des italienischen Franziskanermönchs Nazareno Fabbretti, in dem er sich in die Lage verschiedener Tiere versetzt und sie zu uns Menschen sprechen lässt. Neben einem Löwen und einem Affen, einem Hund und einer Katze, einer Hyäne und einer Biene meldet sich in Fabrettis Buch auch ein Hermelin zu Wort. Das Tier beschwert sich darüber, dass Gewalt, Ehrgeiz und Selbstsucht der Menschen dazu geführt hätten, Hermeline brutal zu fangen, zu züchten und zu töten. „Unsere Schönheit ist unser Todesurteil", hält das Hermelin den Menschen vor. „Ihr beraubt uns unserer Schönheit, um einen Markt für Luxusartikel zu schaffen, ... [für] Pelzmäntel, die Monarchen, Prinzen, Päpsten gehören und den Frauen einiger der reichsten Männer dieser Erde." (*Fabbretti, 1990: 45*)

Ebenso wie Hermelinpelzträger Papst Benedikt kann sich auch Tierschützer Pater Nazareno auf den *Katechismus der Katholischen Kirche* berufen. Unmittelbar vor dem vatikanischen Plazet zur weitgehenden Instrumentalisierung der Tiere im Dienste des Menschen (Nr. 2517) wird nämlich ein "wohlwollendes"menschliches Verhalten gegenüber Tieren gefordert und Heilige als diesbe-

[5] Zu weiteren kirchenamtlichen Dokumenten zu tierethischen Fragen aus dem deutschsprachigen Raum vgl. die Homepage der Aktion Kirche und Tiere (AKUT): http://www.aktion-kirche-und-tiere.de/cms/front_content.php?idcat=85.

zügliche Vorbilder angepriesen: „Tiere sind Geschöpfe Gottes und unterstehen seiner fürsorgenden Vorsehung. Schon allein durch ihr Dasein preisen und verherrlichen sie Gott. Darum schulden ihnen auch die Menschen Wohlwollen. Erinnern wir uns, mit welchem Feingefühl die Heiligen, z. B. der heilige Franz von Assisi und der heilige Philip Neri, die Tiere behandelten." (Nr. 2416)

Es gibt eine ganze Anzahl anderer tierfreundlicher Heiliger (Vgl. *Gumbley 2004*; *Jones 2009: 53-94*), die der *Katechismus* nicht nennt: Brigid (Brigida, Brigitta) von Kildare (um 451-523) beispielsweise, Richard von Chichester (1197-1253), Martin de Porres (1569-1639) und Bernhard von Corleone (1605-1667). Genannt werden jedenfalls Philip Neri und Franz von Assisi. Philip Neri (1515-1595) ist vor allem als unkonventioneller, humorvoller Heiliger bekannt, der Späße liebte, aber auch Katzen und Hunde. Er aß kein Fleisch, nicht aus asketischen Gründen, wie das bei Mönchsorden und an Fasttagen üblich war, sondern aus Gründen des Tierschutzes. „Wenn jedermann so wäre wie ich", hat er einmal geäußert, „würde man keine Tiere töten." (Zit. nach *Jones 2009: 75*) Angeführt wird die Liste der tierliebenden Heiligen aber zweifellos von Franz von Assisi (1181/82-1226), der alle Tiere als Geschöpfe Gottes betrachtete und als Geschwister der Menschen, im Gegensatz zu Philip Neri jedoch kein Vegetarier war. (Vgl. *Rotzetter 2010: 71f.*) Franziskus predigte den Vögeln und verstand sich sogar mit wilden Tieren. Er begriff den Menschen nicht als der nicht-menschlichen Kreatur übergeordnetes Wesen, sondern als Teil der Schöpfung. Nach dem irischen Franziskanertheologen Cathal *Duddy (2009)* weist Franziskus auf den intrinsischen Wert von Gottes guter Schöpfung hin. Nach Duddy widersetzte sich Franziskus einer Einstellung, die die außermenschliche Natur vollkommen instrumentalisiert und als wertlos betrachtet, wenn sie dem Menschen keinen Nutzen bringt. 750 Jahre nach Franziskus hat übrigens ein anderer Mönch, der US-amerikanische Trappist Thomas Merton, die herrschende menschliche Verzweckungsmentalität wie folgt beschrieben: „Es gibt Menschen, für die ein Baum nur dann wirklich ist, wenn sie daran denken, ihn umzusägen, für die ein Tier erst dann einen Wert bekommt, wenn man es in einen Schlachthof gebracht hat, Menschen, die nur jene Dinge anschauen, die sie zu missbrauchen gedenken und etwas, das sie nicht zerstören wollen, gar nicht wahrnehmen." (*Merton 2005: 273*, meine Übersetzung)

Eine der bekanntesten Erzählungen über den Umgang des heiligen Franz von Assisi mit Tieren ist jene über den Wolf von Gubbio. (Vgl. *Holl 1982: 181-191*)[6] Die Zähmung des wilden Wolfes, der die Bewohnerinnen und Bewohner der Stadt Gubbio bedrohte, ging folgendermaßen vor sich: Franz ging dem Wolf, der mit offenem Rachen auf ihn zu rannte, furchtlos entgegen. Er machte das Zeichen des Kreuzes über das Tier, belehrte es über seine Untaten und verkündete dem Wolf, dass er zwischen ihm, dem Bruder Wolf, und den Menschen Frieden her-

---

[6] Wölfe sind allerdings normalerweise menschenscheue Tiere; Angriffe von Wölfen auf Menschen kommen sehr selten vor.

beiführen wolle. Der Wolf versprach ihm daraufhin, keine Menschen mehr zu bedrohen und zu töten, die Bürger von Gubbio wiederum verpflichteten sich, den Wolf regelmäßig zu füttern: eine wahrhaft friedliche Lösung, ein echtes Happy End, ein Stück präsentischer und entprivatisierter Eschatologie: Die endzeitliche Vision vom Reich Gottes, das friedvolle Miteinander von Menschen und Tieren sowie der Tiere untereinander, das der Prophet Jesaja voraussagt, wird hier schon in dieser Welt Wirklichkeit, bruchstückhaft zwar und nur punktuell-situativ, aber dennoch real: „Dann wohnt der Wolf beim Lamm, der Panther liegt beim Böcklein. Kalb und Löwe weiden zusammen, ein kleiner Knabe kann sie hüten. ... Der Säugling spielt vor dem Schlupfloch der Natter, das Kind streckt seine Hand in die Höhle der Schlange.“ (*Jes 11,6.8*)

Aus aktueller Perspektive erscheint es mir nahe liegend, die Legende vom Wolf unter umgekehrten Vorzeichen zu lesen: Nicht die Tiere sind es heute vorrangig, die die Menschen bedrohen, sondern die Menschen sind es, die den Tieren massives Leid zufügen, sie ausrotten und quälen, missbrauchen und instrumentalisieren. Aus ethischer Sicht geht es also um die Zähmung des menschlichen Wolfes, der nichtmenschliche Kreaturen gnadenlos missbraucht und kaltblütig vernichtet.

Theologinnen und Theologen

Einer der prominentesten und prononciertesten zeitgenössischen Anwälte eines von Mitgefühl geprägten Umgangs mit Tieren im kirchlichen Raum, der Schweizer Theologe Anton Rotzetter, gehört dem franziskanischen Bettelorden der Kapuziner an. Rotzetter gründete zusammen mit dem Weltpriester und Biologen Rainer Hagencord im Frühjahr 2008 das „Institut für Theologische Zoologie“ in Münster. Rotzetter tritt für eine vegetarische Ernährungsweise ein und bezeichnet die Tatsache, dass Tiere den Menschen als Nahrung dienen, als „historische Bedingung, die es zu überwinden gilt wie andere rein geschichtliche Bedingungen auch: etwa die Unterordnung der Frau“. (*Orthodoxe Perspektiven 2007*)

Mit seinem Plädoyer für Tierschutz und Vegetarismus befindet sich der Kapuziner Rotzetter in Gesellschaft und Übereinstimmung mit dem österreichischen Theologen und Priester Johannes Ude, der an der Grazer Theologischen Fakultät viele Jahre lang als Professor für Spekulative Dogmatik tätig war. In Udes Werk *Du sollst nicht töten!* aus dem Jahre 1948 heißt es: „Das Mitleid mit dem Tier und der damit verbundene Tierschutz ist demnach keine bloße Gefühlsduselei, sondern das Zeichen eines edlen Herzens, das an der wahren Liebe ausgerichtet ist, an jener ewigen Vaterliebe, die Gott zu den Tieren hat, die nur für das Wohl des Tieres besorgt ist. Der Satz der heiligen [sic] Schrift: ‚Der Gerechte erbarmt sich seines Viehes‘(Spr. 12,10), der schon im alten [sic] Testament geschrieben worden ist, erhält im neuen [sic] Testament ... erhöhte Bedeutung. Der heilige Franz v. Assisi z. B., den Tieren predigend, sie Brüder und Schwester nennend, das Lamm loskaufend, damit es nicht geschlachtet werde ..., ist ein wunderbares Vorbild echt christlichen Wohlwollens gegen die stumme, vielfach hilflose, vom Menschen leider so vielfach vergewaltigte Kreatur. Doch nicht bloß zur Bewunderung, sondern auch zur Nachahmung ist uns dieses Ideal gegeben worden. ... Wer also aus Mitleid mit dem Tier und aus Ehrfurcht vor dem Leben, also aus sittlichen Gründen - ganz abgesehen von den großen gesundheitlichen und wirtschaftlichen Vorteilen einer richtigen vegetarischen Lebensweise - auf den Fleischgenuss verzichtet, bekundet entschieden eine höhere Auffassung vom Werte des Tierlebens, als [...jene, die] mitschuldig sind, dass Tiere eigens zum Schlachten gezüchtet werden, [die] mitschuldig sind an all den Qualen und Grausamkeiten, die diesen Tieren vor ihrem Tod und im Augenblick des Schlachtens zugefügt werden." (*Ude 1948: 388, 390*)

Im Jahre 1956 wurde Johannes Ude von Albert Schweitzer für den Friedensnobelpreis vorgeschlagen. Schweitzer, zweifellos einer der bekanntesten Tierschützer der kirchlichen Zeitgeschichte, hat diesen Preis im Jahre 1952 bereits selbst zuerkannt bekommen. (Vgl. *Müller 2009*) Mit seiner Lehre von der „Ehrfurcht vor dem Leben" vertrat Albert Schweitzer eine ethische Haltung, die alle Lebewesen einbezieht und aller Kreatur eine Würde zuspricht. Zentral für die Ethik dieses Theologen, Musikers und Arztes ist der Satz: Ïch bin Leben, das leben will, inmitten von Leben, das leben will". (*Schweitzer 1923: 239*) Nach Schweitzer ist es gut, Leben zu erhalten und zu fördern, böse dagegen, Leben zu vernichten und zu hemmen.

Es gab und gibt in der Geschichte des Christentums jedoch auch eine beträchtliche Anzahl weiterer Theologinnen und Theologen, die Tierleid achtsam wahrgenommen und sich gegen menschliche Willkür ausgesprochen haben. Dazu zählen die englischen Geistlichen William Cowherd und Humphry Primatt. Im Jahre 1776 veröffentlichte Primatt seine *Dissertation on the Duty of Mercy and the Sin of Cruelty to Brute Animals*. Darin ist zu lesen: „Zu welcher Religion wir uns auch immer bekennen, Grausamkeit ist Atheismus. Wenn wir uns auch noch so sehr dem Christentum zugehörig fühlen, Grausamkeit ist Unglauben. ... Grausamkeit ist die schlimmste aller Häresien." (Primatt 1776. Zit. nach *Linzey* [2]*1996: 17*)

Für Reverend Primatt war damit selbstverständlich die Grausamkeit gegenüber Menschen *und* Tieren gemeint. Aus jüngerer Zeit sind als tierethisch engagierte christliche Theologinnen und Theologen neben Ude und Schweitzer noch William Ralph Inge und Eugen Drewermann zu nennen, Michael und Christa Blanke, Joseph Bernhart und Heike Baranzke, Deborah M. Jones und Elizabeth Farians, David Clough und Celia Deane-Drummond, Thomas Berry und Andrew Linzey, um nur einige zu nennen, die bisher noch nicht erwähnt wurden. Die (ehemalige) evangelische Pastorin Christa Blanke *(1995)* und ihr Mann Michael wurden für die Feier von Tiergottesdiensten bekannt. Sie haben den Verein AKUT (Aktion Kirche und Tiere) gegründet, der im September 2010 in Dortmund den ersten *Kirchentag Mensch und Tier* organisierte, und engagieren sich heute vor allem bei der internationalen Tierschutzorganisation „Animals' Angels", die die Missstände bei Tiertransporten und in Schlachthöfen dokumentiert. Der bekannte (ehemalige) katholische Priester Eugen Drewermann beklagt schon seit Jahrzehnten einen christlichen Anthropozentrismus, nach dem die gesamte Natur allein dem Wohl und Wehe des Menschen zu dienen habe und „dem Fisch und dem Hasen gar nichts Besseres passieren [könne], als vom Menschen gegessen zu werden, denn dies entspreche der Rangmäßigkeit der Schöpfungsordnung." (*Drewermann ^{5}1981: 93*) William Ralph Inge, anglikanischer Theologieprofessor in Cambridge und Dean der St. Paul's Kathedrale in London, war davon überzeugt, dass die Menschen „die übrige tierische Kreatur [sic]" (*Inge 2007*) versklavt hätten.[7] Die Menschen hätten die Tiere so schlecht behandelt, dass diese, wären sie fähig, eine Religion zu ersinnen, den Teufel zweifellos in menschlicher Form darstellen würden. Ein anderer anglikanischer Geistlicher, Andrew Linzey, zählt neben Peter Singer und Tom Regan zu den Pionieren der neueren, in den 1970er Jahren entstandenen Tierrechtsbewegung. Linzey bezeichnete die bisherige Bilanz des kirchlichen Einsatzes für die Tiere als beklagenswert. Trotz dieser Kritik am Christentum hat ihm der Erzbischof von Canterbury für sein tierethisches Engagement im Jahre 2001 ein Ehrendoktorat verliehen.

Heute leitet Linzey, Autor der 1994 erschienenen, grundlegenden Studie *Animal Theology*, das Oxford Centre for Animal Ethics in der britischen Universitätsstadt. Ehrenmitglied (Honorary Fellow) dieses Forschungszentrums ist der südafrikanische Literaturnobelpreisträger John M. Coetzee. In Coetzees 1999 erschienenen Roman *Das Leben der Tiere* äußert die Hauptfigur, die australische Schriftstellerin Elisabeth Costello, den Verdacht, dass das Segensgebet, das vor Mahlzeiten gesprochen wird, dem Menschen lediglich dazu diene, seine Verantwortung für sein Tun zu delegieren: „Vielleicht haben wir Götter erfunden, damit wir sie verantwortlich machen können. Sie haben uns erlaubt, Fleisch zu essen." (Coetzee ^{2}2001: 42)[8]

Benedikt XVI.

Papst Benedikt XVI. wurde in diesem Beitrag bereits dafür kritisiert, dass er die Mozzetta und den Camauro, zwei mit weißem Hermelinpelz verbrämte päpstliche Kleidungsstücke trug bzw. trägt. (Den Camauro hat Benedikt XVI. nach eigenen

---

[7] Von Inge her wäre also die in Tierrechtskreisen übliche Rede von „menschlichen und nichtmenschlichen Tieren" gerechtfertigt. Sie ist allerdings im kirchlichen und theologischen Kontext noch sehr ungewohnt. Deshalb habe ich in diesem Beitrag auf ihre Verwendung verzichtet.

[8] In diesem Zusammenhang ist auf den bisher vor allem im englischen Sprachraum verwendeten theologischen Begriff „Sakralismus" („sacralism") hinzuweisen, worunter ein Gebrauch von Religion verstanden wird, der dazu dient, Unterdrückung und Unmenschlichkeit zu rechtfertigen und theologisch zu überhöhen. (Vgl. *Baum 2005: 80f.*)

Aussagen nur einmal getragen, weil er gefroren habe und er am Kopf empfindlich sei. [Vgl. *Benedikt XVI. 2010: 109f.*]) Zur teilweisen tierethischen Ehrenrettung des Papstes ist jedoch darauf hinzuweisen, dass er sich durchaus kritisch zu modernen Methoden der industriellen Tierproduktion geäußert hat. In einem Interview aus dem Jahre 2002, in dem er von Peter Seewald über die menschlichen Pflichten gegenüber Tieren befragt wurde, hat Kardinal Joseph Ratzinger, wie Papst Benedikt damals noch hieß, Bemerkenswertes kundgetan: „Das ist eine sehr ernste Frage. Jedenfalls sieht man, ... dass wir mit ihnen [den Tieren] nicht beliebig umgehen dürfen. Auch Tiere sind Geschöpfe Gottes, wenn auch nicht in der gleichen Direktheit wie der Mensch, aber doch Wesen, die er gewollt hat und die wir als Begleiter der Schöpfung und wesentliche Elemente der Schöpfung respektieren müssen. ... Die Art von industrieller Verwendung, indem man Gänse so züchtet, dass sie eine möglichst große Leber haben, oder Hühner so kaserniert, dass sie zu Karikaturen von Tieren werden, diese Degradierung des Lebendigen zur Ware scheint mir tatsächlich dem Zueinander von Mensch und Tier zu widersprechen, das durch die Bibel durchscheint." (*Ratzinger 2000: 67f.*)

Auch wenn sich Ratzinger in dieser Interviewpassage vorsichtig ausdrückt („scheint mir ... zu widersprechen") und damit eine päpstliche Zurückhaltung übt, die man bei anderen moraltheologischen Problemen nicht von ihm gewohnt ist, so wird hier doch eine Haltung eingenommen, die der Verdächtigung von Tierschutzbemühungen im christlichen Raum fundamental widerspricht. Sogar die internationale Tierschutz- und Tierrechtsorganisation PETA (People for the Ethical Treatment of Animals) hat Ratzingers Worte gewürdigt und mit Papst-Plakaten, auf denen die zitierte Aussage wiedergegeben wurde, für das Anliegen des Tierschutzes geworben.

Jesus Christus

Wie aber steht es um Jesus Christus selbst? Wie hat er sich gegenüber Tieren verhalten? Im Neuen oder Zweiten Testament der Bibel, das in den Jahren 50 bis 130 n. Chr. entstanden ist, wird Jesus als Messias geschildert, der Mitgefühl predigt und sich mit den Armen, Kleinen und Benachteiligten solidarisiert. Während der 40 Tage, die er in der Wüste verbrachte, schloss Jesus Freundschaft mit den wilden Tieren. (*Mk 1,13.* Vgl. *Bauckham 1998, 49-60*; *Jones 2009: 20*) Er verkündete, dass Gottes Vorsehung sich auch auf Tiere erstrecke (*Mt 6,26*; *Mt 10,29*; *Lk 12, 6.24*) und erklärte, dass die Rettung eines in den Brunnen gefallenen Ochsen oder eines in eine Grube gefallenen Schafes Vorrang habe vor der Einhaltung des Sabbatgebotes. (*Lk 14,5*; *Mt 12,11*). Nach seiner Auferstehung trug er den Aposteln auf, seine Frohbotschaft *allen Geschöpfen* zu verkünden. (*Mk 16,15*)

Wir haben kein gesichertes historisches Wissen darüber, wie Jesus sich ernährte. Sollte er Fleisch gegessen haben, so hat er als Jude im ersten Jahrhundert weder Fleisch aus Massentierhaltung noch Schweinefleisch gegessen, sonstiges

Fleisch, wenn überhaupt, ziemlich selten, denn Fleisch galt zurzeit Jesu in Palästina als Luxus. (Vgl. *Bauckham 1998: 51*). Manche meinen allerdings, Jesus sei ein strenger Vegetarier gewesen und berufen sich dabei u. a. auf das nur in wenigen Fragmenten erhaltene, um die Mitte des 2. nachchristlichen Jahrhunderts entstandene Ebionitenevangelium und andere apokryphe Schriften. (Vgl. *Bauckham 1998: 51-53*) Die kanonischen Evangelien liefern diesbezüglich keine eindeutige Antwort. Dass Jesus am Paschafest vor seinem Tode Lammfleisch gegessen hat, ist nach neuesten Erkenntnissen, denen sich auch Papst Benedikt XVI. *(2007)* anschloss, nicht anzunehmen. Das Neue Testament legt jedoch nahe (*Joh 21,10-14*) bzw. berichtet (*Lk 24, 42f.*), dass der auferstandene Christus Fisch aß. (Vgl. *Linzey* *²1986: 132-134*) Dabei ist allerdings zu bedenken, dass die Evangelisten das unvorstellbare Geschehen der Auferstehung in metaphorischer und legendärer Weise darstellten. Aus der Sicht heutiger Theologie ist es unwahrscheinlich, dass Christus nach seiner Auferstehung überhaupt irgendwelche Nahrungsmittel zu sich genommen hat.

Wer im Blick auf Jesus argumentiert, sollte sich aber angesichts der verheerenden Auswirkungen des globalen Fleischkonsums (Tierquälerei, Ressourcenvergeudung, Naturzerstörung, Gesundheitsprobleme) ohnehin nicht in historischen Mutmaßungen verlieren. „Die entscheidende Frage ist“, stellt der US-amerikanische Jesuitenpater und Friedensaktivist John Dear zu Recht fest, „was der gewaltlose Jesus von uns heute, in einer Welt weit verbreiteter Gewalt, verlangen würde.“ Dear beantwortet diese Frage wie folgt: „Ich glaube, sein Wunsch wäre, dass wir mit ganzer Kraft dazu beitragen, Gewalt zu beenden und diese Welt so umgestalten, dass in ihr Gewaltlosigkeit und Mitgefühl herrschen. Das würde einschließen, dass wir Vegetarier werden.“ (*Dear 2010*)

Christentum als Frohbotschaft auch für Tiere. Ein theologisch-ethisches Plädoyer

Achtsamkeit

In seinem bereits genannten Roman *Das Leben der Tiere* erzählt der südafrikanische Nobelpreisträger John M. Coetzee von einer gewissen Elisabeth Costello. Frau Costello, eine weißhaarige, mehrfach ausgezeichnete australische Schriftstellerin, ist von einem College in der US-amerikanischen Kleinstadt Waltham zu einer Gastvorlesung eingeladen worden. Als Thema ihrer Vorlesung hat sie nicht ihre eigenen Werke gewählt, sondern die sie seit längerem beschäftigende Frage, wie sich Menschen gegenüber Tieren verantwortlich verhalten sollen. In ihrer Rede sagt Frau Costello dazu Folgendes: „Heute Vormittag hat man mir Waltham gezeigt. Es scheint eine recht angenehme Stadt zu sein. Ich habe nichts Schreckliches gesehen, keine Versuchslabors der Pharmaindustrie, keine Großmästereien, keine Schlachthöfe. Und doch bin ich sicher, dass es sie gibt. ... Sie sind überall in der Nähe, während ich hier rede, nur wissen wir in gewissen Sinn nichts von ihnen. Ich will es deutlich sagen: Rings um uns herrscht ein System der Entwürdigung, der Grausamkeit und des Tötens, das ... kein Ende kennt ..., unaufhörlich Kaninchen, ... Geflügel, Vieh für das Messer des Schlächters auf die Welt bringt." (*Coetzee* ^{2}*2001: 15*)

Ich denke, die Beschreibung Elisabeth Costellos trifft zu: Die meisten Menschen, auch die meisten Christen, nehmen die meisten Tiere, speziell Säugetiere, Vögel und Fische, nicht als empfindungsfähige Mitgeschöpfe wahr, gegenüber denen wir Menschen Pflichten haben, sondern als beliebig verfügbare Sachen und als industriell nutzbare Fleischlieferanten. Sie verdrängen die Tatsache aus ihrem Bewusstsein, dass Tiere häufig wie empfindungslose Verbrauchsgüter betrachtet und behandelt werden. Sie sind oder stellen sich blind und taub gegenüber den immensen Schmerzen, die Tieren durch Massen- und Intensivtierhaltung, Tiertransporte und Tierversuche, Jagd und Fischfang, Straßenverkehr und Zirkus, Stierkampf und anderes tierquälerisches Brauchtum zugefügt wird.[9]

Achtsamkeit verhindert es, dass wir die Augen vor den Erkenntnissen der zeitgenössischen Naturwissenschaften, speziell der kognitiven Ethologie und der Neurowissenschaften, verschließen. Diese zeigen nämlich, dass Säugetiere und Vögel, aber auch andere Wirbeltiere wie Fische, Reptilien und Amphibien und sogar einige Wirbellose (Kraken), Lust und Schmerz, in vielen Fällen auch Glück und Leid, empfinden können. Sie verfügen zudem über eine wesentlich höhere Intelligenz als bisher angenommen wurde. Einige von ihnen sind fähig, moralische Regeln zu befolgen („wilde Gerechtigkeit": Vgl. *Bekoff/Pierce 2009*; *Bekoff 2010: 79-101*). Die renommierte Primatenforscherin Jane Goodall hat entdeckt, dass Schimpansen Werkzeuge benutzen und Werkzeuge herstellen, dass sie brutal Krieg gegeneinander führen, aber auch altruistisch füreinander sorgen. Sie beobachtete bei Schimpansen, die sich bei einem gigantischen Wasserfall aufhielten, (proto-)religiöse Verhaltensweisen: eine große Ergriffenheit und eine tiefe Ehrfurcht vor dem Naturphänomen des herabstürzenden Wassers, die sich in rhythmischen Tänzen, aber auch im achtsamem Staunen manifestierten. (Vgl. *Goodall 2010: 16*) Aus ihrer umfangreichen Forschungstätigkeit zieht Goodall folgendes Resümee: „Wenn ich auf diese fünfzig Jahre zurückblicke, wird sehr klar, dass wir Menschen nicht die einzigen Lebewesen mit Persönlichkeit, Verstand und Gefühlen sind und dass es keine scharfe Trennungslinie zwischen uns und dem restlichen Tierreich gibt." (*Goodall 2010: 12*, meine Übersetzung)

Achtsamkeit ist eine Grundbedingung von Ethik. Achtsamkeit ist genaues Hinsehen und Hinhören, ist die konzentrierte Wahrnehmung dessen, was man tut und was man ist, tierethisch betrachtet natürlich auch dessen, was man *isst*. Acht-

[9] Auf die abgrundtiefe Schizophrenie, die viele Menschen bei ihrem Verhalten gegenüber ihren „Haustieren" einerseits, gegenüber so genannten „Nutztieren" andererseits an den Tag legen, kann hier nicht näher eingegangen werden.

samkeit ist gerade auch im Hinblick auf jene moralischen Ansichten und praktischen Verhaltensweisen nötig, die als kulturell selbstverständlich betrachtet und darum als Gegenstand ethischer Reflexion häufig übersehen werden. Achtsam zu sein bedeutet, sich dem Schönen und Guten zu öffnen, es wahr zu nehmen, wert zu schätzen und sich daran zu freuen. Achtsamkeit beinhaltet allerdings auch die sensible, genaue Wahrnehmung eigenen und fremden Leids. Der österreichisch-amerikanische Benediktiner David Steindl-Rast hat dies auf seine poetische Art wie folgt beschrieben: „Wir müssen Dinge ins Auge fassen, die wir nicht gerne sehen. Wir werden vielleicht das Weinen der Welt hören, das Weinen der Unterdrückten. Wir werden vielleicht riechen, dass etwas faul ist im Staate Dänemark. Wenn wir uns zu Tisch setzen, werden wir das Salz der Tränen kosten, das aus der Dritten Welt mit unseren Lebensmitteln importiert wird. Wir werden ... zutiefst berührt sein von allem Schönen und von allem Schweren und Schrecklichen, das es in unserer Welt gibt.“ (*Steindl-Rast o. J.*) Zum Schrecklichen in der Welt zählt zweifellos auch jenes unermessliche Leid, das Menschen den Tieren zufügen und das zum überwiegenden Teil vermeidbar wäre, würden die Menschen achtsamer, mitfühlender und gerechter sein und handeln.

Die achtsame Wahrnehmung tierischen Empfindungsvermögens sollte zu der Einsicht führen, dass es nur in strikten Konfliktsituationen zwischen dem Leben bzw. der Gesundheit von Menschen und Tieren und zum eigenen Wohl der Tiere selbst (tierärztliche Behandlung) ethisch erlaubt sein kann, Tieren (möglichst geringe) Gewalt und (möglichst minimale) Schmerzen zuzufügen. Als individualethische Minimalforderung folgt daraus, dass jeder Mensch ausschließlich Fleisch, Fisch und Tierprodukte aus artgerechter Tierhaltung konsumieren sollte. Als sozialethische Minimalforderung folgt daraus, dass Staat und Gesellschaft verpflichtet sind, Massen- und Intensivtierhaltung sowie den hoch technisierten Fischfang stufenweise, aber dennoch möglichst rasch gesetzlich zu verbieten. Dass dies nicht leicht sein wird, ist u. a. daraus zu schließen, dass zurzeit in den USA 99 Prozent aller Hühner und Schweine, die für den Verzehr bestimmt sind, aus Massentierhaltung stammen. In Österreich und Deutschland sind es nur ein oder zwei Prozent weniger. (*Foer 2010, 9*)

Ein ernährungswissenschaftlich informierter, bewusster Verzicht auf den Verzehr von Tieren (Vegetarismus) oder Tieren und tierischen Produkten (Veganismus) scheint mir allerdings gegenüber einer so genannte Mischkost, die Fleischverzehr aus biologischer, artgerechter Tierhaltung beinhaltet („bewusste Omnivoren“), ethisch vorzugswürdig zu sein . Dies u. a. deshalb, weil unter heutigen Bedingungen zumindest in den wohlhabenden Ländern der Erde keine Notwendigkeit besteht, Tiere für die menschliche Ernährung zu töten. Wer es dennoch tut, tut dies fast immer aus unhinterfragten Essgewohnheiten oder bestimmten Geschmacksvorlieben, die aber schwer als ernsthafte ethische Begründungen gelten können. „Mein Begehren“, schreiben Peter Singer und Jim Mason zur Recht, „lieber eine Taube zu braten statt ein paar Bohnen zu kochen, ist kein ausreichender Grund, der Taube die Freude an seinem oder ihrem [sic] Leben zu nehmen.“ (*Singer/Mason 2006: 259*) Drastischer hat es der britische Philosoph und anglikanische Christ Stephen R. L. Clark formuliert: Hier und heute Fleisch zu essen, sei nichts Anderes als „sinnlose Völlerei“ (*Clark 1990: 201*).

Zahlreiche Studien (*Singer/Mason 2006: 223-230*; *Leitzmann/Hahn 1998*) belegen, dass es für Menschen gesundheitlich in der Regel vorteilhaft ist, sich vegetarisch zu ernähren; wer sich vegan ernährt, sollte allerdings darauf achten, genügend Vitamin B12 zu sich zu nehmen. Vegetarische und vegane Ernährung sind zudem wesentlich ökologischer. Wie u. a. die von der FAO durchgeführte Untersuchung über den langen Schatten der Viehzucht (*FAO 2006*) aus dem Jahre 2006 klar aufzeigt, sind die negativen Auswirkungen der Viehzucht auf Luft und Klima, Waldbestand und Bodenbeschaffenheit, Trinkwasser und Artenvielfalt enorm. Viehzucht und Fleischproduktion, vor allem in Form der industriellen Massentierhaltung, benötigen ein Vielfaches der Menge an Land, Wasser und Energie, die für pflanzliche Nahrungsmittel notwendig ist. Die Fleischproduktion verursacht sogar mehr Treibhausgase als der weltweite Verkehr mit Flugzeugen, Schiffen, Autos und Eisenbahnen zusammen. „Der Furz der Kuh (Methangas aus Rindermägen) ist ein großer Klimakiller“ (*Rauscher 2008*), formulierte es Hans Rauscher in der österreichischen Tageszeitung *Der Standard*. Und Jonathan Safran Foer, der Autor des vielbeachteten Bestsellers *Tiere essen*, behauptet: „Mehr Fleisch bedeutet größere Nachfrage nach Getreide und mehr Hände, die sich darum streiten. Um das Jahr 2050 herum werden Nutztiere genauso viel Nahrung verzehren wie vier Milliarden Menschen.“ (*Foer 2010: 301*)

Eine konsistente Ethik des Lebens

Der Begriff „konsistente Ethik des Lebens“ („consistent ethic of life“) geht auf den US-amerikanischen Kardinal Joseph Bernardin *(1998)* zurück. Von 1983 an bis zu seinem Tod im Jahre 1996 hat Bernardin als Erzbischof von Chicago diesen Begriff in die kirchliche und gesellschaftliche Debatte eingeführt, erläutert und propagiert. In Abgrenzung zur „Religiösen Rechten“, die in den USA auch innerhalb des Katholizismus eine nicht unwesentliche Rolle spielte und spielt, vertrat Bernardin die Ansicht, dass die Kirche nur dann glaubwürdig für den Schutz des menschlichen Lebens eintreten könne, wenn sie sich nicht bloß gegen Abtreibung ausspreche, sondern den Lebensschutz als „nahtloses Gewand“ (*Bernardin 1998: 42*) betrachte, das vom Lebensbeginn bis zum Lebensende reiche und auch alle Lebenssituationen dazwischen berücksichtige. In einem Vortrag an der Georgtown University in Washington, DC im Oktober 1984 stellt der damalige Kardinal von Chicago fest: „Die katholische Haltung zur Abtreibung bedingt aus Gründen der Logik und der Liebe eine sozialethische Betrachtungsweise, die das Recht auf Leben mit einer ganzen Reihe anderer Rechte verbindet: Nahrung, medizinische Versorgung, Arbeit, Wohnung. Die Verteidigung des menschlichen Lebens führt unweigerlich zur Achtung der Menschenrechte im nationalen und internationalen Bereich. ... Die Glaubwürdigkeit unseres Eintretens für jedes ungeborene Kind wird sich erhöhen, wenn wir uns konsequent um die Obdachlosen, die Hungernden und Hilfsbedürftigen in unserer Nation und um die Armen dieser Welt kümmern.“ (*Bernardin 1998: 45*)

Zahlreiche kirchenamtliche Verkündigungen und Initiativen vermitteln den Eindruck, als würde es für Christen fast ausschließlich um das menschliche Leben vor der Geburt und vor dem Tode geben: Abtreibung und Euthanasie scheinen die vorrangigen kirchlichen Lebensschutz-Themen zu sein. In dieser Hinsicht ist Bernardins Konzept einer konsistenten Ethik des Lebens ein immenser Fortschritt und ein großer Gewinn. Doch auch Bernardins Ethik bleibt partiell defizitär: Seine konsistente Ethik des Lebens ist eine konsistente Ethik des *menschlichen* Lebens, nicht das des Lebens *aller Geschöpfe Gottes*. Ist in einer konsistenten theologischen Ethik des Lebens also kein Platz für Tiere? Mit dem kanadischen Moraltheologen John Berkman gefragt: „Ist eine konsistente Ethik des Lebens konsistent ohne Sorge um Tiere?“ (*Berkman 1998*) Die Antwort, die Berkman gibt und die ich teile, ist ein klares Nein.

Eine konsistente Ethik ist darin konsistent, dass sie das Leben als ein außerordentlich hohes Gut anerkennt und diese hohe Wertschätzung des Lebens in unterschiedlichen Kontexten zur Sprache bringt und bekräftigt. Sie ist nur dann wirklich konsistent, wenn sie nicht nur für menschliches, sondern auch für nichtmenschliches Leben eintritt. Es geht um ein möglichst gewaltfreies Leben, um Solidarität, wie John Berkman schreibt, nicht nur „mit jenen Menschen, die keine Stimme haben und ohne Hilfe, verletzlich und am Sterben sind, sondern auch mit den anderen Tieren, die man nicht beliebig und unnötigerweise zu töten bereit ist.“ (*Berkman 1998: 247*)

Die zeitgenössische christliche Haltung zu den Tieren ist leider bestenfalls ambivalent. Diese Ambivalenz zwischen mitfühlenden (vgl. Seewald-Interview) und Tierleid ignorierenden Positionen (vgl. Hermelinpelz) lässt sich, wie wir gesehen haben, an der Person Benedikt XVI. exemplarisch festmachen. Sie prägt den *Katechismus der Katholischen Kirche*, andere kirchlichenamtliche Erklärungen und auch die meisten theologischen Abhandlungen und lässt sich salopp wie folgt beschreiben: Tiere dürfen nicht willkürlich und unverhältnismäßig brutal gequält und nicht beliebig getötet werden, denn sie sind Geschöpfe Gottes. Sie dürfen jedoch immer dann in Maßen gequält und getötet werden, wenn die Menschen davon eindeutig profitieren (Nahrung, Kleidung, Medizin, Arbeit, Unterhaltung). Denn die Tiere sind auf Gottes Anordnung hin unter die Herrschaft des Menschen gestellt.

Eine konsistente Ethik des Lebens dagegen, die Tiere als empfindungsfähige Mitgeschöpfe betrachtet, geht davon aus, dass Tiere nicht länger vorrangig als Ressourcen für menschliche Bedürfnisse betrachtet werden dürfen. Tiere besitzen ihr eigenes Leben und ihre eigenen elementaren Interessen, und nur in strengen

Ausnahme- und Konfliktfällen dürfen diese Interessen menschlichen Interessen untergeordnet werden. (Vgl. *Taylor ³2009: 10*) In einer konsistenten Ethik des Lebens geht es grundsätzlich darum, Gewalt gegenüber allen Lebewesen zu minimieren. Denn alles, was lebt, besitzt einen gottgewollten Eigenwert, der unabhängig ist von seinem Nutzen für den Menschen. Konkret bedeutet dies: Es ist keineswegs der Lebenszweck eines Schweins, in einer Tierfabrik gemartert zu werden, um als Wiener Schnitzel auf unserem Teller zu landen. Kein Stier darf zu einem Folterobjekt degradiert werden, das in einer Arena zum Gaudium des Publikums rituell abgeschlachtet wird. Und kein Schimpanse sollte sein Leben im Käfig eines Zoos oder eines Tierversuchslabors verbringen müssen, um die Besucher zu unterhalten oder auf wissenschaftlich fragwürdige Weise zum medizinischen Fortschritt beizutragen. (An Menschenaffen dürfen übrigens in Österreich seit dem 1. Jänner 2006 keine Tierversuche mehr durchgeführt werden.)

Eine konsistente, Tiere und Mitwelt einschließende Ethik des Lebens ist ein notwendiges Leitbild und wertvolle Orientierungshilfe. Sie enthält allerdings keine konkreten Handlungsanweisungen für alle denkbaren Entscheidungskonflikte. [10] Sie erspart uns nicht, Differenzierungen zwischen Tieren verschiedener Entwicklungsstufen und Leidensfähigkeit vorzunehmen sowie in Einzelfällen Abwägungen zwischen den Interessen von Menschen und Tieren oder auch zwischen Landschaftserhaltung und Tierschutz vorzunehmen. Eine konsistente Lebensethik ignoriert auch nicht die unterschiedlichen Kontexte, in denen Menschen leben. Es ist Tierschützer/inne/n in westlichen Wohlstandsgesellschaften daher nicht gestattet, indigene Völker arrogant dafür zu kritisieren, weil sie ihre Subsistenz-Jagd nicht sofort einstellen oder jenen Frauen in der so genannten Dritten Welt, die mit einer kleinen Schafzucht das Überleben für sich und ihre Kinder sichern, mit erhobenem Zeigefinger zu empfehlen, stattdessen Sojabohnen anzubauen. (Vgl. *O'Reilley 2001: 10f.*) Kein Tierschützer, keine Tierrechtlerin ist zudem sittlich verpflichtet, sich Spulwürmern und Kopfläusen selbstlos als Wirt zur Verfügung zu stellen.

Im Jahre 1991 veröffentlichte die US-amerikanische Bischofskonferenz, deren Vorsitzender Joseph Bernardin zwischen 1974 und 1977 gewesen war, eine *Renewing the Earth (1991)* betitelte Erklärung zu Fragen des Umwelt- bzw. Mitweltschutzes. Zwei Textstellen aus diesem eindrucksvollen Hirtenschreiben werde ich hier abschließend zitieren. Sie dokumentieren eindeutig, dass eine konsistente Ethik des Lebens nur dann wahrhaft konsistent ist, wenn sie die menschliche Verantwortung für die Schöpfung im Allgemeinen, das Wohlergehen der Tiere im Besonderen ernst nimmt. Die erste Textstelle lautet: Wenn wir in Gottes Gegen-

---

[10] In seiner Einleitung zu Joseph Kardinal Bernardins Buch stellt der US-amerikanische Jesuit John P. Longan fest: „Die konsistente Ethik des Lebens, wie sie von Kardinal Bernardin dargelegt wurde, ließ sich niemals auf einen simplen Vorrang des Lebens vor allen anderen Werten reduzieren. Sie ist sich sowohl der unterschiedlichen Wertkonflikte bewusst als auch der verschiedenen Formen von Unsicherheit, die die Kirche in ihrer Geschichte eingestanden hat."

wart verweilen, beginnen wir, *uns selbst als Teil der Schöpfung zu begreifen*, als Hüter und Verwalter in ihr, nicht von ihr getrennt. ... Der Auftrag, die Schöpfung zu verwalten, beinhaltet die Verantwortung, für das Wohlergehen aller Geschöpfe Gottes zu sorgen. Und die zweite Textstelle erklärt: „Es ist angebracht, dass wir die anderen Geschöpfe und die übrige Natur nicht bloß als Mittel zur menschlichen Selbstverwirklichung behandeln, sondern zugleich als Geschöpfe Gottes, die einen von uns unabhängigen Eigenwert besitzen, der unsere Achtung und unsere Sorge verdient.“ (*Renewing the Earth 1991: 6*, meine Hervorhebung)

Literatur

Bauckham, Richard: Jesus and Animals II: What did he Practice? In: Linzey, Andrew/ Yamamoto, Dorothy (Hg.), Animals on the Agenda. London: SCM 1998.

Baum, Gregory: Amazing Church. A Catholic Theologian Remembers a Half-Century of Change. Maryknoll, NY: Orbis Books 2005.

Bekoff, Marc/Pierce, Jessica: Wild Justice. The Moral Lives of Animals. Chicago: University of Chicago Press 2009.

Bekoff, Marc: Animal Manifesto. Six Reasons for Expanding Our Compassion Footprint. Novota, CA: New World Library 2010.

Benedikt XVI.: Licht der Welt. Der Papst, die Kirche und die Zeichen der Zeit, Ein Gespräch mit Peter Seewald. Freiburg i. Br.: Herder 2010.

Benedikt XVI.: Predigt bei der Abendmahlmesse in der Lateranbasilika, Gründonnerstag, 5. April 2007, in: http://www.vatican.va/holy_father/benedict_xvi/homilies/2007/documents/hf_ben-xvi_hom_20070405_coena-domini_ge.html [22.04.2010].

Berkman, John: Is the Consistent Ethic of Life Consistent without a Concern for Animals, in: Linzey/Yamamoto (Hg.), Animals 1998: 237-247.

Bernardin, Joseph: A Moral Vision for America. Hg. v. John Langan. Washington, D.C.: Georgetown University Press 1998.

Bernhart, Joseph: Die unbeweinte Kreatur. Reflexionen über das Tier. Neu hg. von Georg Schwaiger. München: Kösel ^{2}1987.

Blanke, Christa: Da krähte der Hahn. Kirche für Tiere? Eine Streitschrift. Eschbach: Verlag am Eschbach 1995.

Clarke, Stephen R. L.: Empty Gluttony, in: Linzey, Andrew/Regan, Tom (Hg.): Animals and Christianity. A Book of Readings. Eugene, OR: Wipf and Stock Publishers 1990, 201f.

Coetzee, John M.: Das Leben der Tiere, Frankfurt am Main: S. Fischer [2]2001.

Dear, John: Christianity and Vegetarianism. Pursuing the Nonviolence of Jesus, in: http://www.jesusveg.com/christiantext.html [22.04.2010].

Deschner, Karlheinz: Das schwärzeste aller Verbrechen. Christen gegen die Kreatur. Eine Polemik, in: Die Zeit Nr. 35, 22. August 1997, 40.

Drewermann, Eugen: Der tödliche Fortschritt. Von der Zerstörung der Erde und des Menschen im Erbe des Christentums. Regensburg: Pustet [5]1981.

Duddy, Cathal: From Steward to Family Member: A Franciscan Approach to Environmental Theology. Paper-Präsentation auf der Konferenz der Europäischen Gesellschaft für katholische Theologie „Eager Longing of Creation", Limerick, Irland, 21. August 2009.

Fabbretti, Nazareno: Animals write ... Dear humans. Middlegreen: St. Paul Publications 1990.

Foer, Jonathan Safran: Tiere essen. Köln: Kiepenheuer & Witsch 2010.

Goodall, Jane: Why it is Time for a Theological Zoology! In: Hagencord (Hg.) 2010: 10-20.

Grumett, David / Muers, Rachel: Theology on the Menu. Ascetism, Meat and Christian Diet. Abingdon: Routledge 2010.

Gumbley, Walter: Saints and Animals, in: http://www.all-creatures.org/ca/ark-196-saints.html [01.02.2010].

Hagencord, Rainer (Hg.): Wenn sich Tiere in der Theologie tummeln. Ansätze einer theologischen Zoologie. Regensburg: Pustet 2010.

Holl, Adolf: Der letzte Christ. Franz von Assisi, Frankfurt am Main: Ullstein 1982, 181-191.

Spanish bishop reacts to law granting rights to chimps and apes, in: http://www.catholicnewsagency.com/news/spanish_bishop_reacts_to_law_granting_rights_to_chimps_and_apes/ [07.07.2011].

Inge, William Ralph, in: http://www.trianglevegsociety.org/artalk-ncsec.pdf [15.01.2007].

It's not a sin to starve your dog [,] says archbishop, in: http://www.all-creatures.org/fol/art-20090509-1.html [07.07.2011].

Jones, Deborah M.: The School of Compassion. A Roman Catholic Theology of Animals. Leominster: Gracewing 2009.

Katechismus der katholischen Kirche, München: Oldenbourg 1997.

Leitzmann, Claus/Hahn, Andreas: Vegetarische Ernährung. Gesund und bewusst essen. Stuttgart: Trias 1998.

Linzey, Andrew/Cohn-Sherbok, Dan: After Noah. Animals and the Liberation of Theology. London: Mowbray 1997.

Linzey, Andrew: Animal Theology, London: SCM Press ^{2}1996.

Livestock's Long Shadow, in: http://www.fao.org/docrep/010/a0701e/a0701e00.HTM [07.07.2011].

Menschenrechte für Affen, in: http://derstandard.at/2432767 [07.07.2011].

Merton, Thomas: No Man Is an Island, Boston: Shambhala 2005 (Ersterscheinung 1955).

Orthodoxe Perspektiven, Asyldebatte und biblische Schlachtungen, in: http://www.pro-oriente.at/?site=ps20071109140103 [01.02.2010].

Ratzinger Joseph: Gott und die Welt. Glauben und Leben in unserer Zeit. Ein Gespräch mit Peter Seewald, Stuttgart/München: Deutsche Verlags-Anstalt 2000.

Rauscher, Hans, in: http://derstandard.at/3174755/Kuhfurz [07.07.2011].

Remele, Kurt: Alter Hut, alte Moral. Zur Wirkung des vorweihnachtlichen Auftritts Benedikt XVI. aus der Perspektive eines Hermelins, in: Der Standard Nr. 5158, 24. Dezember 2005, 46.

Renewing the Earth. An Invitation to Reflection and Action on Environment in Light of Catholic Social Teaching. A Pastoral Statement of the United States Catholic Conference. Washington, D.C. 1991.

Rheinz, Hanna: Kabbala der Tiere. Tierrechte im Judentum und warum sie bis heute kollektive Abwehr auslösen, in: Tierrechte. Eine interdisziplinäre Herausforderung. Hg. von der Interdisziplinären Arbeitsgemeinschaft Tierethik Heidelberg. Erlangen: Harald Fischer 2007, 234-253.

Rotzetter, Tiere - unsere Schwestern und Brüder. Die Tiere und ihre Wertschätzung nach den Schriften des Franz von Assisi, in: Hagencord (Hg.) 2010, 57-74.

Schroer, Silvia: „Du sollst dem Rind beim Dreschen das Maul nicht zubinden“ (Dtn 25,4), in: Hagencord (Hg.) 2010: 38-56.

Schweitzer, Albert: Kultur und Ethik. Kulturphilosophie Zweiter Teil, München: Becksche Verlagsbuchhandlung 1923.

Singer, Peter / Mason, Jim: The Ethics of What We Eat. Why Our Food Choices Matter. Emmaus, PA: Rodale 2006.

Steindl-Rast, David: Wir sind daheim in dieser Welt. Eine Betrachtung über die Sinne als Wege zum Sinn. Videokassette (Audiovisuelle Medienstelle der Diözese Graz-Seckau), o.J.

Taylor, Angus: Animals and Ethics. An Overview of the Philosophical Debate. Peterborough, Ontario: Broadview Press [3]2009.

Thomas von Aquin: Summa contra Gentiles III. Zürich: Fraumünster-Verlag 1949.

Ude, Johannes: „Du sollst nicht töten!“ Dornbirn: Hugo Mayer Verlag 1948.

Vgl. O'Reilley, Mary Rose: The Barn at the End of the World. The Apprenticeship of a Quaker, Buddhist Shepherd. Minneapolis MN: Milkweed Editions 2001.

Vorgrimler, Herbert: Neues theologisches Wörterbuch, Freiburg i. Breigau: Herder 22000.

Wir fragen Prominente: Was essen Sie eigentlich an Weihnachten? In: Schrot und Korn Nr. 12 (Dezember 1998) 15.

Mensch-Tier-Beziehung und Tierschutz im Islam

Tarafa Baghajati

Eingangs möchte ich die Wichtigkeit dieser Vortragsreihe betonen, insbesondere was den Islam und die Muslime in Österreich und Europa betrifft. Leider wird unsere Religion sehr oft auf einige Äußerlichkeiten reduziert; dazu kommen die allgemeine Skepsis und Abwehrhaltung gegenüber allem, was „islamisch" ist. Aus einer Studie der Sozialwissenschaftlichen Studiengesellschaft (SWS, siehe Kurier vom 8. Jänner 2011), die im November und Dezember 2010 durchgeführt wurde, geht hervor, dass etwa ein Drittel der Befragten angibt, dass das „Islamische Religionsbekenntnis ein Hindernis ist, um von Österreichern akzeptiert zu werden", und für weitere 42% ist es immerhin ein „geringes Hindernis". Es würde den Rahmen dieses Beitrages bei Weitem sprengen, wollten wir hier im Detail versuchen, solche Ergebnisse zu analysieren. Eines ist aber unumstritten: „Der Mensch ist der Feind dessen, was er nicht kennt". Und das kommt in Sachen Islam in Europa voll zum Tragen!

Die islamischen Vorstellungen zu Themen wie Umweltschutz, Wirtschaftsethik, Umgang mit älteren oder behinderten Menschen, medizinische Ethik und Tierschutz werden in der europäischen Öffentlichkeit nicht wahrgenommen. Uns Muslimen ist es bisher nicht gelungen, an den wissenschaftlichen, gesellschaftspolitischen und kulturellen Diskursen in Europa anzuknüpfen. Es ist dringend an der Zeit, sich stärker darum zu bemühen.

Bevor wir zum Tierschutz im Islam übergehen, ist es unerlässlich, einleitend auf die Beziehung zwischen Mensch und Tier im Islam einzugehen. Die erste, authentische und unbestrittene Quelle im Islam ist der Koran, und wer diesen liest, wird immer wieder auf Namen von Tieren, Tiergeschichten und auch auf Beispiele mit Tieren stoßen. Mensch und Tier werden immer untrennbar voneinander angeführt. Die Kuh, das Vieh, die Bienen, die Spinne, die Ameisen und der Elefant sind Namen von Suren im Koran, wobei in der jeweiligen Sure Erzählungen von diesen Tieren vorkommen. Die Vollkommenheit der Schöpfung Allahs (das arabische Wort für Gott) wird wiederholt anhand von wunderschönen Beschreibungen von Tieren dargestellt. Die Schönheit der Kamele, der Instinkt der Bienen, die Weisheit der Ameisen, die Treue der Vögel und die Rettung durch den Wal begleiten uns im Koran als Erklärung der Schöpfung und als Bestandteil von Prophetengeschichten. Noch mehr: Der Koran bezeichnet die Tiergattungen als „*Umma*", ein Wort das in der Regel für eine sehr große Gemeinschaft von Menschen verwendet wird.

> *„Und Es gibt kein Getier (Arabisch ‚Dabba') auf Erden und keinen Vogel, der auf seinen zwei Schwingen dahinfliegt, die nicht Gemeinschaften wären so wie ihr."*

Gemeinschaften (Arabisch *Umam*) wie „ihr Menschen", heißt es in Sure 6, „das Vieh" in Vers 38! Weiters wird die enorme Bedeutung von Nutztieren für uns Menschen ebenfalls in vielen Koranstellen ausgedrückt. Der Mensch stellt im Koran die vollkommenste Schöpfung Allahs dar. Daher wurde ihm die Sachwalterschaft über die Erde überantwortet (*Khalifatu-Llah fi al Ard*, Sachwalter Allahs auf der Erde). Eigenschaften wie „Würde" kommen nur beim Menschen vor: *„laqad karramna bani Adam" „Nun haben wir fürwahr den Kindern Adams Würde verliehen"* (Koran, Sure 17: „Die Nachtwanderung" in Vers 70). Leider wird das Wort „*karama*" in fast allen Koranübersetzung mit Ehre oder Huldigung übersetzt. Der feinfühlige Koranübersetzer und -interpret Muhammad Assad hat aber hier das richtige Wort „Würde" gefunden, was ohne Zweifel am ehesten die koranische Bedeutung wiedergibt.

Der Mensch ist also gemäß dem Koran dem Tier gegenüber privilegiert, aber auch verantwortlich. Es gilt das Privileg, dass dem Menschen erlaubt ist, Nutztiere zu halten, diese für sein Wohl und den Transport zu nützen und auch manche Arten von Tieren zu verzehren. Die Verantwortung liegt darin, für das Wohl der Tiere zu sorgen. Der Mensch besitzt keine Tiere, sondern ist lediglich Sachwalter, der Verantwortung für sie trägt. Es gehört auf keinen Fall zu den Vorrechten des Menschen, Gottes Geschöpfe körperlich zu misshandeln oder auch nur ihnen etwas vorzumachen, ohne es einzulösen. Der berühmte Hadith-Forscher Buchari etwa hat einen Bericht über den Propheten Muhammad nicht in seine Sammlung an Hadithen (Überlieferungen) aufgenommen, weil der Überlieferer der Erzählung seiner Ziege ein verlockendes Futter in der Hand vorgaukelte, obwohl seine Faust leer war. Dieses Verhalten genügte Buchari, die Glaubwürdigkeit des Mannes anzuzweifeln. Denn er sagte sich, dass wer sein Tier beschwindele, nicht das Vertrauen verdiene, um aus seinem Munde eine Überlieferung aus dem Leben des Propheten anzunehmen. Zu einem untadeligen Charakter gehören der Respekt vor den Tieren und eine Behandlung, die ganz ähnliche ethische Maßstäbe anlegt wie für den Umgang mit Menschen. Jede Verfehlung gegenüber Tieren gilt als Verfehlung gegenüber dem Schöpfer selbst. In der islamischen Theologie wird das Gebot einer partnerschaftlichen Beziehung zwischen Mensch und Tier im Sinne des Schöpfers herausgestrichen.

Das Stichwort „*Hadithe*" öffnet ein weites Feld weiteren Materials, aus dem die islamische Theologie schöpft. Diese auch als „Sunna" bezeichnete vorbildliche Lebensweise des Propheten Muhammad bildet die zweite wichtige Quelle im Islam und beinhaltet die überlieferten Zeugnisse über Begebenheiten aus dem Leben des Propheten. Die Einzelereignisse (Hadith) geben die Lebensweise, bestimmte Handlungen, Empfehlungen, Verneinungen etc. wieder und gelten Muslimen als vorbildhaft. Für Muslime sind sie eine Art praktische Übersetzung des Koran in das tägliche Leben. Auch hier stoßen wir auf eine Fülle von Geschichten, die uns unserem Thema „Tierschutz im Islam" näher bringen.

„Einer Prostituierten werden alle Sünden vergeben weil sie einem durstigen Hund das Leben rettete." Der Hund wird ein Tor zum Paradies, die Anstrengung, um sein Leben zu erhalten, ein Weg zur Sündenvergebung! Einer anderen Frau wird die Strafe Gottes angekündigt, *weil sie eine Katze einsperrte, ihr weder Nahrung gab, noch sie laufen ließ!* Als der Prophet Leute traf, die Kücken von der Nähe des Muttervogels wegtrugen, befahl er sofort, dem Tier dessen „Kinder" zurückzugeben. Auch bei der Kindererziehung spielten die Haustiere, in einer Erzählung ein kleiner Vogel Namens „Numair", eine Rolle. Das Kind hieß „Umair", danach gereimt war der Name seines Vögelchens, sodass der Prophet Muhammad immer wenn er „Umair" traf, ihn über seinen „Numair" fragte. Als Numair starb, trauerte der Prophet mit Umair zusammen. In den Hadithen wird aber auch jener Fall festgehalten, da ein Haustier als Nutztier geschlachtet werden soll: „Und wenn Ihr ein Tier töten solltet, dann auf leichtest mögliche Art, ein scharfes Messer soll vorbereitet sein und dem Tier sollte es bequem gemacht sein".

Aus diesen Geschichten lässt sich ableiten, dass im damaligen Arabien Tierethik in der Zeit vor dem Islam keine große Rolle spielte, denn immer wieder wird ein ethisch bedachter Umgang mit Tieren eingefordert. Über das Wohl der Tiere wurde in vorislamischer Zeit nicht weiter nachgedacht. Sie waren höchstens in der damaligen Literatur, vor allem in den mündlich weitergegebenen Gedichten, zur malerischen Alltagsschilderung willkommen. Kamele, Pferde und Weidetiere werden in diesen Texten erwähnt und oft poetisch besungen. Wütend war der Prophet, als er sah, dass ein Mann sein Tier (ein Kamel oder einen Esel) im Gesicht brandmarkte. „Willst du, dass Allah dich am Tag des Jüngsten Gerichts im Gesicht brandmarkt?", fragte der Prophet ermahnend und verbot mit dieser klaren Zurechtweisung das Brandmarken von Tieren im Gesicht von nun an für immer. Das Verbrennen von Ameisen wurde verboten. Auch Tiere, die Menschenleben bedrohen, dürfen nie gequält werden; mit einem einzigen Schlag sollte man sie, wenn notwendig, töten. „Bekomme ich die Belohnung Gottes, wenn ich mich um meine Tiere sorge?“, fragte ein Gefährte des Propheten. Die prompte Antwort gilt wieder als eine gültige Regel für alle Zeiten: „Jede Versorgung des Lebewesens ‚Tier‘ ist eine gute Tat“.

Auch Aussagen der so genannten „rechtgeleiteten Kalifen“, der vier direkt auf den Propheten folgenden Herrscher, zeigen die Aufmerksamkeit auf, die der richtige Umgang mit Tieren genoss. Als Beispiel kann die Aussage des zweiten Kalifen Omar ibn Al Khattab angeführt werden, der sagte: „Allah wird Omar fragen, auch wenn ein Tier an einem sehr entfernten Fluss im muslimischen Reich verendet“. Er wollte damit die hohe Verantwortung des Regierenden für die Schöpfung betonen. Wieder eine Geschichte, die bis heute für Entscheidungsträger eine gültige Lehre sein kann. Der für seine Gerechtigkeit und hohe ethische Gesinnung bekannte umayyadische Kalif Omar Ibn Abdulaziz erließ ein offizielles Dekret, das eine Überanstrengung von Tieren verbietet. Dies mag eines der ersten staatlich verordneten Tierschutzgesetze überhaupt darstellen. In diesen Jahren wurden als religiöse Stiftung Pflege- und Versorgungsheime für Tiere eingerichtet, in denen vor allem Nutztiere, die zu alt für die Arbeit gewordene waren, ihre letzten Tage komfortabel verbringen konnten.

Aus den religiösen Primärquellen des Islam, dem Koran und der Sunna, aber auch aus den Erzählungen in Sekundärquellen haben muslimische Gelehrte einige Regeln für den Umgang mit Tieren abgeleitet. Als unumstritten gelten folgende Regeln:

1. Verbot des Tötens von Tieren. Ausnahmen sind notwendiger Verzehr oder der Schutz der eigenen Gesundheit. Aber auch hierbei muss auf artgerechte Tierhaltung und Artenschutz geachtet werden.
2. Verbot der Benützung von Tieren als Zielscheibe bei Schießübungen.
3. Verbot von Schau- und Tierkämpfen. Dies hat sich allerdings leider nicht überall in der so genannten islamischen Welt durchgesetzt. In Afghanistan etwa finden sich hierzu Traditionen, die älter sind als der Islam.
4. Beim Schächten von Nutztieren muss ein scharfes Messer verwendet werden, um Qualen zu vermeiden. Kein Tier soll bei der Schächtung eines anderen Tieres zusehen müssen, um die Tiere nicht zu ängstigen.
5. Verbot der Tierquälerei jeglicher Art
6. Verbot der mutwilligen Änderung der Schöpfung, also etwa an der Erscheinung des Tieres, wie die erwähnte Brandmarkung im Gesicht.
7. Zwingendes Gebot artgerechter Tierhaltung. So ist es z.B. verboten, Weidetiere mit tierischen Futtermitteln (oder gar Produkten aus Tierkadavern) zu ernähren.

Natürlich sind diese Punkte als allgemeine Richtlinien zu sehen. Die Muslime und ihre Gelehrten müssen aber für eine richtige Umsetzung zum Wohle von Mensch und Tier sorgen und auf alle eventuell neu auftretenden Fragen eine zeitgemäße Antwort in diesem Sinne finden. Eine Fülle von neuen Herausforderungen bringt die Notwendigkeit, profunde Antworten zu entwickeln: Wie sieht eine muslimische, theologisch schlüssig begründete Position in Bezug auf Tierversuche aus? Wenn die Änderung der Schöpfung verboten ist - wie sieht eine Stellungnahme zu der Gepflogenheit aus, dass bei manchen Hunderassen die Ohren abgeschnitten werden? Und aus einer ähnlichen Grundüberlegung: Ist das Kastrieren von Katzen aus islamischer Sicht hinnehmbar? Ist das Einschläfern von Tieren immer erlaubt? Inwieweit sollte Tierethik auch einen Platz im Strafrecht einnehmen? Wie umgehen mit der Hormonbehandlung von Tieren zur rascheren Nahrungsmittelherstellung? Wie ist es um Organtransplantate tierischer Herkunft für Menschen bestellt (wenn die Tiere dazu getötet werden müssen)? Wie schaut es mit Gentechnik bei Tieren aus?

Es ist wichtig zu erwähnen, dass es - islamisch gesehen - nicht nur Sache der muslimischen Gelehrten ist, darüber zu reden, sondern dass alle Fachleute unabhängig von ihrer religiösen Überzeugung angehört werden sollten. Ein Gelehrter, der von Tieren keine Ahnung hat, würde sich der Lächerlichkeit preisgeben, wenn er über aktuelle komplexe Themen ohne Beratung durch Tierärzte und sonstige Fachleute eine Fatwa (theologisches Gutachten) erstellte. Es gilt hier die theologische Regel, dass muslimische Gelehrte auf die Hilfe von Experten zurückgreifen sollen, wenn ihnen die nötige Sachkenntnis fehlt.

Ohne den Anspruch, die bestmögliche Antwort bieten zu können, versuche ich hier in Kürze islamische Antworten auf die oben erwähnten Fragen zu geben, möglichst harmonisch mit den oben angeführten Quellen und auch unter Einbeziehung von Meinungen und Schriften von zeitgenössischen Gelehrten:

Tierversuche: Hier ist zu unterscheiden zwischen medizinischen Tierversuchen, die Menschenleben auch nachweislich durch neue Erkenntnisse retten würden, und anderen Intentionen, vor allem im Kosmetikbereich, die kostengünstig schnellere Ergebnisse in der Produktentwicklung mit sich bringen. Beim ersten bewegen wir uns im Bereich des Erlaubten (Halal) und beim zweiten nähern wir uns dem Bereich des Verbotenen (Haram). Generell gilt: Erlaubt ist etwas, solange es der Ernst der Situation und die Gesundheit der Menschen erfordert (vor allem im wissenschaftlichen, medizinischen Bereich!). Geht es jedoch eher um Luxusgüter, dann ist dem Wohl des Tieres eindeutig Vorrang zu geben und auf Experimente mit Tieren zu verzichten!

Organtransplantation von Tier zu Mensch: Wenn dies eine Lebensrettung bedeutet oder es um die Wiederherstellung eines Sinnesorgans geht, dann ist Organtransplantation eindeutig erlaubt.

Einschläfern von Tieren: Hier sind ehrliche Experten und Tierärzte gefragt. Alleine der Umstand, dass Haustiere lästige Gewohnheiten entwickeln (z.B. einen unregelmäßigen Wach-Schlafrhythmus im Alter) macht aus ihnen noch keine

„Tötungskandidaten". Wer junge Tiere hält, muss auch in späteren Jahren für sie da sein. Eine Ausnahme besteht dann, wenn das Tier eindeutig leidet und das weitere Leben schmerzvoll wäre.

Änderung der Schöpfung: Prinzipiell ist - wie schon geschildert - jede Änderung verboten. Doch besteht hier angesichts mancher praktischer Entwicklungen noch großer Diskussionsbedarf. Zum Beispiel ist beim Thema Katzenkastration anzunehmen, dass diese bei einer näheren Betrachtung der Situation - insbesondere in dichtbesiedelten Gebieten und Städten - durchaus als erlaubt bis sogar als empfehlenswert angesehen werden könnte, da die positiven Folgen für Tier und Mensch in diesem Fall nicht zu bestreiten sind.

Auch verschiedenste Arten des **Kupierens (Abschneiden)**, also das operative Entfernen (Amputation) von einigen Schwanzwirbeln bei Pferden und Hunden, das Kürzen des Schwanzes bei Schafen und Schweinen, die modebedingte Verkleinerung von Ohren bei Hunden, das Verstümmeln von Schnäbeln beim Geflügel, das Enthornen von Rindern sowie das Entfernen von Katzenkrallen und Stimmbändern fallen durchaus unter das Kapitel „Änderung der Schöpfung". Hier sind die geltenden Gesetze in den meisten EU-Ländern Islam-konform: Verboten außer im Falle medizinischer Notwendigkeit. Absolut verboten sind solche Handlungen, die ausschließlich aus Modeerscheinungen vorgenommen werden und ohne jegliche rationale Begründung durchgeführt werden.

Gentechnik bei Tieren: Hier muss je nach Situation, Begründung, Sinn und Zweck aber auch ethischen und wissenschaftlichen Konsequenzen und Dimensionen entschieden werden. Eine Beurteilung kann nur situationsbedingt und keinesfalls pauschal abgegeben werden.

Und nun zu dem meist diskutierten Thema, wenn es um Islam und Tierschutz geht, und zwar das **Schächten**:

Im österreichischen Tierschutzgesetz, das am 1.1.2005 in Kraft getreten ist, wurden Ausnahmen für Juden und Muslime vorgesehen. Nach langen Diskussionen und Verhandlungen der Islamischen Glaubensgemeinschaft (IGGiÖ) und der Israelitischen Kultusgemeinde (IKG) mit den verschiedensten behördlichen und politischen Stellen in Österreich wurden Kompromisse geschlossen. Das Schächten, wie es in der jüdischen und muslimischen Religion vorgeschrieben ist, wurde erst 1998 vom Verfassungsgerichtshof behandelt und den beiden Religionsgemeinschaften, diese Schlachtmethode durchführen zu können, garantiert. Auch die EU spricht in einer Richtlinie den beiden Glaubensgemeinschaften dieses Recht zu. Schächten bei Juden und Muslimen steht in keinem Widerspruch zum

Tierschutz. Hier die Stellungnahme der Islamischen Glaubensgemeinschaft vom 13.12.2003 an welcher der Autor dieses Beitrages mitgewirkt hat:

> *Schächten bei Juden und Muslimen steht in keinem Widerspruch zum Tierschutz*
>
> *Vom Verfassungsgerichtshof erst 1998 ausdrücklich bestätigt, soll das Schächten auch in das neue bundeseinheitliche Tierschutzgesetz Aufnahme finden*
>
> *Dem Tierschutz stärkeres gesellschaftspolitisches Gewicht zu geben, ist von Seiten der Islamischen Glaubensgemeinschaft zu begrüßen, da ein verantwortlicher Umgang mit der Schöpfung ein hohes Gebot des Islam darstellt, das artgerechte Tierhaltung vor rein wirtschaftliche Interessen stellt.*
>
> *Der Tierschutzgedanke darf aber nicht aus Mangel an genügender sachlicher Information zur Diskriminierung von religiösen Minderheiten führen. Für Juden und Muslime ist das Schächten ein Gebot ihrer Religion und somit zwingend vorgeschrieben.*
>
> *Wir könnten es daher nicht akzeptieren, in unserem Recht auf das Schächten eingeschränkt zu werden, das erst 1998 durch die Judikatur des Verfassungsgerichtshofes (VfSlg. 15.394/1998) unter Hervorhebung der Tatsache, dass dieses weder mit der öffentlichen Ordnung, noch mit den guten Sitten in Widerspruch stehe, bestätigt wurde.*
>
> *Die jetzt vorliegende Fassung des zukünftigen Tierschutzgesetzes ist in sich widersprüchlich, was die Behandlung des Schächtens betrifft. Denn man kann nicht einerseits das Recht der betreffenden Religionsgemeinschaften betonen, weiterhin Tiere zum Verzehr zu schächten und andererseits dieses Recht dahingehend einschränken, dass das Schächten nur unter Betäubung und tierärztlicher Aufsicht stattfinden dürfte. Dies wäre dann kein Schächten mehr und käme einem Schächtverbot gleich.*
>
> *Das Schächten unterliegt seitens des Islam strengen Regeln, an deren Einhaltung in Österreich die Islamische Glaubensgemeinschaft größtes Interesse hat und dies durch die Ausstellung von Zertifikaten zum Schächten regelt. Um kein Tier zu quälen, müssen folgende Bedingungen eingehalten werden:*
>
> – *Fachmännische Ausübung dieser Praxis durch eigens (zuerst am toten Tier) geschultes Personal*

- *Gewährleistung, dass der professionell gesetzte einmalige Schächtstreich zur sofortigen Tötung des Tieres führt. Wobei die Unterbindung der Blutzufuhr zum Gehirn die schnellste Art der Betäubung garantiert.*
- *Verwendung von geprüftem und bestens geeignetem Werkzeug*
- *Beste Behandlung des Tieres bis unmittelbar vor der Schächtung: Vermeidung belastender ungebührlich langer Transporte, Fütterung und Tränkung bis zuletzt, Stressvermeidung durch Ersparen des Anblicks der Schlachtung anderer Tiere*
- *Bewusstmachung der Verantwortung, die mit der Schlachtung einhergeht: Keine Schlachtung oder sonstige Tötung eines Tieres, wenn es nicht anschließend auch als Nahrung dient*
- *Kein überproportionaler Fleischkonsum: Dieses ist nur ein Teil der Nahrung. Die geforderte Ausgewogenheit der Ernährung gebietet, hier Maß zu halten und von übermäßigem Konsum Abstand zu nehmen.*

Der zuerst angeführten Bedingung der „fachmännischen" Ausführung kommt besonderes Gewicht zu. Denn generell ist im Islam jede verantwortungsvolle Tätigkeit mit einer fachlichen Qualifikation verbunden. Denn es heißt in den islamischen Quellen: „Wenn jemand von euch eine Arbeit durchführt, dann soll er diese Arbeit bestmöglich erledigen" (Hadith, Überlieferung vom Propheten Muhammad, hier sinngemäß wiedergegeben). Da diese Arbeit im Falle des Schächtens noch dazu mit Lebewesen in direktem Zusammenhang steht, so wiegt die Verantwortung umso schwerer. In einem anderen Hadith lesen wir dazu: „Wenn einer von euch schächten möchte, dann sollte er sein Messer schärfen und es (sein Tier) ruhig stellen." Die das Schächten betreffenden Bestimmungen legen so größten Wert auf eine Vorgangsweise, die dem Tier Leiden erspart.

Daraus geht klar hervor, dass das Schächten eine besondere Befähigung bei der Durchführung erfordert. Sich allein auf die Religionszugehörigkeit zu beziehen, kann als fachliche Qualifikation nicht ausreichend sein. Aus Sicht der Islamischen Glaubensgemeinschaft in Österreich sollten Muslime, die Tiere schächten, mindestens eine der folgenden Voraussetzungen erfüllen:

- *eine Ausbildung als Fleischhauer*
- *ein vergleichbares Fachwissen, wie es beispielsweise durch den persönlichen Hintergrund entsteht, falls jemand aus einer ländlichen Gegend stammt, in der es üblich ist, gleichsam wie in einer Lehre durch Anschauung, Hilfstätigkeit und Erfahrung eine geeignete Qualifikation zu erwerben.*

> *In unserer Funktion als offizielle religiöse Vertretung der in Österreich lebenden Muslime nehmen wir die Aufsicht über das fachmännische betriebsmäßige Schächten wahr, um zu gewährleisten, dass die islamischen Regeln im Sinne des Tierschutzgedankens eingehalten werden. Daher können wir durch die Praxis bestätigen, dass von einem verantwortungsbewussten Umgang und genügender Sachkenntnis bei den die Schächtungen vornehmenden Personen auszugehen ist. In der Regel ist es das Personal von fleischerzeugenden und vertreibenden Betrieben, die das Schächten berufsmäßig ausführen.*
>
> *Wir sind aus religiösen Gründen am Tierschutz interessiert und würden das Schächten nie, ohne an diesen Auftrag zu denken, durchführen. Daher sehen wir es mit großer Besorgnis, dass das Schächten ohne Betäubung als unvereinbar mit dem Tierschutz dargestellt wird. Dabei bestätigen uns ärztliche Gutachten und nicht zuletzt die jahrhundertelange Erfahrung, dass die Schächtmethode absolut kompatibel mit anderen Methoden ist. Wir sehen sogar einen ausgesprochenen Vorteil darin, dass das Tier durch das fachmännisch ausgeführte Schächten gleichzeitig betäubt und zu Tode gebracht wird.*
>
> *In der Öffentlichkeit mag sich „Betäubung" vielleicht anhören, als handele es sich dabei um eine vor Operationen gebräuchliche Anästhesie. In Wirklichkeit sind die Betäubungsmethoden - Elektroschock, Langhirnstab, Bolzenschuss, usw. aber schmerzhaft und verzögern den Schlachtvorgang. Die Bilder von an den Füßen aufgehängten Rindern, die aus der Narkose erwachten und dann unter großen Schmerzen langsam zu Tode kamen, bildeten erst kürzlich den Hintergrund eines Skandals in Oberösterreich. Die Betäubung wurde ja auch nicht aus Tierfreundlichkeit eingeführt, sondern um im Zuge der Industrialisierung eine effizientere Abwicklung der Massenschlachtung zu ermöglichen.*
>
> *Will man jetzt das Recht auf das Schächten verbieten, so ist dies ein Eingriff in die innere Autonomie gesetzlich anerkannter Religionsgemeinschaften, täuscht den Tierschutzgedanken dazu nur vor und steht nicht zuletzt auch im Widerspruch zur EU Richtlinie 93/119/EG, die das Schächten für die Religionsgemeinschaften garantiert* (http://www.derislam.at).

Es soll hier betont werden, dass das Thema Tierschutz kein geeignetes Wahlkampfthema ist. Leider wird von der extremen Rechten das Thema Schächten oft missbraucht, um gegen Juden und Muslime Stimmung zu machen. Ohne einen pauschalierenden Vergleich ziehen zu wollen, muss daran erinnert werden, dass Tierschutz im Nationalsozialismus antisemitisch, biologistisch und rassistisch begründet und propagiert wurde. Viele NS-Führer, von Adolf Hitler bis Heinrich

Himmler und Hermann Göring, gerierten sich öffentlich als die obersten Tierschützer.

Das erste deutschlandweite Tierschutzgesetz gehörte zu den zentralen frühen Gesetzgebungsmaßnahmen der Anfangszeit des NS Regimes und wurde intensiv propagandistisch begleitet. Mehrere Tierschutz-Gesetze im deutschsprachigen Raum gehen maßgeblich auf das in der NS-Zeit verabschiedete Konzept zurück. Das „Gesetz über das Schlachten von Tieren" vom 21. April 1933 gebot, warmblütige Tiere beim Schlachten vor Beginn der Blutentziehung zu betäuben und diente offensichtlich als Mittel zum Entzug des Lebensunterhalts vieler jüdischer Metzger. Heute wird vor allem gegen Muslime und nicht gegen Juden agitiert, aber sehr oft ist selbst die Wortwahl deckungsgleich.

Abschließend möchte ich mit einem Hadith (Überlieferung des Propheten) enden: „Allah ist *‚rafiq'*, behutsam, und liebt Behutsamkeit bzw. Zärtlichkeit in allen Dingen."

Dieser Grundsatz gilt nicht nur für die zwischenmenschlichen Beziehungen, sondern auch für unseren Umgang mit Tieren und allen anderen Geschöpfen.

Teil VI

Schlussbemerkungen

Die Prinzipien des Weltethos für die Mensch-Tier-Beziehung

Edith Riether

Einleitung

Die Initiative Weltethos Österreich veranstaltet seit 2005 Interdisziplinäre Ringvorlesungen an den verschiedenen Wiener Universitäten und verfolgt dabei folgende Ziele: Die Studierenden sollen für Ethik im allgemeinen sensibilisiert und auf die ethischen Probleme ihrer künftigen Berufe aufmerksam gemacht werden. Dazu braucht es Fachleute der einzelnen Disziplinen, aber auch PhilosophInnen und VertreterInnen der Weltreligionen, die die Probleme von der religiösen und ethischen Seite her betrachten. Dieses Konzept fußt auf der Weltethos-Idee, die besagt, dass es sowohl bei säkularen als auch religiösen Traditionen eine Übereinstimmung in den wichtigsten ethischen Prinzipien gibt.

Da die Beleuchtung der ethischen Probleme allein die Studierenden jedoch ziemlich ratlos zurücklassen würde, gehört es zum Konzept der Initiative Weltethos, dass zumindest eine Vorlesung den Studierenden die Weltethos-Idee erklärt und die Prinzipien der Erklärung zum Weltethos vermittelt. Die Verfasserin dankt daher Fr. Univ. Prof. Dr. Karin Möstl dafür, dass sie die Projektleitung bei dieser Ringvorlesung übernommen hat. Ein weiterer Dank gilt dem Lebensministerium für die finanzielle Unterstützung, die es ermöglichte, geringfügige Honorare und den Druck von Plakaten zu bezahlen.

Der Titel dieser Vorlesung lautete ursprünglich „Das Ethos der Veterinärmedizinerin/des Veterinärmediziners“, weil diese sich speziell an die Studierenden der Tiermedizin wandte. Nun, da die Publikation ein Sammelband wurde, der einem größeren Leserkreis zugänglich sein soll, wurde der Titel dieses Beitrages dementsprechend abgeändert. Die Verfasserin ging nämlich von der Überlegung aus, dass die Beziehung zwischen Mensch und Tier sich nicht allein auf Veterinärmediziner/innen beschränkt und ethisch hochwertiges Handeln nur dann erwartet werden kann, wenn die handelnden Personen von einem hohen Ethos, d.h. vom sittlich Guten, geleitet werden. Was aber ein hohes Ethos ausmacht, d.h. welche ethischen Prinzipien es immer schon gab, gibt und geben wird, solange Menschen auf diesem Planeten zusammenleben, soll im folgenden durch die Erklärung der Weltethos-Idee argumentativ nahe gebracht werden.

Begriffsklärungen

Was ist Ethos?

Das Wort kommt aus dem Griechischen und bedeutet zunächst das Überdachte, das Wohnheim, die Gewohnheit, das Verhalten, im weiteren Sinn: die Gesinnung, die Grundeinstellung der gesamten Wirklichkeit gegenüber.

Was ist Ethik?

Es ist die Lehre vom Ethos und das System der ethischen Prinzipien. Ethik ist das Wesen der Moral.

Was ist Moral?

Moral ist das Gesetz und betrifft die punktuelle Handlung, die beurteilt und mit Sanktionen belegt werden kann.

Was ist das Weltethos?

Der Ausdruck „Weltethos" wurde von Hans Küng geprägt, der 1990 mit seinem Buch „Projekt Weltethos", das bereits in 7. Aufl. erschienen ist, große Aufmerksamkeit erregte. Küng geht darin von folgender Überzeugung aus (*Stiftung Weltethos 2000: 4*):

> *Kein Friede zwischen den Nationen ohne Frieden zwischen den Religionen!*
> *Kein Friede zwischen den Religionen ohne Dialog zwischen den Religionen!*
> *Kein Dialog zwischen den Religionen ohne globale ethische Standards!*
> *Kein Überleben unseres Globus ohne ein globales Ethos, ein Weltethos, gemeinsam getragen von religiösen und nicht-religiösen Menschen!*

Zur Erreichung dieser Ziele, nämlich gemeinsame ethische Standards zu finden und ein globales Ethos zu erarbeiten, schlägt Küng zwei Wege vor: eine

Grundlagenforschung, d.h. das Studium der großen religiösen und ethischen Traditionen, sowie den interkulturellen Dialog.

Das Weltethos ist daher weder eine neue Weltideologie noch eine neue einheitliche Weltreligion jenseits aller bestehenden Religionen, schon gar nicht die Herrschaft einer Religion über alle anderen. Weltethos ist der „Grundkonsens bezüglich bestehender verbindender Werte, unverrückbarer Maßstäbe und persönlicher Grundhaltungen" (*Parlament der Weltreligionen 1993: 6*).

Das ist die Definition, wie sie in der Erklärung zum Weltethos steht, zu der Küng den ersten Entwurf lieferte. Sie gründet in seinen Forschungsergebnissen und in den im Dialog mühsam erarbeiteten Erkenntnissen, die im Folgenden näher dargelegt werden sollen.

Wer ist Hans Küng?

Hans Küng wurde 1928 in der Schweiz geboren, studierte in Rom und Paris katholische Theologie und lebt seit 50 Jahren in Deutschland. Berühmt wurde Küng schon in jungen Jahren nicht nur als Konzilstheologe sondern auch als Verfasser zahlreicher Bücher wie „Christ sein", „Existiert Gott?", „Credo", etc. Zum Verhängnis wurde ihm, der immer schon der progressiven Linie der Kirche zuzurechnen war, ein relativ schmales Bändchen mit dem Titel „Unfehlbar?", in dem er das Unfehlbarkeitsdogma von 1870 in Frage stellt. Dies brachte ihm 1980 den Entzug der kirchlichen Lehrerlaubnis ein. Seine priesterlichen Ämter durfte er jedoch weiterhin ausüben. Es gelang ihm zwar, dass sein Institut für Ökumenische Theologie aus der Katholischen Fakultät in Tübingen ausgegliedert und dem Präsidenten der Universität direkt unterstellt wurde, doch waren die darauffolgenden Jahre für ihn eine bittere Zeit, wie er 20 Jahre danach in einer Vorlesung an der Tübinger Universität bemerkte. Allerdings, so gab er damals zu, haben diese Ereignisse zwar seinen Lebensweg empfindlich gestört und geändert, im Endeffekt aber gewaltig ausgeweitet und vertieft (*Küng 1999: 3*). Vor allem die Weltethos-Idee hat den in Tübingen lebenden Schweizer Theologen weltberühmt gemacht. Bereits dreimal gab er Statements vor der UNO-Vollversammlung ab, ist im ständigen Gespräch mit Staatsoberhäuptern, MinisterpräsidentInnen, namhaften PolitikerInnen, Wirtschaftstreibenden, KünstlerInnen, WissenschafterInnen, NobelpreisträgerInnen und hohen VertreterInnen von NGOs.

Wie kam er zum Weltethos?

Küng war also nach 1980 weiterhin Direktor für ökumenische Theologe und wandte sich nach dem Lehrverbot umso mehr der Frage zu, die ihn immer schon beschäftigt hatte: *extra ecclesiam nulla salus* (außerhalb der Kirche kein Heil)?

Das konnte er nicht glauben, da er im Laufe seiner Studien zur Erkenntnis gekommen war, dass „Gottes umfassende Gnade [...] aufgrund vieler alttestamentlicher Zeugnisse, der Verkündigung Jesu und der Apostel [...] auch den Menschen in den ‚heidnischen', nichtchristlichen Religionen" gilt (*Küng 1999: 8*).

Zu Hilfe kam ihm dann das II. Vatikanische Konzil, dem er zusammen mit Josef Ratzinger als einer der jüngsten Berater angehörte, und das in der Konstitution über die Kirche im Kap. 16 erklärt, dass es auch eine Heilsmöglichkeit für Menschen anderer Religionen, ja sogar für Nichtreligiöse, gäbe, „die doch ein rechtes Leben zu führen sich bemühen" (*Kleines Konzilskompendium* ^{2}*1966: 141*).

Damit war für den Tübinger Theologen klar, dass es die humanitären Werte sind, die religiöse wie nicht-religiöse Traditionen miteinander verbinden und dass es da Gemeinsamkeiten geben muss, damit ein friedliches Zusammenleben überhaupt möglich wird.

In diesem Sinn hielt er 1989 das Grundlagenreferat bei einem von der UNESCO in Paris abgehaltenen Symposion „Kein Weltfriede ohne Religionsfriede" und ein weiteres Referat 1990 beim World Economic Forum in Davos, wo er zu Vertretern der Politik, Wirtschafts- und Finanzwelt über die Frage sprach: „Warum brauchen wir globale ethische Standards, um zu überleben?" Noch im selben Jahr, nämlich 1990, veröffentlichte Küng das Buch „Projekt Weltethos", in dem er darauf hinweist: „[...] diese eine Weltgesellschaft braucht gewiss keine Einheitsreligion und Einheitsideologie, wohl aber einige verbindende und verbindliche Normen, Werte, Ideale und Ziele." (*Küng* ^{7}*2002: 14*)

Bei der Suche nach den Gemeinsamkeiten schlug der Schweizer Professor zwei Wege vor: eine Grundlagenforschung und den interreligiösen Dialog. Er war nämlich überzeugt, dass zuerst die eigene Religion gründlich studiert werden muss, dann eine Erforschung der anderen Religionen vorgenommen werden sollte und dass man erst mit diesem Wissen behaftet in den interreligiösen Dialog eintreten könne. Die Haltung der einzelnen Religionsvertreter dabei müsste sein: Standfestigkeit im eigenen Glauben und grenzenlose Dialogbereitschaft gegenüber den anderen Gesprächspartnern.

Spurensuche

Diese ist eine groß angelegte Forschungsarbeit, in der Hans Küng die Gemeinsamkeiten und Unterschiede zwischen den Weltreligionen untersuchte. Über die Ergebnisse dieser Tätigkeit gibt es ein sehr repräsentatives Buch und eine siebenteilige Fernsehserie unter dem gleichen Titel.

Unüberschaubar, unbewegt und unstimmig schien ihm die Welt der Religionen zu sein, doch ließen „sich bei allen nicht zu unterschätzenden Unterschieden und Verschiedenheiten in Glauben, Lehre und Ritus auch Ähnlichkeiten, Konvergenzen und Übereinstimmungen feststellen. Nicht nur weil Menschen in allen

Kulturkreisen vor dieselben großen Fragen gestellt sind: die Urfragen nach dem Woher und Wohin von Welt und Mensch, nach der Bewältigung von Leid und Schuld, nach den Maßstäben des Lebens und Handelns, dem Sinn von Leben und Sterben. Sondern auch weil die Menschen in den verschiedenen Kulturkreisen von ihren Religionen vielfach ähnliche Antworten erhalten. Sind doch alle Religionen zugleich Heilsbotschaft und Heilsweg. Vermitteln doch alle Religionen eine gläubige Lebenssicht, Lebenseinstellung Lebensart". (*Küng* ^{3}*1999: 7*)

Die Untersuchung beginnt mit den **Stammesreligionen**, weil sie den Wurzelboden der Weltreligionen bilden, wie der Tübinger Theologe meint. Am Beispiel der Aborigines in Australien und der Schwarzafrikaner südlich der Sahara wird gezeigt, dass diese sogenannten Naturvölker, die nicht als Gegensatz zu den sogenannten Kulturvölkern gesehen werden dürfen, zwar keine heiligen Schriften besitzen, in denen ihre Religion, ihre Mythen und Riten sowie ihr Ethos festgeschrieben sind, dass sie aber an ein von den Ahnengeistern gegebenes Gesetz glauben, das von Generation zu Generation durch Riten, Mythen, Tänze und Gesänge weitergegeben wird. Dieses Gesetz sagt ihnen, was ihr Platz im Leben ist, was gut und was schlecht ist.

Was Küng an ungeschriebenen Normen bei diesen Stammesvölkern gefunden hat, lässt sich folgendermaßen zusammenfassen (*Küng* ^{3}*1999: 25, 49*):

- Gegenseitigkeit, Sinn für Gemeinschaft und Solidarität
- Gerechtigkeit
- Großzügigkeit
- Ehrfurcht vor dem Leben
- Hochschätzung traditioneller Werte und Maßstäbe
- Regeln für das Zusammenleben der Geschlechter und Generationen
- Ganzheitliche Sicht von Welt und Mensch

Diese ungeschriebenen ethischen Normen bilden somit den „Felsen", auf dem die menschliche Gesellschaft aufgebaut ist. Man könnte dies, so Küng, ein „Ur-Ethos" nennen, das den Kern eines gemeinsamen Menschheitsethos bildet (*Küng* ^{3}*1999: 26*).

Die Untersuchung führt weiter zu den Weltreligionen, die bereits eine Verschriftlichung kennen.

Hinduismus: Diese Bezeichnung stammt von den Europäern und umfasst eine ganze Fülle von indischen Religionen, aus denen sich einige Grundzüge herausfiltern lassen. Die meisten Hindus glauben an einen Gott, der sich jedoch in verschiedenen Gestalten offenbart. Die wichtigsten sind Shiva, Vishnu und Shakti, eine weibliche Offenbarungsgestalt. Die meisten Hindus glauben an das Gesetz des Karma, d.h. die menschliche Seele müsse mehrere irdische Existenzen durchlaufen, bis sie in den Urgrund der Welt, mit dem sie ident ist, eingeht. Karma an sich bedeutet, dass alle Taten Ursachen aus früheren Leben und Wirkungen auf spätere Existenzen haben. Zu den klassischen heiligen Schriften der Hindus gehören die *Veden* und das *Mahabharata*-Epos, insbesondere ein Buch daraus, die *Bhagavad-Gita*. (*Stiftung Weltethos 2000: 7*)

Die Inder selbst nennen ihre Religion meist „ewige Ordnung" bzw. *Dharma*, und das bedeutet nicht nur Ordnung, sondern Gesetz und Pflicht. Es handelt sich jedoch nicht um eine Rechtsordnung, Glaubenssätze, Dogmen oder Rechtgläubigkeit. Gemeint ist vielmehr eine allumfassende kosmische Ordnung, die alles Leben bestimmt und an die sich alle Menschen halten sollen. Es geht um das richtige Handeln, den richtigen Ritus und die richtige Sitte. Daher sind damit nicht bestimmte Rechte gemeint, sondern Pflichten, die ein Mensch gegenüber der Familie, der Gesellschaft, Gott und den Göttern hat. (*Stiftung Weltethos 2000: 6*)

Zusammengefasst sind diese Pflichten in den Tugenden des *Yoga-Weges*. Sie lauten:

- Gewaltlosigkeit, Nicht-Verletzen
- Wahrhaftigkeit
- Nicht-Stehlen
- Keuschheit, reiner Lebenswandel
- Begierdelosigkeit

Mahatma Ghandi, einer der berühmtesten Vertreter des Hinduismus im 20. Jahrhundert, hat daraus die **Sieben Sozialen Sünden** der Menschheit abgeleitet:

- Politik ohne Prinzipien
- Geschäft ohne Moral
- Reichtum ohne Arbeit
- Erziehung ohne Charakter
- Wissenschaft ohne Menschlichkeit
- Genuss ohne Gewissen

- Religion ohne Opfer

Die vier klassischen Lebensziele eines Hindus sind: Das Streben nach Angenehmem und Sinnengenuss, das Streben nach Nützlichem und der Erwerb von Wohlstand, das Bemühen um Rechtschaffenheit und Tugend, das Streben nach Befreiung und Erlösung aus dem Kreislauf von Geburt, Tod und Wiederverkörperung. (*Stiftung Weltethos 2000: 6*)

Chinesische Religion: Die rund 5.000 Jahre alte chinesische Kultur war lange Zeit geprägt vom Schamanismus, in dessen Zentrum die Ahnenverehrung und Riten standen. Erst im 6. Jahrhundert v. Chr. beginnt mit dem Auftreten von Weisheitslehrern der Chinesische Humanismus. Es ist der Übergang von magischer Religiosität zur Rationalität, in deren Mittelpunkt der Mensch und dessen ethische Entscheidungen stehen. Der berühmteste Vertreter ist Konfuzius. Als Gegenbewegung entsteht in dieser Zeit aber auch der Daoismus, eine philosophisch-mystische Lehre vom Dao, dem Weg, dem Urgesetz und Urgrund allen Seins, worin der Mensch eingebettet ist und mit dem er in Harmonie leben soll. Inspiriert wurde diese Lehre von der Weisheitsschrift *Daode jing*, die Laozi zugeschrieben wird. Es wurde später daraus eine religiöse Bewegung, die viele Elemente aus der alten chinesischen Religion wieder aufnahm.

Im Zentrum der Lehre des Konfuzius jedoch steht das wahrhaft Menschliche. Unter Menschlichkeit versteht sie Zuwendung, Güte, Wohlwollen, Gegenseitigkeit als gegenseitige Rücksichtnahme. Nach dieser Grundnorm lässt sich für alle gültig Gut und Böse unterscheiden. Gut ist für den Menschen, was ihm hilft, wahrhaft Mensch zu sein. Der Mensch soll sich als Einzelner oder in der Gemeinschaft, human verhalten in Bezug auf den Mitmenschen, die Gesellschaft und die Natur. Konfuzius soll gesagt haben, es gebe nur zwei Wege: Menschlichkeit oder Unmenschlichkeit.

Die Konfuzianischen Tugenden sind daher:

- Ein- und Unterordnung
- (Mit-) Menschlichkeit
- Pflichterfüllung
- Wissen um das Rechte
- Gegenseitigkeit, Toleranz
- Ehrfurcht, Erfüllung der Kindespflichten

Wie der Weg zur vollmenschlichen Entfaltung aussehen soll, ist den Gesprächen des Konfuzius zu entnehmen:

Mit fünfzehn hatte ich mich zum Lernen entschlossen,
mit dreißig stand ich fest,
mit vierzig war ich frei von Zweifeln,
mit fünfzig erkannte ich den Willen des Himmels,
mit sechzig war ich immer noch lernbegierig,
mit siebzig konnte ich den Wünschen meines Herzens folgen, ohne gegen das Rechte zu verstoßen

Dazu passt auch eine Stelle aus den Gesprächen des Konfuzius: Ein Mensch ohne Menschlichkeit, was helfen dem die Riten? Ein Mensch ohne Menschlichkeit, was hilft dem die Musik? (*Stiftung Weltethos 2000: 8f.*)

Der **Buddhismus** wurde von Siddharta Gautama im 6. Jahrhundert v. Chr. begründet. Er lehrte in den *Vier Edlen Wahrheiten* Antworten auf die Fragen nach dem menschlichen Leid und dessen Überwindung auf dem Achtfachen Pfad. So wurde er zum Buddha, dem „Erwachten". Auch der Buddhismus glaubt an die Wiedergeburt, bis der Mensch ins *Nirvana* eingeht, das jedoch nicht das Nichts bedeutet. Das letzte Absolute ist für den Buddhisten einfach keine personale Gottheit.

Der Buddhismus teilte sich in zwei Schulen auf: *Theravada* und *Mahayana*. Die Lehren des Buddha wurden gesammelt, die wichtigsten Schriften sind der *Tripitaka-Kanon* und die *Mahayana-Sutras*.

Buddha verstand sich als Arzt, der dem leidenden Menschen helfen will, vom Leid befreit zu werden und Erlösung zu finden. Er erkannte, dass die Ursachen allen Leides in der Welt sind: Gier, Hass, Unwissenheit (Unerleuchtetheit) und Ichbezogenheit. Gerade von letzterer müsse sich der Mensch frei machen, sozusagen selbst-los werden, um frei zu sein für ein allumfassendes Mitleid.

Die fünf Grundgebote des Buddhismus lauten:

- *Ich gelobe, mich des Tötens zu enthalten,*
- *ich gelobe, mich des Stehlens zu enthalten,*
- *ich gelobe, mich des unrechten Wandels in Sinnenlust zu enthalten,*
- *ich gelobe, mich des Lügens zu enthalten,*
- *ich gelobe, mich des Rausches zu enthalten.*

Im *Achtfachen Pfad* wird aufgezeigt, wie der Mensch das Leiden überwinden, ein besseres Karma erreichen und schließlich aus dem Kreislauf der Wiedergeburt aussteigen kann, um ins *Nirvana* einzugehen. Es geht daher um:

- Rechte Einsicht

- Rechten Entschluss
- Rechte Rede
- Rechte Tat
- Rechten Wandel
- Rechtes Streben
- Rechte Wahrheit
- Rechte Versenkung

Letztere ist besonders wichtig, weil der Buddhismus sagt, man solle sich nicht leiten lassen von Berichten, Tradition, Hörensagen, von der Autorität religiöser Texte oder Lehrer, noch von der reinen Logik, noch von Äußerlichkeiten etc., sondern einzig und allein von dem, was man für sich selbst als gut und richtig erkannt hat. (*Stiftung Weltethos 2000: 10f.*)

Von den fernöstlichen Religionen geht es nun zu den monotheistischen Religionen, die zwar in den wichtigsten ethischen Prinzipien mit jenen übereinstimmen, ihre Gebote der Menschlichkeit jedoch unter die Autorität des einen und selben Gottes stellen. Nun hieß es nicht mehr ganz allgemein: nicht töten, nicht stehlen, nicht lügen, nicht Unzucht treiben, sondern ausdrücklich: „Ich bin der Herr, dein Gott, du sollst nicht töten, nicht lügen, nicht stehlen, nicht Unzucht treiben." (*Stiftung Weltethos 2000: 12*)

Im **Judentum** kommt dazu, dass seine Anhänger sich besonders verpflichtet fühlen, die Gebote zu halten, weil Jahwe einen Bund mit ihnen geschlossen hat, nachdem er sie aus der ägyptischen Knechtschaft befreit und Moses auf dem Berg Sinai sein Gesetz - die Tora - übergeben hat. Die Hebräische Bibel, die z.T. bis ins 10. Jahrhundert v. Chr. zurückreicht, besteht aus der Tora, den Propheten und den Erzählungen. Ab dem 2. Jahrhundert n. Chr. entstand unter rabbinischen Gelehrten ein reiches religiöses Schrifttum, darunter auch der Talmud. (*Stiftung Weltethos 2000: 12f.*)

Die Tora nun enthält die Zehn Worte, Dekalog genannt, in denen sich die vier wichtigsten ethischen Prinzipien, die auch in den anderen Weltreligionen zu finden sind, befinden. Die Zehn Gebote lauten:

- *Ich bin der Herr, Dein Gott.*
- *Du sollst keine anderen Götter neben mir haben.*
- *Du sollst den Namen des Herrn, Deines Gottes, nicht missbrauchen.*

- *Gedenke des Sabbattages, dass Du ihn heilig haltest.*
- *Ehre Deinen Vater und Deine Mutter.*
- *Du sollst nicht töten.*
- *Du sollst nicht ehebrechen.*
- *Du sollst nicht stehlen*
- *Du sollst kein falsches Zeugnis reden wider Deinen Nächsten.*
- *Du sollst nicht begehren nach dem Hause Deines Nächsten.*
- *Du sollst nicht begehren nach dem Weibe Deines Nächsten, nach seinem Sklaven oder Sklavin, nach seinem Rinde oder seinem Esel, nach irgendetwas, was Dein Nächster hat.*

Hinzugefügt werden muss, dass der Dekalog für eine bestimmte Zeit und für eine bestimmte Gesellschaftsordnung gegeben wurde und dass manche Theologen meinen, er sei in unserer Zeit revisions- und ergänzungsbedürftig.

Interessant ist in diesem Zusammenhang auch ein Spruch aus dem Talmud, in dem es heißt: Wenn man vor dem Thron des Gerichts erscheint, dann ist die erste Frage nicht: Hast Du an Gott geglaubt, oder: Hast Du gebetet und Riten ausgeführt, sondern: Hast Du Dich ehrbar verhalten, getreu in allem Deinem Nächsten? (*Talmud, Schabbat 31 a*). (*Stiftung Weltethos 2000: 13*)

Nun zum **Christentum**, der zweiten großen monotheistischen Weltreligion. Es ist benannt nach Jesus Christus, einem jüdischen Wanderprediger, der im frühen 1. Jahrhundert in Palästina lebte. Während seines kurzen öffentlichen Wirkens verkündete er das kommende Gottesreich mit seinen Verheißungen und Maßstäben. Er sammelte eine Jüngerschar um sich, geriet in Konflikt mit dem religiöspolitischen Establishment und wurde mit 30 Jahren gekreuzigt. Jesus selbst hat kein Wort aufgeschrieben, doch sind seine Lehre und sein Leben in vier Evangelien und 23 weiteren Schriften überliefert. (*Stiftung Weltethos 2000: 14*)

Die ethischen Prinzipien des Christentums finden sich wohl auch in den Zehn Geboten, weil das Christentum aus dem Judentum hervorgegangen ist, doch in der Bergpredigt ist der Dekalog radikalisiert und überhöht und das bedeutet Ethik schlechthin. Hier heißt es nicht mehr, du sollst oder du sollst nicht, sondern es wird ein Glückszustand verheißen, wenn die durchaus positiv formulierten Forderungen erfüllt werden. Dies passt zur heute intensiv geführten Glücksforschung, in der es u.a. darum geht, ob Tugend glücklich macht, eine Frage, die z.B. Otfried Höffe in seinem jüngst erschienenen Buch „Lebenskunst und Moral" stellt. (*Höffe 2007*)

Die Seligpreisungen lauten:

Weltreligionen diese Weisung unterschreiben konnten. Es geht hierbei zunächst um den Missbrauch der Sexualität, wozu Betrügen, Missbrauchen, Erniedrigen, Entwürdigen gehören. In der Erklärung heißt es hiezu: „Sexualität" ist „keine negativ-zerstörende oder ausbeuterische, sondern eine schöpferisch-gestaltende Kraft". Man müsste ergänzen, Sexualität ist nur dann zerstörerisch, wenn sie nicht auf Achtung und Liebe beruht.

Darüber hinaus geht es um Partnerschaftlichkeit, nicht nur um die Gleichberechtigung der Frau. Partnerschaftlichkeit im weitesten Sinn, was bedeutet, dass im Bereich von Liebe, Sexualität und Familie verantwortliches Handeln verlangt wird. Die Erklärung wendet sich gegen „verdammenswerte Formen des Patriarchats, der Vorherrschaft des einen Geschlechts über das andere, der Ausbeutung von Frauen, des sexuellen Missbrauchs von Kindern sowie der erzwungenen Prostitution." (*Parlament der Weltreligionen 1993: 13*) Die Unterzeichner verlangen daher: „statt patriarchaler Beherrschung oder Entwürdigung, die Ausdruck von Gewalt sind und oft Gegengewalt erzeugen, gegenseitige Achtung, Verständnis, *Partnerschaftlichkeit*; statt jeglicher Form von sexueller Besitzgier oder sexuellem Missbrauch gegenseitige Rücksicht, Toleranz, Versöhnungsbereitschaft, *Liebe*". (*Parlament der Weltreligionen 1993: 14*) Achtung und Liebe müssen also die Grundlage jeder wie immer gearteten Partnerschaft sein, denn jede(r) ist verantwortlich für das Glück auch der Partnerin oder des Partners.

Auf die Mensch-Tier-Beziehung angewandt, könnte man sagen, dass Zoophilie bzw. Sodomie vor allem deshalb abzulehnen sind, weil es da um eine rein körperliche Befriedigung geht und nicht um eine geistig-seelische Beziehung. Echte Tierliebe äußert sich in einem wohl liebevollen aber auch bedachtsamen Umgang mit Tieren, der Pflege und Erziehung einschließt. Konrad Lorenz soll einmal darauf hingewiesen haben, dass ein Hund vom ersten Tag an erzogen werden muss, weil er sonst dem Besitzer/der Besitzerin so auf die Nerven gehen wird, dass diese ihn nicht mehr mögen. Er war es auch, der vor übertriebener Tierliebe warnte, weil diese zu Menschenhass führen könne.

Es gilt eben auch für die vierte Weisung, was für alle anderen „Tugenden" ausschlaggebend ist: Das rechte Maß zu halten. Dazu Aristoteles: „So wird denn besonnenes ... Wesen durch das Zuviel und das Zuwenig zerstört, dagegen bewahrt, wenn man der rechten Mitte folgt." (*Aristoteles 1969: 37*)

Bewusstseinswandel

Im letzten Kapitel der Erklärung schließlich wird auf einen Wandel des Bewusstseins gedrängt, ohne den alle Erklärungen Papier bleiben müssen. Es können in der Ethik keine Sanktionen verhängt und keine Gerichtsurteile gefällt werden, denn eine Gesinnung kann man nicht überprüfen und sittliche Grundhaltungen können nicht erzwungen werden. Frieden, Gerechtigkeit, Bewahrung der Erde und eben auch sorgsame Behandlung der Tiere hängen von der Einsicht und Bereitschaft der

Menschen ab, dem Recht Geltung zu verschaffen. Voraussetzung für den Einsatz für Recht und Freiheit jedoch sind das Bewusstsein für Verantwortung und Pflichten. Es kommt in der Ethik daher auf einen Wandel des Bewusstseins an, der nur durch einen Bewusstseinsbildungsprozess eingeleitet werden kann. Das kommt auch im Schlussappell der Erklärung zum Ausdruck. Dort heißt es: „Unsere Erde kann nicht zum Besseren verändert werden, ohne dass das Bewusstsein des Einzelnen geändert wird. Wir plädieren für einen individuellen und kollektiven Bewusstseinswandel, für ein Erwecken unserer spirituellen Kräfte durch Reflexion, Meditation, Gebet und positives Denken, für eine *Umkehr der Herzen* [. . .].“ (*Parlament der Weltreligionen 1993: 6*)

Abschließend wäre zu sagen: Auf allen Gebieten erleben wir immer wieder schreckliche Krisen, weil die Maßstäbe für Recht und Unrecht, Gut und Böse verloren gegangen sind. Es herrscht eine unbeschreibliche Orientierungslosigkeit. Das gilt auch für die Mensch-Tier-Beziehung. Wenn diese nicht ethischen Prinzipien folgt und nur getragen ist von Profitgier, Mitleidlosigkeit und Brutalität, dann ist diese Gesellschaft inhuman, auch wenn es sich „nur“ um Tiere handelt.

Literatur

Aristoteles, Nikomachische Ethik, Philip Reclam jun. Stuttgart 1969.

Darwin, Charles: Die Abstammung des Menschen. S. Fischer Verlag, Frankfurt a.M. 2008.

Höffe, Otfried: Lebenskunst und Moral, C.H. Beck München 2007.

Kant, Immanuel: Grundlegung zur Metaphysik der Sitten, 2.Absch. Felix Meiner Hamburg 1999.

Kleines Konzilskompendium, hg. v. Rahner/Vorgrimmler, Herder Wien 19962.

Kuschel, Karl-Josef: Das Parlament der Weltreligionen in: Erklärung zum Weltethos, hg. v. H. Küng u. K.-J. Kuschel, Piper München 1996^{2}.

Küng, Hans: Der lange Weg zum Projekt Weltethos, Tübinger Vorlesung vom 14.12.1999.

Küng, Hans: Projekt Weltethos, Piper München 2002^{7}.

Küng, Hans: Spurensuche, Piper München 1999^{3}.

Parlament der Weltreligionen: Erklärung zum Weltethos, Chicago 1993.

Stiftung Weltethos: Weltreligionen-Weltfrieden-Weltethos, Tübingen 2000.

Teil VII

Kurzbiographien

Biographien

Tarafa BAGHAJATI, Dipl.-Ing. ist in Syrien geboren, studierte an der Polytechnischen Universität in Rumänien, arbeitet seit 1986 als Bauingenieur in Wien. Er ist Imam, Mitbegründer der Initiative Muslimischer ÖsterreicherInnen, Mitglied des Ehrenbeirates der ENAR (Europäisches Netzwerk gegen Rassismus), Mitbegründer der Platform for Intercultural Europe und Mitbegründer der Plattform Christen und Muslime.

Bimal KUNDU, Dr. ist in Bengalen (Indien) geboren, promovierter Chemiker, Priester, gründete 1980 eine hinduistische Religionsgruppe und 1990 die Hindu Mandir Gesellschaft, aus der 1999 die Hinduistische Religionsgesellschaft in Österreich hervorging. Dr. Kundu leitet einen Tempel im Afro-Asiatischen Institut und ist aktiv am interkulturellen und interreligiösen Dialog beteiligt.

Erwin LENGAUER, Mag. ist Philosoph, Forschungsassistent am Institut für „Ethik und Wissenschaft im Dialog" an der Fakultät für „Philosophie und Bildungswissenschaft" der Universität Wien.

Klaus MILITZER, apl. Prof. Dr. geb. in Leipzig, Fachtierarzt (FTA) für Pathologie und Versuchstierkunde. Studium der Tiermedizin in Gießen und Spezialisierung an der Tierärztlichen Hochschule Hannover. Sechs Jahre Tätigkeit in der Vertragsforschung und Pharmaindustrie in Frankfurt am Main und Hannover. Von 1974 bis 2005 Leiter des Zentralen Tierlaboratoriums am Universitätsklinikum Essen, von 2008 bis 2010 Leiter des Sekretariats der Kommission für Tierversuchsangelegenheiten an der Veterinärmedizinischen Universität Wien.

Kurt REMELE, ao. Univ. Prof. Dr. studierte katholische Theologie und Anglistik/Amerikanistik in Graz und Bochum, war wissenschaftlicher Mitarbeiter an der Ruhr-Universität Bochum (1984-1990), pädagogischer Mitarbeiter am Sozialinstitut Kommende in Dortmund (1990-1992), und lehrt seit 1992 am Institut für Ethik und Gesellschaftslehre der Universität Graz. Seit 2001 (Habilitation) ist er ao. Universitätsprofessor.

Edith RIETHER, Prof. Mag. ist akademisch geprüfte Übersetzerin und arbeitete in der österreichischen Parlamentsdirektion. 1996 schloss sie das Studium der katholischen Theologie mit dem Magisterium ab. Nach ihrer Pensionierung gründete sie die Initiative Weltethos Österreich, deren Präsidentin sie ist.

Birgit STETINA, Dr.*in* ist Gastprofessorin der Wiener Fakultät für Psychologie am Institut für Klinische, Bilogische und Differentielle Psychologie, Lehrbeauftragte an verschiedenen Fachhochschulen in Deutschland, Mitglied der Ethikkommission der Wiener Fakultät für Psychologie, Lehrbeauftragte der Fakultät für Psychologie der Universität Wien und Trainerin des tiergestützten Gruppentrainings MTI.

Michael Noah WEISS, Mag. Dr. studierte an der Wiener Universität Philosophie, Soziologie und Politikwissenschaft, er ist Lehrbeauftragter an der Pädagogischen Hochschule Niederösterreich im Lehrgang Ethik und arbeitet als Trainer am TRILOGOS Institut für Persönlichkeits- und Bewusstseinsschulung in Zürich. Er lebt derzeit in Oslo und ist 2. Vizepräsident der Initiative Weltethos Österreich.

Gerhard WEISSGRAB arbeitet hauptberuflich im Rechnungswesen der Ersten Bank und ist seit 2006 Präsident der Österreichischen Buddhistischen Religionsgesellschaft.

Willy WEISZ, Dr. ist Informatiker am Computational Science Center der Universität Wien. Außerdem ist er Vizepräsident des Koordinierungsausschusses für christlich-jüdische Zusammenarbeit und Mitarbeiter der jüdischen Patientenbetreuung am AKH Wien. Seit 2003 hält er Vorträge, Seminare und Rundfunksendungen über das Judentum, sowie Hochschulkurse zum Thema jüdische Ethik.

Maria WOSCHNAK, Dr.*in* (geb. Fasching) studierte Philosophie, Psychologie und Pädagogik an der Universität Wien bei Erich Heintel und Hans-Dieter Klein, Promotion 1986, von 1988 bis 2005 Lehrbeauftragte an der Universität Wien, seit 1995 Lehrbeauftragte an der Veterinärmedizinischen Universität Wien. Forschungsschwerpunkte: Tierethik und praktische Philosophie, Naturphilosophie. Lehrveranstaltungen zu den Themen: Ethik in der Veterinärmedizin, Fallbeispiele aus der Bioethik und Grundlagen der Erkenntnistheorie und der Wissenschaftstheorie .

Franz WUKETITS, Univ. Prof. Dr. ist Biologe und Wissenschaftstheoretiker. Er studierte Zoologie, Paläontologie, Philosophie und Wissenschaftstheorie an der Universität Wien. Seit 1980 lehrt er *Wissenschaftstheorie mit besonderer Berücksichtigung der Biowissenschaften* an der Universität Wien. Seine Arbeitsgebiete sind hauptsächlich: Geschichte und Theorie der Biowissenschaften, Evolutionstheorie, Evolutionäre Ethik, Evolutionäre Erkenntnistheorie und Soziologie.